후흑선은 악을 필요로 한다

# 후흑
## - 선은 악을 필요로 한다

강병환 지음

厚黑學
　　　　厚黑道
　　厚黑術

인터북스

용수龍樹는 대승불교의 아버지다. 그는 『중론中論』에서 말했다. "진리에는 두 가지가 있다. 첫째는 세속 진리世俗諦요, 둘째는 승의 진리勝義諦/出世諦다. 만약 이 두 가지 진리를 분별하지 못하면 붓다의 깊은 진리를 이해할 수 없다." 속제는 세속인에게, 진제는 보살이나 수행자들을 향한 가르침이다. 따라서 진제와 속제를 아는 것이 대승불교 이해의 핵심이다. 무엇보다 그 출발점은 속제를 아는 데 있다. 속제는 세속에서 적용되는 상대적인 진리를 의미한다. 그러기에 달라이 라마는 속제를 "중생의 수준에서 이해할 수 있는 진리"라고 밝혔다. 속제를 이해하는 것은 곧 승의를 향해 나아가는 첫걸음이자, 진속이제眞俗二諦를 바르게 이해하기 위한 기초라고 할 수 있다. 가령 우리는 동남아시아, 동북아, 동아시아 이런 방향을 이야기한다. 서울에 가려면 북쪽으로 가라. 평양 사람에게는 틀린 말이지만, 진주 사람에게는 맞는 말이다. 왜냐하면 평양 사람에게는 남쪽으로 가라고 해야 서울에 도착할 수 있다. 어쨌든 이 진제와 속제를 모르면, 붓다의 설법을 제대로 이해할 수 없다. 제諦란 진리를 뜻하나, 속제는 세상의 일반인에게 알려진 도리를 뜻하고, 진제는 깨우친 사람들의 진리를 말한다. 대승불교에서는 속제가 인간의 언어나 사상의 세계에 속하는 것이며, 진제는 이를 초월한 공空의 진리로서, 더구나 속제에 의해서 진제를 얻을 수 있다고 주장한다.

이 책 역시 그렇다. 속제에 관한 것이지, 진제에 관련된 것이 아니다.

그렇다면 붓다는 왜 속제를 이야기했는가. 바로 방편이다. 방편이란 목적을 이루기 위한 수단이라는 의미이다. 이런 측면에서 이 책은 방편이며, 기능적이며, 도구적이라 할 수 있다.

후흑학厚黑學은 청말과 민국 시기에 활동한 학자 이종오李宗吾, 1879~1943가 창안한 개념이자 그의 저서 제목이다. 그는 스스로를 '후흑교주厚黑教主'라 칭하며, 후흑 사상을 체계화하였다. 후흑학의 본질은 '얼굴이 두껍고面厚, 마음이 시꺼멓다心黑'는 두 가지 속성의 결합에 있다. 이는 곧 뻔뻔한 얼굴과 음흉한 마음을 지닌 사람을 가리키는 말로 사용된다. 전통적으로 공자와 맹자의 유가 사상이 강조하는 덕목은 예의와 염치, 도덕적 계율, 사회적 공의, 그리고 양심에 바탕을 둔 행동이다. 그러나 이종오는 이러한 윤리적 이상과 상반되게 면후面厚와 흑심黑心이야말로 성공을 위한 필수 요소라고 주장하였다. 이는 당시의 도덕적 가치관에 정면으로 도전하는 것으로, 사회적 반감을 불러일으키거나 공분을 사기에 충분했다. 더욱이 후흑학은 단순한 풍자나 비판을 넘어서, 당대 사회의 모순과 인간 심리에 대한 날카로운 통찰을 내포하고 있어, 현재에도 다양한 해석과 논의를 불러일으키고 있다. 이종오도 생전에 이와 유사한 비난에 직면하였으며 그것을 극복하기 위하여 다양한 노력을 기울였지만 허사였다. 그러나 이는 후흑이라는 글자 자체만을 보고 잘못 해석한 것이다. 후흑은 대놓고 후안무치하고 비양심적으로 행동하라는 비도덕의 교사와는 거리가 멀다. 그것은 일종의 전략이며, 정당방위이며, 맛있게 끓인 찌개에 마지막으로 첨가하는 조미료다. 아니면 다 된 화장에 향수를 뿌리거나 잘 차려입은 옷에 브로치를 다는 것과 같이 전체를 완성하는 화룡점정畵龍點睛의 예술이다. 단지 그 과정이 화려하지 않고, 때로는 자기희생을 감수하면서 얻거나 지켜야 하는 자기완성의 불가피한 타협일 뿐이다.

후흑의 원리를 발견한 이종오는 지인들을 실험 대상으로 삼아 연구한 결과, 인간은 모두 낯가죽이 두껍거나 속마음이 시커먼 쪽에 속한다고 결론지었다. 그는 또한 중국 역사에서 성공한 인물들을 면밀히 살펴본 결과, 바로 이처럼 몰염치하고 간사한 성격을 가진 사람들이 역사에 이름을 남긴다는 사실을 발견하게 된다. 필자의 개인적인 경험을 종합해 보아도 이와 다르지 않다. 인생의 여정 속에서 여러 인연을 맺고, 그들과 함께한 조직 내에서의 크고 작은 경험을 통해 내린 결론 역시 이종오의 말이 진실에 더 가까움을 확신하게 된다. 정의와 의리를 지켰던 사람들은 먼저 희생당했으며, 자기 이익을 극단적으로 추구한 사람들은 고도의 아첨 기술을 통해 높은 성취를 이뤄냈다.

한비자의 통찰처럼 개들은 평소에는 좋은 친구이자 동료로 지내다가 뼈다귀가 던져지면 그때부터 먹이를 서로 차지하기 위하여 아귀다툼을 벌이는데, 세속 또한 그렇다. 결국 후흑의 도를 실천한 사람이 승리자였다. 점잖게 그리고 차마 그렇게 하지 못한 마음을 지닌 약한 사람들은 경쟁에서 배제되고, 실패자들만이 술잔을 기울이며 그들의 정당성을 토로할 뿐이다. 아침과 저녁, 한때 스쳐 갔던 인물들이 수갑을 차고 텔레비전 화면에 등장하거나, 아니면 고위직에 오르는 모습을 보며, 이종오의 후흑에 대한 통찰에 자연스레 고개가 숙여진다. 이는 동서고금을 막론하고, 선진국과 후진국을 가리지 않으며, 질 낮은 후흑의 주인공들이 뉴스에 오르는 모습은 어디서든 찾아볼 수 있다.

한때 잘나갔던 과거를 회상하는 노인들을 보면, 그늘진 영웅의 서사가 낡은 책갈피처럼 펼쳐진다. 남에게는 유가적 가치와 사회 질서를 말하지만, 정작 본인의 이익과 연결된 주변의 이익이 상충할 때는 즉시 얼굴을 바꾸는 환면換面의 후흑을 당연시한다. 더구나 이런 사고와 생활이 체질화되어서 자신의 이익에 대해서는 너무나 당연하다고 생각하고 남의 불의에 대해서는 온갖 잣대를 들이대면서 비난한다. 한국 정치도, 미국 정치도 오십보백보다. 1번당도 2번당도 3번당도 그 나물에 그 밥이다. 이쪽을 보아도 저쪽을 보아도, 과거를 뒤져도 현재를 살펴보아도 달라진 것은 없다. 인간이란 대체 무엇이란 말인가. 도道란 것이 있는가, 없는가. 인간은 길을 잃은 나침반인가, 아니면 처음부터 길 따위는 없었던 것인가.

유시민의 글에 따르면, 1975년 4월 9일 새벽, 박정희는 대법원의 확정 판결이 나온 지 하루 만에 인혁당과 민청학련 사건에 연루된 8명의 사형을 집행했다. 당시 모두 박정희가 결국 천벌을 받을 것이라고 말했지만, 김남주는 이렇게 말했다고 전해진다. '천벌 따위는 없다. 이것이 바로 세계의 참모습이다'.

필자가 『후흑학』을 처음 접한 계기는 대만 유학 시절이었다. 25년 전, 당시 한국의 스승께서 이종오의 책을 구해달라는 부탁을 하셨지만, 이미 절판된 지 오래된 책이라 아무리 찾아도 구할 수 없었다. 당시 인터넷은 지금처럼 발달하지 않았다. 결국 많은 노력을 기울인 끝에 대만 남부 가오슝高雄 시내에 있는 중고 서점에서 검은 바탕에 붉은 글씨로 선명하게 적힌 『후흑학』을 발견했다. 책 내용이 궁금해 1독을 한 후, 한국에 계신 스승께 국제우편으로 보내드렸다. 당시 필자가 이 책을 읽고 느낀 점은 저자가 진화론의 영향을 많이 받았다는 사실뿐이었다. 그러던 중 2024년, 한국의 정치 상황이 필자의 일상에 너무 깊이 들어왔다. 2024년 12월, 한국정치의 현실을 보라.

플라톤은 『폴리테이아』에서 이렇게 말한다. "정치를 외면한 대가는 가장 저질스러운 자들에 지배당하는 것이다. 정치에 관심을 가지지 않으면 정치가 너에게 관심을 가진다. 정치를 외면한 결과는 가장 저질스런 인간의 통치를 받는다. 정치에 무관심한 최대의 징벌은 자기보다 못한 자에게 통치를 당한다(347c)". 권력이란 무엇인가. 이 물음이 마음속 화두처럼 맴돌았다. 문득, 읽은 지 벌써 20년이 훌쩍 지난 『후흑학』이 떠올랐다. 그렇게 다시 펼친 책장 사이로, 간간히 수업 교재로 활용했던 글들과 평소 품어온 진화 정치학에 대한 단상들이 자연스레 스며들어 이 책을 구성했다.

플라톤의 사상은 기하학에서 출발했고, 아리스토텔레스는 생물학을 근본으로 삼았다. 필자는 찰스 다윈을 성인의 반열에 올려놓고 싶은 사람 중 하나다. 그가 1859년에 쓴 『종의 기원, On the Origin of Species by Means of Natural Selection, or the Preservation of Favoured Races in the Struggle for Life』에서 자연선택을, 그리고 12년 뒤 1871년의 『인간의 유래, The Descent of Man, and Selection in Relation to Sex』에서 성 선택을 주장했다. 이 두 책은 인간의 생존과 번식에 관한 중요한 진리를 사고하게 한다. 거칠게 말하자면, 이는 음식과 남녀에 관한 문제다. 정치학에서 음식은 생존과 직결되며, 생존은 곧 안전과 연결된다. 생존은 경쟁competition이 아니라 투쟁 struggle이다. 남녀는 번식과 관련되어 번영과 발전으로 이어진다. 즉 이 책에서 필자가 전달하고자 하는 핵심 내용은 생존을 위한 투쟁에서 후흑dark wisdom/shadowy insight, 즉 어두운 지혜, 그늘진 통찰이 중요한 역할을 한다는 것이다.

『중국 문화사』를 쓴 허탁운許倬雲은 사회사 이론으로 중국문화와 역사를 연구하는데 탁월했다. 그는 이종오에 대해서 이렇게 평했다. "이종오는 『후흑학』외에도 학문적 사유와 개혁에 대한 이상이 있었다. 그는 순자와 맹자 사이, 개인주의와 집단주의 사이, 사회 진화론과 무정부주의 사이의 여러 모순된 지점에 대해 나름의 조화 방안을 제시했다. 변증법적 관점에서 접근한다면, 이종오의 해석에는 여전히 많은 발전 가능성이 존재한다. 안타깝게도 세상 사람들은 그의 후흑학만을 기억할 뿐,

그의 다른 면은 크게 주목하지 않았다"고 평가했다. 하지만 이 역시 이종오 자신의 책임이다. 그는 『중국 학술의 경향』, 『종오억담』 및 이후 출간된 단행본들이 모두 그의 사상에 있어 하나의 체계를 이루고 있고 모두 후흑 철학에 기반하고 있었기 때문이다. 게다가 필요한 글을 따로 떼어내어 청두의 화서일보華西日報 칼럼에 『후흑총화厚黑叢話話』를 연재하고, 1935년에 이를 모아 출간했다. 이후 스스로를 '후흑교주'라고 칭하며, 후흑학파의 학설을 창시했다.

후흑厚黑의 반대말은 박백薄白이다. 후는 몰염치, 뻔뻔함, 무례함이다. 뻔뻔하기 위해서는 강인한 멘탈을 필요로 한다. 흑은 간교함, 엉큼함, 잔인함과 교활함이 주 속성이다. 박백은 정의와 양심, 원칙과 법, 봉사와 희생, 사랑과 자비, 자유, 평등, 박애 등을 대표하는 개념으로서 말할 수 없이 아름답고 인간을 인간답게 만들어 주는 지고의 가치라고 할 수 있다. 인류 진보의 결과는 바로 이러한 박백의 진화와 더불어 이루어졌다고 할 수 있다. 문제는 박백은 가진 자, 그리고 성공한 자들이 그들의 성공을 합리화시키고 그들의 기득권을 유지하고 더욱 강화하기 위하여 사회에 대하여 강조하는 일종의 도덕적 가치로 미화시킨 감춰진 후흑이라고 할 수 있다는 점이다. 다시 말하면 후흑을 통하여 성공에 이룬 후 박백을 주장함으로써 후흑의 과거를 사장死藏시키고 도덕과 정의와 양심을 통하여 성공에 이른 존경받을 인물로 자리매김하려는 후흑보다 더 낯 두껍고 마음이 시커먼 위선자들의 상투적 구호가 되었다는 점이다.

성서를 읽기 위하여 촛불을 훔치느냐, 아니면 촛불을 훔치기보다는 성서 읽기를 그만 두어야 한다는 도덕과 목적의 이중 구조에서 촛불을 빌려서 성서를 읽을 수 있다는 제3의 길 즉 탄력적이고 전략적인 원칙이자 발상이 바로 필자가 이종오의 후흑을 재해석하는 긍정적 내용이

다. 나아가 후흑으로 박백을 성취하고 박백을 보다 보편적인 삶의 일부
분으로 만듦으로써 점차로 후흑이 없는 사회를 이룩하는 것이 후흑과
박백의 관계라고 할 수 있다. 따라서 후흑은 모든 성공한 자들이 감추었
던 비밀이며, 빛을 비추면 먼지가 드러나듯 그들의 위선과 허위를 벗겨
내는 밝은 빛이며, 강과 냇물을 건너는 다리라고 할 수 있다.

증산甑山 선생은 인간은 한없이 악하고 한없이 착하다고 했다. 맹자
역시 우리 인간에게는 차마 어찌할 수 없는 마음 즉 불인지심不忍之心
이 있다고 했다. 다른 이가 고통받거나 불행에 처했을 때 이를 그냥
지나치지 못하고 안타까워하는 마음이며 도덕적 감정이다. 타인의 불행
에 대해서 진정으로 아파하는 사람도 있다. 이러한 사실을 모르는 바는
아니다. 필자 역시 마찬가지다. 어쩌면 필자가 『후흑학』을 말하는 것은,
정작 후흑적이지 못하기 때문일지도 모른다.

2009년판 『후흑학 전집厚黑學全集』 대서代序에서 남회근南懷瑾 선생
은 이종오 선생을 일컬어 후흑이 아니라 오히려 후덕하다고 했다. 이종
오의 의도와 마찬가지로 이 책의 목적 역시 후흑은 단지 기능적 가치를
지니고 있으며 한 걸음 더 나아가 박백으로 성공한 자들에 의해 지배되
고 있는 허위적 진실을 한층 더 벗겨내는 인간의 정신과 사회현상에
대한 진실한 탐구라는 의미도 덧붙이고자 한다. 더 적극적으로 말하자
면 사회는 결코 유가적이고 공명정대한 박백으로 움직여지지 않고 법과
제도는 가진 자들이 성공할 수 있도록 돕는 기득권자들의 통로일 뿐이
라는 사실을 상기시키고자 한다.

그리스어에 "칼레파 타 칼라 kalepa ta kala"라는 말이 있다. 이는 좋
은 일은 실현되기 어렵다는 뜻이다. 그렇다! 그렇기에 후흑을 필요로
하는 것이다.

이 책은 기본적으로 권력의 속성을 다룬다는 면에서는 정치철학의

주제다. 정치철학은 근본적으로 권력의 소재와 그것을 누가 가져야 하는지, 권력의 한계와 범위를 탐구하는 학문이다. 그러나 이 책이 다루고자 하는 핵심은 권력을 누가 잡아야 하는가의 문제가 아니다. 오히려 권력에서 배제된 이들의 이야기에 초점을 맞춘다. 무엇보다 중요한 것은 장삼이사들이 권력자의 농간에 휘둘리지 않기 위해, 권력자의 행태와 권력의 속성을 깊이 이해해야 한다는 점이다. 이에 따라 본서는 권력에서 소외된 이들에게 위로와 성찰을 제공하는 자기 위안서이자, 처세를 위한 교훈서로서 그 기능을 제공하고자 한다. 빈자, 실업자, 노숙자, 신용불량자, 방랑자와 유랑민, 난민, 외국인이나 이민자, 성소수자, 장애인, 독신여성, 미혼모, 비관에 빠진 알콜 중독자들, 도박꾼들, 주류 권력에 의해 '비정상'으로 치부된 사람들까지. 이들 모두는 우리 사회에서 '소외된 사람', '말문이 막힌 존재', '몫이 없는 사람들' 즉, 서발턴(subaltern)들이다. 본서는 바로 이들에게 하나의 무기를 쥐어주고자 한다. 그들이 자신을 다시 일으키고, 권력에 휘둘리지 않으며, 자주적으로 세상과 맞설 수 있도록 돕는 이론적 도구와 실천적 지침을 주고자 한다.

불교는 현상계의 모든 인물·사물·사건을 무상無常하고 무아無我한 것으로 본다. 사실 인간은 언어의 힘 때문에 환상과 망상을 가진다. 인간은 언어로 사유하고, 또 자신의 생각을 언어로 말을 한다. 기독교에서는 언어가 곧 신의 말이다. 태초에 하나님의 말씀이 계셨고, 말이 이 세상을 창조했다. 하지만 언어는 왜곡될 수 있고 사물의 실상을 비틀 수가 있다. 인간이 지어낸 선악과 시비, 미추美醜 등 모든 이분법적인 것들은 문화적으로 만들어진 것이며, 실상은 선악의 저편, 옳고 그름의 저편, 아름다움과 추함의 저편에 있다. 원래 이분법은 강자가 약자를 복종시키기 위하여 만들어 낸 도구다. 네가 나쁜 놈이면 나는 착한 놈이고, 너의 신은 불의의 신이고 나의 신은 정의의 신이 된다. 본래 선악이라는 것은 강한 자의 관점에서, 즉 말하는 자의 입장에서 만들어진 것이다. 따라서 이 책은 모든 이분법적인 것을 넘는다. 선이 악을 필요로 하듯이, 후흑은 박백을 필요로 한다. 선악의 저편에서 진리를 아는 사람은 특정한 선과 악이라는 이데올로기에 갇히지 않을 뿐만 아니라 해방된다. 따라서 본서는 권력에서 배제된 사람들이 권력자의 억압을 피할 방도를 탐색한다. 이를 위해 권력자의 속성을 '후안무치厚顔無恥', 즉 얼굴이 두껍고 부끄러움을 모르는 태도와 '인면수심人面獸心', 즉 인간의 탈을 쓴 야수 같은 속성이 있음을 강조한다. 나아가 본서는 더는 권력자에게 속지 말라는 결단의 다짐서와도 같다. 특히 이종오의 '후흑厚黑'이라는 개념을 빌려와, 역사속 권력자들의 후흑을 들여다본다. 이는 권력의 간단한 원리를 알지만, 그것을 실현할 방도를 찾지 못한 사람들에게, 그들의 처지에 맞는 후흑학을 통해 삶의 방향을 제시하려는 것이다. 특히 미래에 대한 불안 속에서 하루하루를 버티는 청년 실업자들, 또는 취업했으나 꿈을 이루지 못해 갈등하는 청년후흑도들에게 이 책을 헌정한다. 이런 이유로, 이 책은 지나치게 박학다식한 내용이나 정밀한 고증, 체계적인 서술을 지양했다. 대신, 모두가 쉽게 이해할 수 있는 인물, 사물, 사건을 중심으로 예를 들어 설명하려 노력했다. 중국속담에 "입문은 사부가 시키지만, 수행은 각자가 한다師父領進門, 修行在各人"는 말이 있다. 필자는 후흑학을 나름대로 해석했을 뿐이다. 수행은 각자의 위치와 능력과 처지 및 목표에 따라 어떻게 이것을 전가의 보도처럼 사용하고 운용할 수 있느냐는 각자의 몫이다.

## 제4장 후흑의 술법과 전략

## 제5장 청년 후흑학

## 제6장 대상과 주제에 따른 후흑의 자세

## 제7장 정치를 해서는 안되는 사람들

## 제8장 총결

제1장

후흑학이란 무엇인가

# 1. 낯 두껍고 속은 시커멓게

후흑학이란 청말 민국 시기의 학자 이종오李宗吾가 저술한 『후흑학厚黑學』이라는 책에서 비롯되었다. 이종오의 후흑학은 세 부분으로 구성되어 있다. 사상적으로는 반反 유가를 대표하고, 현실정치에서는 처세를 의미하며, 국제관계에서는 약소국의 생존전략이 그것이다. 이종오는 후흑을 둘로 나누어 개인에게 적용되는 것과 국가에 적용하는 것으로 구분한다. 후흑이라는 본질을 개인 특히 중국의 역사에 등장하는 영웅들에게 적용하는 경우 이는 처세술이자 임기응변이며 때로는 권모술수까지 포함하는 하나의 방법이자 전략이라고 할 수 있다. 이는 약자의 생존과 약자가 강자로 되는 과정에서의 수단 그리고 강자가 되었을 때 강자의 권력 내지는 기득권을 유지하기 위한 책략 정도로 이해하는 편이 좋을 듯하다.

이종오는 중국 역사에서 후흑의 현상을 발견하여 이를 최초로 내놓으면서 이를 후흑학이라고 스스로 이름 지었으나, 그 내용을 자세히 살펴보면 학문적인 정밀함이나 체계가 있는 것이 아니며 또한 과학적으로 검증할 수 있는 어떤 일반화나 법칙화가 되어 있는 정도에는 이르지 못했다. 그는 물리학과 전자론, 진화론, 심리학 등의 다양한 학문적 성과를 동원하여 후흑을 과학적으로 설명하려고 시도하였으나 그가 발견한 후흑 현상은 실제에 적용하는 과정에서 그 진가가 발휘될 수 있는 하나의 전략적 지침 내지는 실용주의적 방법론의 하나라고 하는 것이 맞을 듯하다.

이종오의 후흑학은 사상적으로는 유가에 반대하는 사조를 대표한다. 이종오가 탄생하여 활동하였던 청나라 말기는 유가 사상이 비판을 받게 되고, 중국공산당의 반反유가 사상과 맞물려 유가적 가치관과 사상에 대한 반감과 혐오 및 비판이 고조되던 시기와 맞물려 있다. 그는 『24史』, 『사서오경』, 제자백가의 문장을 두루 통독하고 사마천의 『사기』, 사마광의 『자치통감』, 노자의 『도덕경』, 손자의 『손자병법』 등 중국의 철학과 사상 및 역사서를 두루 익히는 과정에서 역사는 결국 승자의 편에서 기록된 것일 뿐이며, 그들이 승자로 등극할 수 있었던 이면의 진실은 그들이 면후面厚(낯이 두껍고)와 흑심黑心(속이 시커먼)의 대가들이었다는 점을 발견했다. 성인이 쓴 경서는 개인의 수양에는 도움이 되나, 가치나 이데올로기 논쟁에 빠지기 쉽다. 반면에 사서史書는 왕조의 흥망성쇠나 그 안에서 벌어지는 인간의 내면을 이해하는 데 도움이 된다. 이러한 경험에서 사서를 다시 뒤집어 읽어보니 역시 면후심흑을 적절하게 사용한 자들이 역사의 승리자였고 그렇지 않은 사람들은 패배자가 되었다.

이중톈易中天은 한나라의 무제가 파출백가罷黜百家하고, 독존유술獨尊儒術한 것을 천추만대에 끼친 중대사라고 했다. 사실 한나라 시기부터 유학을 국가이념으로 채택한 이래 공자 사상의 핵심인 왕도, 인의, 충의, 염치 등의 유가적 덕목의 관점에서만 역사를 기술하고 거기에 초점을 두다 보니 그에 상반되는 면후심흑面厚心黑의 존재와 작용에 대해서는 무시해버린 결과 역사가 왜곡되었고, 도덕과 인의 및 왕도를 대표하는 인물만이 역사의 주인공이 되었으며 그들이 마땅히 본받아야만될 인물로 각색되어 유가적인 철학과 사상을 기준으로만 과도하게 재해석되고 치장治粧되었다.

중국사는 유가儒家와 도가道家 간의 대립으로 왕조의 순환이 있었다고 한다면, 법가적 기준과 술수는 이 둘을 잇는 역할을 했다. 한 왕조에서 유학이 왕조이념으로 채택된 이래 도가와 법가 사상과 운동은 지하로 잠적해 있었다. 그러다 왕조 순환의 주기에 맞추어 왕조의 운명이

다하게 되면 지하에 있던 도가적 세력들이 왕조에 대항하여 반란을 도모하고 획책하다가 성공함으로써 새로운 왕조가 수립된다. 새로운 왕조 역시 조직과 이념이 비주류였던 도가적 반란집단의 잔재를 청산하고 유가적 이념을 다시 표방하고 유가적 통치체제를 다시 수립하는 순환이 반복해 왔다. 법가적 철학은 왕조 체제를 유지하기 위한 철학 체계였지만 그 이면에는 법술이라고 하는 전략적 술수를 중시한다. 이러한 법가적 술수를 통해 왕조를 전복하고 유지하며 파란만장한 정치사를 만들어내는, 그 모든 것의 배후에는 바로 면후심흑이 자리하고 있다는 사실을 이종오가 찾아낸 것이다.

바로 도가적 반란집단에서 시작하여 주류사회를 전복시키는 와중에서 무수한 면후심흑이 동원되었고, 그것이 승리하게 되면 왕조를 전복하는 과정에서 채택한 갖가지 후흑적 실체나 역사를 모두 지워버리고 유가적 윤리와 정의 및 도덕적 원리를 강조함으로써 왕도를 중심으로 한 윤리적 통치를 강조하는 역사의 악순환이 되풀이되었다. 즉 정치가 안정화되고 나면 이러한 면후심흑은 공식적 또는 주류사회에서 그 어떤 흔적도 남지 않고, 또다시 도가적 비주류적 사회에서 면후심흑은 영웅들 사이에서의 기술 또는 자질로서 존재하게 된다.

이것을 바로 세상에 드러내어 체계화시킨 이가 바로 이종오라고 할 수 있으며 이를 학문적인 체계로까지 초석을 쌓은 이도 이종오다. 그래서 그는 여러 차례 이름을 바꾸었는데 마지막에 공자를 따르느니, 차라리 본인을 따르겠다고 생각하여 스스로 나吾를 조종祖宗으로 삼자는 의미에서 종오宗吾라는 이름을 확정하여 쓰게 되었다.

중국사는 현대에 이르기까지 수많은 변동과 전란을 겪으면서 분열과 통일을 반복하면서 다양한 역사적 사실이 생성되고 그 과정에서 수많은 인물이 나타났다 사라졌던 하나의 거대하고도 웅장한 서사시이자 대하

大河다.

중국 고사성어의 70%는 전쟁과 연관되어 만들어졌으며, 병법과 전술 및 인간 심리서 등이 최초로 발생하여 꽃을 피운 곳도 중국이다. 여기서는 삶과 죽음이 교차하고 성공과 실패가 반복되고, 성공이 실패로 되는가 하면, 실패가 오히려 성공으로 역전되는 과정에서 탄생한 무수한 전략과 인간행태에 대한 관찰 및 행위들이 나타났다가 사라진 영웅들 특히 전쟁영웅들의 전기적 기록이라고 해도 지나친 말은 아니다.

이종오는 『손자병법』과 『한비자』를 바탕으로 하여 승자들이 그들 특유의 본능으로 터득하고 역사의 승자가 됨으로써 증명시킨 면후심흑의 정수를 뽑아 이를 인간 사회의 처세술로 만들어냈다. 이는 명철보신明哲保身으로 요약할 수 있다. 총명하고 사리에 밝아 일을 잘 처리하여 자기 몸을 보전하는 하나의 기술이자 철학이며 지혜다.

이종오가 대표적으로 꼽은 후흑 대가 두 사람의 인물은 바로 와신상담臥薪嘗膽의 주인공 월왕越王 구천句踐과 한고조漢高祖 유방劉邦이다. 구천은 오왕 부차夫差에게 당한 치욕을 갚고 그를 복수하기 위하여 가시나무를 침대로 삼고 쓸개를 핥으면서臥薪嘗膽, 겨울에는 얼음을 껴안고 여름에는 불을 곁에 두고抱氷握火 한밤에는 몰래 울고, 울음이 끝나면 하늘을 쳐다보면서 복수의 칼날을 갈아 마침내 재기에 성공한 인물이다. 과거 구천은 부차에게 패하자 자신의 부인을 부차의 첩으로 삼게 하고 자신을 노비로 삼아달라고 부탁했다. 결국 부차는 구천의 제의를 받아들이자 구천은 와신상담을 통해서 복수에 성공할 수 있었다. 구천의 후흑이 절정에 이른 대목은 그가 오나라 부차夫差를 패망시켰을 때다. 이번에는 전쟁에서 패한 부차가 구천에게 같은 부탁을 했을 때 구천은 이를 단호하게 거절하자 부차는 굴욕을 참지 못하고 자결하고 만다. 이로써 월왕 구천은 또 다른 와신상담의 싹을 잘라버림으로써 후흑으로써 성공하였고, 적대 인물에 의한 후환을 없애버림으로써 자신의 기반을 유지할 수 있다는 점에서 후흑의 궁극이라고 할 수 있다.

유방은 본래 제대로 된 이름조차 없는 한미한 집안 출신이다. 이름 방邦은 무리를 제대로 이끌고 난 후 개명改名한 것이다. 그는 스른 살 무렵 동네 건달의 우두머리로 지내다가 정장亭長이 됐다. 정장은 관리들의 숙박시설인 '정'을 책임지고 경비업무도 맡아보는 미관말직微官末職이었다. 하지만 이는 좋은 의미의 직책일뿐 실제 내용은 고관대작을 경비하는 '시중꾼'에 불과했다. 유방의 휘하에 모인 자들 역시 그 출신이 비천하기는 매일반이다. 하루하루를 빈둥거리면서 방탕한 생활을 하며 시중을 떠도는 시정잡배市井雜輩 출신이 대부분이다. 번쾌樊噲는 개를 도살하는 개백정, 관영灌嬰은 비단장수, 주발周勃은 장례식장 악사 겸 누에치기, 하후영夏侯嬰은 마부 출신이다. 그나마 유방의 측근 중 한韓나라 귀족 출신인 장량張良이 거의 유일하며, 학식이 높다는 소하蕭何와 조참曹參도 시골 아전에 불과했다. 이러한 '잡놈 배경'과 '잡초 근성'은 귀족 가문 출신이자 엘리트 근성을 지닌 항우와 천하를 놓고 다투는 기질적 배경이 된다. 말하자면, 초·한전은 일종의 '귀족'과 '민초'의 두 배경을 지닌 두 영웅이 중원을 놓고 다투는 결전인 셈이었다. 이러한 대결 구도는 중국 역사에서 자주 등장하는데, 가장 가깝게는 공산당의 마오쩌둥과 국민당의 장제스 간 중원을 놓고 각축한 내용도 기실 유방과 항우의 관계와 흡사하다.

유방은 서초 패왕 항우에게 계속 패하다가 단 한 번의 승리로 한漢나라를 창업한다. 항우군에 쫓겨 도망가는 와중, 자신이 살기 위하여 자식을 마차 밖으로 두 번이나 떠밀어 내치려고 했고, 항우가 볼모로 잡은 유방의 아버지를 삶아 죽인다고 하며 투항을 요구하자 항우와는 서로 의형제를 나눈 사이로서 의형제인 형님의 아버지를 삶는 것이니 삶은 국물이나 나누어 달라고 할 정도로 뻔뻔했던 그가 마침내 진시황 통일 이후 다시 중국을 통일한 두 번째 황제가 되었으며, 중국사 최초로 평민 에서 황제가 된 입지전적 인물이다. 지금도 중국 사람들은 한漢나라에 대한 자부심이 대단하다. 현재 중국의 문화적 기틀이 한나라 때에 형성되 었다고 해도 틀린 말은 아니다. 이 한漢은 중국 그 자체를 가리키는 말이 되기도 한다. 그래서 중국의 시는 한시요, 중국의 글자는 한자요, 중국의 민족은 한족이며, 진짜 사내다운 중국인을 호한好漢이라고 부른다.

월왕 구천과 유방, 이 둘을 통해서 이종오가 내린 결론은 세상 주인이 되기 위해서는 승리해야만 하고, 승리를 위해서는 반드시 후흑의 달인 이 되어야 한다. 이를 보다 구체적으로 분석하면, 먼저 두 사람은 약자 의 위치에 있었다. 승자가 모든 것을 차지하는 승자 독식 사회에서 구천 은 패자에서 출발하였고, 유방은 약자에서 시작하였다. 그것을 극복하 고 복수 또는 승리를 위하여 인내하면서 온갖 치욕과 굴욕을 감내하는 과정에서 비열하기도 하고 때론 수치를 감내하면서, 임기응변의 처세를 발휘하는 탄력성 또는 솜 안에 바늘을 감추면서 미래를 준비하였고, 마 침내 승리하였다. 승리와 패배는 성왕패구勝王敗寇인 법이다. 승리하면 왕이요 패하면 역적이고, 이기면 관군이요 지면 반란군이다.

미래를 위하여 현재를 희생하는 방법 가운데 그 하나가 굴욕을 참는 것이다. 천하의 조조도 서량의 마초와 싸우는 과정에서 전투에 대패하 고 도망가는 과정에서 깃발을 버리고 수염을 깎고, 홍포를 버리며 간신 히 살아남았고, 적벽대전에서 패한 후, 화용도華容道에서 관우에게 옛 은혜를 상기시키면서 목숨을 구걸하기도 하였다. 가깝게는 덩샤오핑을 보자. 3상 3하의 주인공인 덩은 쓰디쓴 쿠딩차苦丁茶를 매일 마셨다. 구천의 쓸개와 덩의 쿠딩차는 공통점이 있다. 매우 쓰다는 점이다. 인생 은 기이하게도 모순과 혼란, 좌절과 실패를 통해서 더 크게 성장한다.

그래서 때론 고통은 요청되어진다. 더 강해지기 위해서다.

극소수의 사람을 제외하면 인생은 원래 쓴 법이다. 쓴맛을 삼키고 참아야 한다. 이를 견뎌내지 못하면 더 이상의 발전은 없다. 참지 못한데서 죄는 발생한다. 쓴맛을 본 이들에게는 강한 자가 살아남는 것이 아니라 살아남는 자가 강하다는 적자생존의 법칙을 스스로 깨친다. 하지만 살아남기만 하면 무엇하는가? 때로는 구차하기도 하고 치졸하기도 하지만 결국 대업을 이루어 그것을 보상하는 것이 진정한 승리가 아닌가?

항우는 유방에게 계속 이겼다. 하지만 해하垓下에서 사방 초나라 노래가 들려오자 자결을 택하고 만다. 백번 이기다가 단 한 번의 패전에서 그는 스스로 목을 끊었다. 당시 그가 후퇴를 택하여 살아남거나 했으면 여전히 재기할 수 있는 강동의 자제가 있었음에도 불구하고, 고향 사람을 볼 면목이 없다는 이유로 죽고 말았다. 그의 귀족적 자존심은 패했다는 것을 받아들일 수 없는 자기만의 우월성에 사로잡혀 '힘은 산을 뽑고 기개는 세상을 덮을만 하건만 시운이 불리하니, 오추마가 나아가지 않는다'는 패배의 시垓下歌를 남기고 삶을 마감한다. 그렇다고 항우의 삶이 그리고 그의 철학과 병법이 박백이었는가? 그것도 아니다. 두목杜牧의 항우에 대한 평가를 살펴보자. 두목은 회창 원년(841년)에 지주자사池州刺史로 부임하던 중 오강정烏江亭지나가면서 이 시를 지었다. 오강포는 지금의 안후이성 허현和县 북동쪽에 위치한 곳으로 서초패왕 항우가 자결한 곳이다.

> 승패는 병가의 일 예측하기 어렵다 勝敗兵家事不期,
> 부끄러움을 참을 줄 아는 것이 사나이 包羞忍恥是男儿
> 강동 자제 호걸이 많아 江東子弟多才俊,

다시 일어나 돌아올지 모른다 卷土重來未可知.

『사기항우본기』에 기록된 바에 따르면, 오강의 정장亭長이 미리 배를 준비하여 항우에게 강을 건너라고 제안했다. 이에 항우는 웃으며 답했다. "하늘이 나를 멸망시키려 하니, 내가 어떻게 강을 건널 수 있겠는가? 나는 강동의 자제 8천 명과 함께 이 강을 건넜지만, 지금 남은 이는 한 명도 없다. 설령 강동江東의 부형父兄들이 나를 왕으로 추대한다 하더라도, 내가 무슨 낯으로 그들을 대할 수 있겠는가?

단언컨대 항우는 후흑의 도리를 몰랐다. 다만 후흑의 도리를 약간 알거나 그것을 알고 결정적일 때 후흑을 사용했다면 중국사가 바뀌었을지도 모른다.

## 2. 내 도는 알기 쉽다. 후흑의 특징들

후흑의 기본 개념을 보다 발전시켜 이종오는 그것을 학문적으로 발전시키려는 노력을 기울였다. 그는 중국 24史를 총결한 후 후흑의 학문적인 체계를 수립하기 위하여 다양한 학문적 종합을 시도하였다. 다음은 이종오가 종합하고 체계화한 후흑학의 특징을 나열한 것이다.

(1) 후흑의 출발점은 순자荀子의 성악설性惡說을 지지하는 데서 시작한다. 이종오는 공자의 제자인 맹자와 순자를 비교한다. 맹자는 공자 사당에서 추앙을 받으나, 이에 반해 순자는 제실祭室에서 추방되었다. 순자는 성악설을 제창했기 때문이라는 것이 그 이유다.

사실 순자는 공자의 주재지천主宰之天이나 맹자의 운명지천運命之天을 믿지 않았다. 마키아벨리가 정치의 세계에서 윤리를 뺀 것과 마찬가지로, 자연에는 자연의 법칙이 있고, 인간세는 인간세의 법칙이 있듯이, 자연 현상은 인간 세계의 길흉과는 전혀 무관하다고 확신했다. 순자는 자연 현상과 인간을 철저히 분리했다. 이는 오늘날로 치자면 지극히 상식적인 사고다. 그러나 2,300년 전 전국시대 말기의 상황은 여전히 과학과 무속이 분간하기 어려운 시대였다.

인간의 본성은 태어나는 순간부터 이익을 좋아한다今人之性, 生而有好利焉. 이 엄연한 사실을 부정할 수 없었던 순자는 성악설性惡說에 기초하여 자신의 사상을 펼쳤다. 이는 현대 주류 경제학의 기본 가정과도 서로 통한다. 순자의 이 사상은 훗날 정통 유학자들에 의해 이단시 되기도 했다.

무엇보다도 허세나 거품을 걷어내고 소박하게 성악설에 기반을 둔 순자는 내면의 수양보다는 외부적 통제를 더 중시해야 한다는 결론에 도달한다. 즉 그는 사회와 관련해서는 공리주의적 입장에 섰다. 최대 다수의 최대 행복, 배부른 소크라테스의 입장에 선 것이다. 이는 아울러 인위적인 교육을 통해서 교화가 가능하다고 본다. 그래서 그는 예禮를 특별히 중시해야 한다고 주장했다. 이는 곧 마중지봉麻中之蓬, 즉 삼밭속에 자라는 쑥에 비유할 수 있다. 곧은 삼나무들 사이에 있는 쑥은 자연히 그 영향을 받아 곧게 자라난다.

바로 이처럼 순자는 교육 환경의 중요성도 강조했다. 그러면서 순자를 포함하여 이종오는 성악설이 사람들에게 비난을 받는 이유는 "성악설은 세상을 훈계하고, 성선설은 세상에 아첨하기 때문이다"라고 역설적으로 그 본질을 갈파했다. 즉 인간의 본성은 악한 것인데 그것을 구체적으로 지적함으로써 남에게 비난을 받게 된 것이며, 모든 중국의 역사서를 총괄해보고, 주변의 친구들을 주의 깊게 관찰해본 결과 역시 인간의 본성은 이기적이기 때문에 그들을 상대함에 있어서 성선설을 바탕으로 삼아서

는 안 되며 역시 후흑으로 본성이 이기적인 인간들을 상대해야 한다고
결론을 내렸다.

(2) 성악설에 바탕을 두면서 후흑이라는 것은 외부에서 비롯된 것이
아니라 인간이 본래 지니고 있다는 즉 후흑 본성론을 주장했다. 그는
"타고난 운명을 후흑이라고 하고, 후흑을 따르는 것을 도道라고 하고,
후흑을 배우는 것을 교敎라고 하여 인간은 후흑에서 잠시라도 떠날 수
없으며, 떠날 수 있다면 후흑이 아니라"라고 했다. 이처럼 후흑은 인간
의 삶과 철학과 불가분의 관계에 있는데 그 본질은 "사람은 선천적으로
낯가죽이 두껍고 속마음이 시커먼 자질들을 지니고 있다. 사람의 이기
심은 인력引力을 가지고 있는데 이기심을 없애지 못하는 것은 만유인력
을 제거하지 못하는 것과 같다"고 했다. 좀 더 풀이하자면 탐심貪心은
자신으로 끌어들이는 마음이며, 화를 낸다는 것은 자신으로부터 밀어내
고자 하는 것으로서 "후흑의 근본은 선천적인 것이라 바꿀 수 없으며,
후흑은 이미 자신이 지니고 있는 것이므로 떨어질 수 없다"고 하였다.
이러한 '후흑 본성론'은 성악설과 그 궤를 같이하면서 이기적인 인간의
본성과 더불어 성악설의 한 측면을 강조함으로써 후흑의 자리를 마련하
였다.

(3) 후흑은 기본적으로 심리학에 바탕을 두고 있다. 그러면서 그 심리
학은 자연과학의 법칙처럼, 마음의 작용 역시 과학적으로 설명이 되어
야 한다고 보았다. 즉 "사람의 심리는 역학의 법칙에 따라 움직인다"거
나, "사람의 마음속은 일종의 힘이 오관五觀을 통해 외부의 사물을 끌어
당겨 이루어진 집합이다"와 같은 말이 그것이다. 따라서 마음의 작용은
심리작용과 비슷한데 그 힘은 전자의 작용원리와 유사하다. 즉 "사람의

심리는 전자와 서로 통한다. 전자가 중화되면 아무런 작용도 없다가 일단 작용을 일으키면 그 변화를 예측할 수 없다. 예를 들면 사람의 칠정七情기쁨, 노여움, 슬픔, 두려움, 사랑, 미움, 바램, 역시 좋고 싫음의 두 가지인데 전자의 작용은 서로 밀고 당기는 것처럼 마음이 좋아하는 것은 가까이 끌어당기고 마음이 싫어하는 것은 멀리 밀어낸다"고 하였다. 이로써 후흑은 그 적용대상은 물론 적용하는 주체도 마찬가지로 심리적인 존재로서 인간의 심리를 통해서 그리고 그 심리는 전자의 작용과 같은 인력으로서 설명이 될 수 있는 과학적 작용이라는 것이다.

(4) 이종오는 희노애락喜怒哀樂을 드러내지 않는 것을 후厚라고 하고, 그런 것을 드러내기를 꺼리지 않는 것을 흑黑이라고 했다. 노자가 말한 물에다 후흑을 비유해보면, "자신을 참고 견디는 것을 후厚라고 하고 남에 대해서 참고 견디는 것을 흑黑이라고 한다."

물의 경우, 눈앞에 물체가 있으면 그것을 피해서 우회한다. 이것은 자기에게 인내하는 후厚라고 할 수 있다. 그러나 때로는 성난 물살로 세차게 흘러 산을 밀치고 바위를 굴러 떨어트린다. 이는 남에게 인내하는 것으로서 흑黑에 해당된다 하였다. 인내로서의 후와 타율적인 한계를 뛰어넘을 때의 흑이라는 이중적인 후흑의 본질은 인간의 모든 활동과 사회적 현실 및 자연 현상 그리고 정치, 경제, 사회, 철학 등의 모든 학문적 분야에서 공통적으로 존재하는 핵심적 실체라고 주장한다.

이종오는 말한다. 사람의 만남은 서로의 힘들이 그물망처럼 복잡하게 얽혀져 있는 모습으로서 "이 세상 모든 일의 변화는 사람과 사람 사이의 접촉으로 생긴 것이다". 그러한 세상사의 변화를 다양한 측면에서 접근하여 각기 나름의 분석체계를 통하여 학문적으로 규명하고자 했고, 그 모든 것은 결국 후흑을 다르게 표현한 것이라고 하였다. 즉 "전 세계

특히 서양의 주요 사상과 철학을 두루 섭렵하면서 내린 결론의 하나로서 서양철학과 학문이 발견한 모든 철학과 사상의 근본은 후흑학과 그 본질을 같이 하는 것이다. 이를테면 노자는 후흑을 도덕이라고 일컬었고, 공자는 인의라고 하였으며, 손자는 묘책이라고 했으며, 한비자는 법술, 다윈은 생존투쟁(struggle for existence), 비스마르크는 철혈鐵血이라고 했다"고 말한 데서도 알 수 있다. 이를 이종오식의 표현으로 말하자면 후는 천하의 근본이며, 흑은 어떤 경우라도 널리 행하는 달도達道라고 할 수 있다.

(5) 이종오는 후와 흑의 상호 관계를 다양하게 설명해 놓았다. 먼저 후와 흑은 동전의 양면으로서 후는 흑으로 바뀔 수 있고 흑 또한 후로 바뀔 수 있다. 즉 후와 흑은 별개의 실체가 아니라 상호작용함으로써 호환이 되고 또 별개로 작용하기도 하는 하나이면서 둘이다. 따라서 "처세함에 있어서 흑 가운데 후가 있고 후 가운데 흑이 있다". 이는 노자가 말한 "복福 속에 화禍가 있고 화禍 속에 복福이 있다"와 어떤 연관을 지닌다. 즉 선은 악을 필요로 한다. 그 반대도 마찬가지다. 이것을 바탕으로 후와 흑의 실체와 작용을 설명하자면 "후흑이란 물체의 양면과 같아서 흑이 절정에 다다르면 후로 바뀌지 않는 것이 없고, 후가 절정에 다다르면 흑으로 변하지 않는 게 없다"는 것이다. 이를 종합하면 후와 흑은 별개의 실체이지만 동시에 같이 작용하면서 그 작용이 하나를 주主로 하면 나머지는 보補가 되기도 하고 반대의 경우도 마찬가지로 성립한다는 것이다. 그러다가 극과 극이 서로 호환되면서 하나가 되어 사물이나 사태의 변화와 발전에 따라 후와 흑은 주객을 바꿔가면서 상호작용과 상호교환을 이룬다. 후흑의 본질은 이와 같을지라도 후흑의 실천은 환경과 목적에 따라 그 동원방법과 우선순위가 달라질 수 있다는

것이다. 예를 들면 후흑으로 나라를 구하는 일은 먼저 후에서 시작해서 흑으로 이어진다고 했다.

(6) 이종오는 후흑을 실천하는 문제에 있어서 먼저 노자를 인용하였다. 즉 "노자의 말은 매우 알기 쉽고 실행하기도 쉬우나 이 세상에는 아무도 아는 이가 없고 실행하는 이도 없다"고 하면서 후흑학이 바로 그렇다고 했다. 즉 후흑은 알기 쉽고 실행하기에도 쉬운데 그것을 알려고 하지 않고 또 안 것을 바탕으로 실천하려는 사람이 없는 것이 후흑학의 현실이라는 것이다. 그러면서 후흑을 실천으로 옮김에 있어서 다음과 같은 몇 가지 실천적 지침을 제시하였다.

첫째, 먼저 본인이 스스로 바르게 서야 한다고 했다. 즉 "세 사람이 길을 걸으면 낯가죽이 두꺼운 사람을 스승으로 삼고 그렇지 않은 사람은 그를 거울삼아 자신을 바로 잡아라"고 했다.

둘째, 그렇기 때문에 후흑을 사적이고 개인적으로 사용하기보다는 보다 커다란 공익을 위해서 사용할 것을 주장했다. 즉 "개인의 사사로운 이익을 도모하는 데 후흑을 사용한다면 비열한 행동이 될 것이나 대중의 공공 이익을 도모한다면 최고의 도덕을 실현하는 것이다" 또한 "두꺼운 낯가죽과 시커먼 속마음은 원래 큰 사기꾼들과 매국노들이 가지고 있는 것이지만, 그것을 역으로 능수능란하게 사용할 수 있다면 위대한 성현이 될 수 있다"는 말에서 알 수 있다. 그러면서 후흑의 실천에 따른 마음가짐과 그 대상에 있어서 사적인 것을 배제하고 공적인 목적을 위해서 사용해야 한다.

셋째, 후흑은 실행에 옮기되 입 밖으로 발설해서는 안 된다는 점이다. 즉 입 밖에 발설하지 말고 아무도 모르게 은밀하고 주도면밀하게 실행에 옮기라는 것이다. 따라서 "안으로는 후흑을 겉으로는 인의를" 주장하는 것이다. 후흑의 실천은 말로써 되는 것이 아니라 치밀한 전략과 원모심려遠謀深慮를 뇌리에 간직하면서 때가 이르면 실행에 옮기되 그 것을 경박스럽게 내뱉는 순간 이미 후흑의 계획이 드러나고, 성공하더라도 그 가치가 떨어진다. 특히 겉으로는 박백을 주장하면서도 속으로는 후흑을 준비하고 있어야 한다고 주장했다.

넷째, 후흑학은 작은 일에 쓰면 작은 효과를 볼 뿐이지만, 큰일에 쓰면 커다란 효과를 거둔다. 즉 유방과 사마의는 그 진면목을 완전히 터득했기 때문에 개국의 시조가 되었고, 한신, 장량, 범증 등은 그 일부분만 알았기 때문에 참모에 머무를 수밖에 없었다.

마지막으로 공자가 제자에게 군자다운 선비가 되어야지 소인 같은 선비는 되지 말라고 했듯이 이종오는 그의 제자들에게 대후흑가大厚黑家가 되어야지, 소후흑가小厚黑家는 되지 말라고 했다. 이는 후흑의 용도와 그것의 사용대상이 개인적이거나 사사로운 곳이 아니고 보다 거창한 명분과 대상을 향해 그 뜻을 펼치라는 의미다. 초라한 곳이나 치졸한 목적으로 후흑이 동원되는 경우 그는 음모나 반역을 도모하는 한낱 모리배에 불과하지만, 그것을 사회 또는 국가의 대의를 위하여 동원하는 경우 그것은 영웅이 지닌 웅지이고 전략이며 지혜가 된다는 것이다.


## 3. 소 잡는 데는 소 잡는 칼을, 민족주의 후흑학

이종오의 후흑학이 지향하는 궁극적인 목표는 바로 후흑厚黑을 통한 구국救國이다. 그는 중국 역사 속 여러 영웅들을 분석한 끝에 '후흑'이라는 개념을 창안해냈고, 이를 심화하는 과정에서 후흑의 궁극적 귀결이 곧 구국임을 깨달았다. 이종오가 활동한 중화민국 시기는 아편전쟁

이후 서구 제국주의 강권들이 중국을 반식민지 상태로 국토를 분할하여 착취하고, 중국 내부에서는 군벌이 난립하며 각지에서 할거한 혼란의 시대였다. 관료는 부패하여 민중의 고혈을 짜내고, 민중 역시 극심한 고통 속에서 기의起義하여, 국가는 분열과 혼란에 휩싸여 있었다. 이러한 암울한 시대적 배경 속에서 이종오는 민족의 구원을 후흑이라는 철학에 담아낸 것이다.

윌슨의 민족자결론에 실망한 이종오는 소진蘇秦의 연횡론連橫論을 토대로 중국이 국제연맹에서 탈퇴하고, 세계 약소국들이 연합하여 국제연맹에 맞서는 세력을 결성하자고 주장하였다. 이종오의 후흑 구국론은 그 첫 번째 목표로 일본을 지목했다. 메이지 유신에 성공한 이후, 일본은 청일전쟁에서의 승리를 계기로 서구 제국주의 국가들보다 더 악랄한 침략자의 면모를 드러냈다. 이에 이종오는 일본이 '후厚'로서 침략해 오면 중국은 '흑黑'으로 맞서고, 일본이 '흑黑'으로 공격해 오면 중국은 '후厚'로 대응해야 한다고 주장하였다. 여기서 후흑厚黑은 단일한 개념이 아닌, 서로 견제하고 제어하며 때로는 상반된 전략으로 대치하는 도구로서 기능할 수 있다고 보았다.

(1) 이종오는 일본이야말로 후흑으로 나라를 세운 민족이라고 하면서 남의 땅을 뺏고 훔치는 강도의 속성과 입으로는 달콤한 친선을 말하는 즉 손님을 속이는 기녀技女식 국가 후흑의 전형이라고 지적하였다. 현재에도 일본의 후흑은 계속되고 있다. 일본의 보수 우익 정치지도자들이야말로 후흑의 대가들이다. 일본의 조선 병탄은 합법적이며, 난징 대학살을 부정하고, 관동군의 인체실험 사실도 은폐하며, 성노예로 고통을 받은 위안부의 존재를 인정하지 않고 있다. 수상이나 장관들은 야스쿠니 신사를 참배하여 군국주의를 미화하는 등의 행위나 발언은 그야말

로 면후面厚의 대표적인 사례다. 또한 정상국가를 지향한다는 명목하에 헌법개정을 시도하고, 집단자위권을 통하여 원거리 전쟁의 빌미를 만들어 2차 세계대전을 유발한 침략적 의도를 버리지 않고 오히려 노골적으로 드러내고 있는 것이야말로 심흑心黑의 교과서라고 할 수 있다.

(2) 북한 김정은의 후흑도 교과서 수준이다. 권력을 세습 받은 지 얼마 되지 않아 외삼촌 장성택을 가차 없이 처형함으로써 반대세력을 일거에 침묵하게 만드는 면후를 드러냈다. 더 나아가 그는 백주 대낮, 사람들이 오가는 쿠알라룸푸르 국제공항에서 눈 하나 깜짝하지 않고 이복형 김정남을 서슴없이 살해했다. 살해 방식도 기상천외했다. 바로 VX라는 화학무기, 더 정확히 말하면 두 가지 물질이 결합하면 VX 가스가 생성되는 VX2라는 화학무기를 사용한 것이다. 이를 사주받은 두 여성이 각각 한 물질을 김정남의 얼굴에 발랐다. 후에 밝혀진 바로는 김정남이 가방 속에 VX 해독제를 소지하고 있었다고 한다. 이는 그가 생전에 VX에 의해 자신이 암살될 가능성을 어느 정도 인지하고 있었음을 시사한다.

한국은 어떤가? 세계를 양분하는 G2 강국인 중국과 미국 사이에 끼여 있다. 개혁개방의 놀라운 성공을 바탕으로 강대국의 지위에 오른 중국은 이제 발톱을 드러내고 있으며, 미국은 동아시아 패권, 나아가 세계 패권을 두고 중국과 끝없는 경쟁과 갈등을 이어가고 있다. 이런 상황 속에서 한국은 매 순간 양자택일의 갈림길에 서 있으며, 맹수들의 싸움 터에서 여우는 도망칠 틈조차 없고, 거센 물살 속에 작은 배가 휩쓸려 가는 형국이다. 사드(Terminal High Altitude Area Defense, THAAD) 경험이 대표적이다. 즉 사드 배치 문제로 중국과 미국 사이에서 이러지도 저러지도 못하고 우리의 국론은 분열되었고, 북한은 끊임없이 미사일 실험 발사를 강행하고 있었던 반면, 한국은 무기력한 유엔에 기대는 것 외에 다른 선택지가 없는 현실에 처해 있다. 이러한 한국적 상황에 후흑을 통한 외교를 모색해야 한다. 후흑을 통한 구국이 바로 그것이다.

(3) 이종오는 『후흑구국론』을 통해, 중국의 영웅들이 성공적으로 사용했던 비장의 무기인 후흑을 중국 민족의 생존과 구국을 위해 활용해야 한다고 주장한다. 이른 측면에서 본다면 후흑구국론은 중국판 『군주론』이다. 마키아벨리 『군주론』은 두 측면에서 볼 수 있다. 하나는 저술의 의도이며, 다른 하나는 저술의 내용에 관련된 부분이다. 마키아벨리가 군주론을 지은 목적은 자신의 공직 복귀를 위해서였다.

군주론은 줄리아노 디 로렌초 데 메디치에게 책을 바친다는 헌사로 시작한다. 피렌체 공화국에서 15년간 외교 업무를 담당한 마키아벨리는 1512년 피렌체 공화정이 무너지자, 메디치 가문의 군주정의 복원으로 인해 전 정권의 인물로 퇴출당했으며, 마키아벨리는 반 메디치 정부 음모에 연루되어 투옥 중에 특사로 석방된다. 군주론은 마키아벨리가 석방된 뒤 메디치 정부에 공직 복귀를 꾀하기 위해 지은 저술이다. 하지만 군주론의 내용으로 그 저술의 의도를 보자면, 이는 마키아벨리가 이탈리아의 통일을 염원하며 『군주론』을 저술하였다고 볼 수도 있다. 군주론이 집필될 당시, 이탈리아는 강력한 중앙 집권 국가로 뭉쳐 있지 못하고 여러 소국으로 분열되어 있어 힘이 약했다. 반면 프랑스나 스페인 등은 저마다 중앙 집권 체제를 완비한 뒤 군사력은 보잘것없지만, 경제 문화적으로는 풍부한 땅인 이탈리아를 노리게 된다. 이러한 현실을 맞아 마키아벨리는 하루빨리 이탈리아가 야만인들의 지배로부터 벗어나야 한다고 주장하고, 그를 위해 『군주론』을 집필하기에 이른다. 즉 이종오가 후흑의 궁극적인 목표는 구국에 있다고 했으나, 그의 내면에는 과거 중국 역사 속 영웅들처럼 면후심흑을 통해 나라를 통일하려는 갈망이 흐르고 있었다. 이종오는 후흑의 능력을 국제관계에 적용하여 중국을 구해낼 수 있기를 바랐다. 이러한 갈망은 그가 살았던 난세 속에서 후흑이 절대적인 철학이자 병법, 전략으로 확립되었음을 믿었던 데서 비롯되었고, 결과적으로 후흑학이 탄생하게 된 배경이 된 셈이다.

즉 후흑의 시작은 후흑 철학의 확립이다. 이는 마치 컴퓨터의 하드웨어가 시스템의 기초를 이루고, 신체의 두뇌가 인체를 지배하고, 종교의 마음이 신앙을 이끌듯이, 후흑 철학은 개인의 성공, 집단의 발전, 국가의 번영을 이룩할 수 있는 강력한 신념을 지탱하는 이념을 말한다.

이종오는 장자 소요유逍遙遊에 나오는 불균수지약不龜手之藥을 인용하고 있다. '손이 트지 않게 하는 약'의 고사다. 옛날 송나라 때, 대대로 빨래를 가업으로 삼아 생계를 이어가는 집안이 있었다. 이들은 찬물에 손을 오래 담그더라도 손이 트지 않는 약을 만들어 다른 어떤 사람보다 경쟁력을 가지고 세탁을 잘 할 수 있었다. 어느 날 한 사람이 소문을 듣고 찾아와 많은 돈을 주고 불균수지약 만드는 비법을 사 갔다. 그는 곧바로 오吳나라 왕에게 찾아가 약의 효능을 설명한 뒤, 군사들을 위해 약을 대량으로 준비해 두었다. 마침 겨울에 월越나라가 쳐들어오자, 왕은 그를 장수로 임명하고 모든 군사들에게 손이 트지 않는 약을 바르게 했다. 결과적으로 월나라 군사들은 동상으로 손발이 터져 제대로 싸우지 못했고, 약을 바른 오나라 군대에 크게 패하고 말았다.

장자는 '손이 트지 않게 하는 약은 용도에 따라 그 가치가 달라진다'며, '어떤 사물의 가치는 하나로 고정된 것이 아니라 어떻게 생각하고 사용하느냐에 따라서 크게 바뀔 수 있다'고 말한다. 다시 말해 무용대용無用大用, 즉 쓸모없다고 여겨지는 것도 생각하기에 따라 큰 용도로 사용될 수 있다. 즉 똑같이 손이 트는 상황에서 약을 개발했더라도, 이를 나라에 바쳐 전쟁에 활용해 작위를 받고 성공한 사람이 있는가 하면, 손이 트지 않은 덕에 계속 빨래질을 면치 못한 사람도 있다. 이 사례를 들며 이종오는 후흑학을 제대로 배우고 익히면 나라를 구할 수도 있지만, 잘못 쓰면 오히려 비난을 받거나 후흑학의 가치를 훼손할 뿐이라고 경고했다. 그에 따르면 후흑이란 철학적 원리에 기초하여 정치, 경제, 외교 및 교육제도를 개혁하려는 것이고, 그것이 곧 후흑의 철학적 원리를 응용한 것이라 했다.

# 제2장

# 후흑학과 관련된
# 사유의 갈래들

앞서 언급한 바와 같이, 이종오는 중국의 24사를 통해 후흑을 발견하고 이를 학문적으로 정립하는 과정에서 당대의 과학적 성취인 진화론과 전자론 등의 연구 업적을 면밀히 검토한다. 오늘날, 이종오의 시대를 훌쩍 뛰어넘어 한 세기가 흐른 지금, 우주물리학, 진화생물학, 사회생물학, 신경과학 등 현대 과학의 눈부신 발전은 후흑학의 내용을 한층 더 풍부하고 정교하게 빛내고 있다. 아래는 현대 과학을 바탕으로 필자가 재해석한 후흑학의 다양한 모습들이다.


# 1. 후흑-불확실성에 깃든 존재의 파동

## (1) 양자물리학과 불확실성 이론

니체가 '신의 죽음'을 선언하며 기존의 가치를 뒤집고 절대적 진리의 붕괴를 촉발했던 것처럼, 아인슈타인은 빛에 관한 새로운 발견을 통해 과학계에 전환점을 가져왔고, 과학적 해석이 단일한 의미로 정의되지 않음을 보여주었다. 과학은 연구가 깊어질수록 기존의 단순한 법칙으로는 설명할 수 없는 새로운 현상들이 계속해서 등장하였고, 이로 인해 자연현상과 과학적 설명이 더 일관된 체계를 유지할 수 없게 되었다. 칼 포퍼는 『열린 사회와 그 적들』에서 아인슈타인의 상대성 이론을 예로 들며, 자연과학조차 오류 가능성을 내포하고 있음을 보여주는 중요한 발견이라고 평가했다.

그러한 자연과학의 오류를 바로잡았던 아인슈타인조차 양자의 존재를 인정하지 않으려 했으며, 이로 인해 과학적 오류를 바로잡는 또 다른 발견을 거부한 사례가 있다. 양자물리학은 고전물리학의 연속성 원리와 라이프니치의 "자연은 비약하지 않는다, Nature makes no leap"를 뒤집어엎은 일종의 혁명적인 발견이다. 아인슈타인은 양자의 존재를 가장 일찍 깨달았음에도 불구하고 "신은 주사위 놀음을 하지 않는다"라는 경구를 남기면서 확률적으로 존재하는 양자를 인정하지 않았다. 그러나 그가 인정하고 싶지 않은 양자의 존재는 오히려 그의 후배과학자 닐스 보어(Niels Bohr)가 아인슈타인과의 논쟁을 통해서 즉 아인슈타인의 가설을 이용하여 그의 과학적 가설이 옳았음을 증명함과 동시에 양자의 존재도 입증하게 되었다. 아인슈타인은 모든 물리적 현상은 정밀한 과학적 법칙에 따라 한 치의 오차 없이 작용한다고 생각했다. 그러나 양자의 존재는 이러한 과학적 엄밀성과 적확성에 반하는 것으로, 아인슈타인은 그 존재를 알고 있으면서도 과학적 원칙에 어긋난다는 이유로 이를 받아들이길 주저했다. 물리학자 마티유 리카르(Matthieu Ricard)와 트린주안 투안(Trinh Xuan Thuan)은 『손바닥 안의 우주』에서 "양자 법칙이 인과 법칙에 확률 개념을 도입하면서 절대적 결정론을 무너뜨린 것은 분명하다"고 말한다.

처음에 막스 플랑크와 아인슈타인은 양자의 존재를 인식하면서도 그것이 과학적 현상과 설명에 배치된다는 이유로 인정하기를 주저했다. 그러나 결국 양자가 없이는 자연 현상과 물리적 현상을 설명할 수 없음을 깨닫고 이를 받아들일 수밖에 없었다. 마찬가지로 '후흑' 역시 '박백'의 정의와 질서 속에서 살아온 우리에게 반드시 주목해야 할 개념이다. '후흑' 없이는 인간 사회의 객관적 현상을 보다 정확하고 깊이 있게 이해할 수 없기 때문이다. 양자의 존재를 인정해야 비로소 물리 현상을 과학적으로 설명할 수 있듯이, '후흑'의 현실적 가치와 존재를 받아들일 때 사회 현상을 더욱 객관적으로 이해하고 설명할 수 있다.

그러한 양자가 만들어내는 세계가 바로 하이젠베르크의 '불확실성의 세계'다. 양자 운동의 불규칙성으로 인해 과거의 합리적이고 순수 과학적인 세계에서는 모든 현상이 이해되고 설명 가능하다고 여겨졌으나, 점차 과학적 설명이 불가능하거나 예측이 무의미한 현상들이 빈번히 나타나며 불확실성 이론이 부상하기 시작했다. 이는 우주 탐구라는 과학 분야에서도 마찬가지였다. 한때 가장 비과학적이라 여겨졌던 기상학처럼, 과학의 영역에서도 점차 불확실성이 중요한 요소로 떠오른 것이다.

흥미롭게도, 과학 안에 비과학이 깃들어 있으며, 이 비과학이야말로 과학을 온전히 완성 시킨다. 그렇기에 과학으로 계산하거나 예측할 수 없는 불확실한 미래와 관찰된 현상들은 곧 '후흑'이 어떻게 작용하여 '박백'이라는 질서를 만들어내는가의 문제와 긴밀히 연결된다.

이와 관련해 마티유 리카르와 트린 주안 투안은 정신이 물리적 세계와 어떻게 상호작용하는가에 대한 문제를 탐구하면서 양자의 불확정성이야말로 의식이 물질과 상호작용하는 방식을 설명할 수 있는 열쇠가 될 수 있다고 언급했다. 이는 불확실성의 본질과 그 속에서 형성되는 질서에 대한 깊은 통찰을 던져준다.

처음 맺은 짝과 일생을 같이한다고 믿어온 원앙과 백조를 관찰한 조류학자들은 가끔 다른 짝과 바람을 피우는 녀석들의 존재를 보고하였다. 진화의 법칙에 따라 원래의 짝과 평생을 같이하는 것이 그 종의 번식에 유리하여 그렇게 선택적 진화를 택한 새들도 예외가 있는 법이다. 마치 과학에서 양자의 존재가 그렇듯 이 바람둥이 새들이 있기에 자연과 인간은 불확실성을 인정하고 그것을 수용하는 과학적 시대에 살고 있다. 따라서 박백의 사회가 반드시 옳고 주류적 가치가 될 수 만은 없다.

동서양을 막론하고 우리는 노력하면 반드시 성공하며, 착하고 의로운 사람은 복을 받고, 남에게 베풀면 그만큼 되돌려 받는다는 믿음을 굳게 교육받아 왔다. 더구나 이러한 믿음은 반박의 여지가 주어지지 않았고, 이를 반대하거나 부정하는 사람은 이단으로 간주되어 사회에서 매도되고 배척당하는 일이 흔했다. 더구나 운명을 믿지 않고 인간의 의지와 사회의 보편적인 도덕성 그리고 선과 정의에 대한 인간 정신의 절대적 가치 등에 대한 절대적 믿음에서 비롯된 보편적 인식과 믿음이 통용되는 지구적 현상에서 그렇게 세뇌되어 살아왔다. 더구나 이러한 가치체계 속에서 인간의 성공과 실패는 '박백'의 부족함이나, '박백'을 실천하는 과정에서 '후흑'이 개입한 결과로 귀결될 수밖에 없다고 여겨져 왔다. 그러나 이러한 가치체계에도 허점이 존재하며, 이를 지적하고 보완함으로써 더 완전한 법칙이나 더욱 정교한 기준을 제시할 수 있다. 이 과정에서 후흑학은 마치 물리학의 양자(quantum)가 기존 물리법칙의 불완전성을 입증하듯, 박백학薄白學의 한계를 드러내고 새로운 차원을 열어주는 역할을 할 것이다.

## (2) 존재의 비존재의 경계선, 가능성의 씨앗 : 0의 원리

우주의 모든 별은 둥근 형태를 띠고 있다. 공전과 자전을 반복하는 우주의 별들과 혜성들은 중력의 작용에 따라 둥근 타원을 그리며 태양을 중심으로 궤도를 돈다. 이는 곧 '둥근 0의 원리'를 반영하는 것이다. 우주의 이러한 원형 구조와 상호작용은 궁극적으로 모든 순환의 원리를 상징한다. 우주의 움직임은 기독교적 창조와 멸망의 직선적 운동이 아니라, 불교와 도교의 순환적이고 원형적인 운동이 더 과학적임을 보여준다.

이러한 까닭에 0이라는 개념은 인도에서 발생했고, 0의 쓰임에 따라 숫자는 무한대로 펼쳐나갈 수 있다. 기독교에서 예수 탄생을 기점으로 AD와 BC가 나뉘듯, 수학에서는 0을 기준으로 음수(-)와 양수(+)가 구분된다. 0은 과거와 미래를 가르는 경계이자, 발전과 쇠퇴를 상징하며, 인간의 끝없는 욕망이 제로에서부터 무한대로 확장될 수 있음을 보여는 신비로운 숫자다. 더구나 지구의 무게는 0이다. 지구의 무게는 태양의 중력, 즉 태양이 지구를 끌어당기는 힘으로 설명될 수 있다. 지구는 관성에 따라 태양을 벗어나려는 원심력과 태양이 끌어당기는 만유인력 사이에서 균형을 이루며 공전하기 때문에, 지구 자체의 무게는 0이라 할 수 있다. 이는 우주의 모든 별과 행성은 물론, 천왕성 바깥에 위치한 카이퍼 벨트(Kuiper Belt)의 얼음과 먼지 덩어리들에도 동일하게 적용된다. 이들은 서로의 중력에 의해 순환하며, 그 무게는 '0'이라고 할 수 있다. 만약 이 무게가 '0'을 넘어선다면, 지구는 태양과 더 가까워질 것이며, '0'보다 가벼워지면 태양으로부터 더 멀어질 것이다. 따라서 지구는 중력을 가지고 있으나, 무게는 없다고 할 수 있다.

아무것도 없는 무無를 상징하는 0은 비어 있으면서도 무한한 가능성을 품고 있다. 이는 사회에서도 마찬가지다. 낙오와 실패 속에서 자신을 비하하는 삶을 사는 이들에게 0의 철학은 더욱 중요하다. 우주적 순환에서 쓸모없음이 쓸모 있음이 되고, 시간이 지나면 쓸모 있음이 다시 쓸모없음으로 돌아가는 이치가 그렇다. 성공한 '박백' 또한 0에서 시작했다.

인간은 태어날 때와 죽을 때만큼은 모두가 평등하다. 그러나 사회라는 촘촘한 그물망 속에서는 생존을 위한 투쟁과 철저한 합리성, 그리고 '법률'이라는 이름 아래 기득권을 보호하는 계산된 이익과 정의가 지배한다. 이는 마치 중력에 의해 질서를 유지하는 태양계처럼 보이지만, 그 무게는 결국 0과 같다. 사회는 중력에 의해 움직이지만, 그 무게는 실체 없는 0에 불과하다.

거대한 지구의 무게가 0이라면, 지구 위에서 엄청난 무게를 자랑하는 모든 구조물과 건축물은 결국 0 위에 놓인 공기와 다름없다. 그렇게 볼 때, 우리가 애써 쌓아 올린 모든 성취와 권력 또한 본질적으로는 '무'의 일부일지 모른다. 근본이 거대한 0인데 그 0의 무게가 인간이 무겁다고 하는 모든 것을 받쳐주고 있다는 사실을 음미해야 한다.

지구와 우주는 우리에게 말하고 있다. 조그마한 지식과 권력, 그리고 돈을 자랑하지 말라고. 모든 것은 결국 순환한다. 본디 시작은 0이기 때문이다. 그렇기에 짧은 인생에서 이웃과 자신을 비교하고, 잠시 얻은 권력을 한껏 뽐내며, 죽음 앞에서 가져가지 못할 돈에 집착하는 것은 헛된 욕망일 뿐이다. 그 욕망이 지나치면 수많은 생명을 앗아가고, 인간을 비굴하게 만들며, 돈의 노예로 전락시키고 만다. 그러나 자연의 법칙은 엄중하다. 죽음 앞에선 모든 것이 덧없어지고, 남겨진 육신은 다시 흙으로 돌아가 순환의 고리를 잇는다. 결국 모든 것은 커다란 0, 곧 원으로 되돌아가는 것이다.

## (3) 진실은 저마다의 거울 속에서 : 지구의 상대성 진리

고대 인류는 지구가 평평하다고 믿었다. 지금도 여전히 그런 믿음을 가진 이들이 존재한다. 그러나 이성의 발전을 통해 지구가 둥글다는 사실이 밝혀졌음에도, 우리의 감각은 여전히 중력의 존재를 인식하지 못한다. 우리는 지구가 둥글다는 것을 지식으로 알고 있지만, 실제로 그것을 피부로 느끼지는 못한다.

지구는 둥글다. 따라서 지구에 직선을 그으면 결국 그것은 곡선이 된다. 엄밀히 말하면, 지구상에서는 직선이 존재하지 않는다. 오직 우주로 뻗어가는 빛만이 직선이다. 지구에서의 직선은 정도의 차이가 있을 뿐, 직선이 길어질수록 점차 곡선에 가까워진다. 흔히 원수를 찾을 때 '지구 끝까지 쫓아간다'고 말하지만, 지구 끝까지 가서 만난 원수는 결국 출발점으로 돌아오게 된다. 둥근 지구의 존재를 의식하지 못하고 직선적인 사고에 갇힌 이들이 바로 박백의 인간들이다. 지구는 원래 둥글며, 그 안에는 처음과 끝이 없고, 지구본처럼 돌아보는 곳이 바로 중심이다. 그러므로 박백의 고정관념을 벗고 열린 태도를 가져야 한다. 결국, 지구가 둥글다는 사실을 인식함으로써 직선적 사고는 부합하지 않음을 깨닫고, 그로부터 후흑을 위한 가변성이 시작될 수 있다. 후흑적 사고는 곡선을 그리다 보면 자연스레 직선이 되어간다는 것이다. 우리의 앉은 자리가 바로 지구의 끝이자 시작임을 인식하며, 보다 탄력적이고 총체적이며 근원적인 작용을 이해하는 데서 그 출발이 이루어진다.

## (4) 모순된 길들이 교차할 때 진실은 드러난다 : 상보성 이론

양자의 존재를 처음 증명한 닐스 보어는 전자가 단지 입자라는 기존의 과학계의 정설을 뒤엎고 전자도 빛과 마찬가지로 입자와 파동의 동시적인 작용임을 입증하였다. 이를 통하여 '상보성'이라는 개념을 만들어 냈다. 에른스트 페터 피셔(Ernst Peter Fischer)에 따르면 상보성이란 우리의 모든 지성이 추구하는 전체를 가리키는 말로, 어떤 현상을 포괄적이고 완전하게 이해하려면 서로 모순되어 보이는 두 가지 측면이 동시에 고려되어야 한다는 점을 알게 된다. 모든 현상에는 서로 상반되는 듯 보이지만, 동시에 타당성을 지닌 설명들이 존재한다. 하나의 사실에 대한 상보적 이론들은 각각 올바르지만, 그중 어느 하나도 단독으로는 진리를 온전히 담아낼 수 없다. 오직 모든 상보적 이론이 함께 모일 때 비로소 진리에 다가갈 수 있다.

상보성 이론을 사회현상에 적용해보면 두 가지의 의미를 지닌다. 하나는 태극의 음과 양의 개념처럼 하나의 동심원에 서로 다른 극의 두 실체가 상호작용함으로써 우주의 질서를 관장하듯이 극과 극의 상보성이 조화를 이루는 세계라는 뜻이다. 또 하나는 하나의 실체가 관점과 초점에 따라 다르게 설명될 수 있다는 의미다. 이처럼 빛이라는 단일한 현상에 대해 학문적 관점에서 상보적으로 접근함으로써, 우리는 빛에 대해 더욱 완전한 이해와 깊이 있는 접근이 가능해진다. 이러한 상보성의 원리를 사회현상을 설명하는 영역에까지 그 법칙을 확장하여 설명을 가능하게 한다. 즉 사회는 후흑과 박백이 서로 상호작용하면서 진보를 거듭하는 것이고, 사회의 진보와 발전은 그것을 어떤 측면에서 접근하느냐에 따라 그 설명과 내용이 달라질 수 있음을 상보성 이론이 말해준다.

## 2. 빛과 그림자 : 정의와 윤리와의 관계

후흑학은 반유교적인 철학에서 시작하였다. 소위 왕도王道로 대표되는 주자학적 전통 윤리와 가족, 사회, 국가를 하나로 묶어 공동체적인 인과 덕을 중시하는 가치관은 서구의 정의론적 가치와 일맥상통한다고 할 수 있다. 그러나 이에 반하는 개념으로 정의되는, 즉 반유교적인 후흑이 서구의 관점에서 어떤 위치를 차지할 것인가 하는 문제가 제기된다. 후흑은 정의에 반하고 윤리와 도덕에 배치되는 주장인가의 문제가 명확해져야 한다. 일단 정의는 서양의 개념에서 유래하였고 윤리는 동양적 개념에서 유래하였기 때문에 동양적 후흑의 개념을 서구의 정의의 개념에 대입하기에는 무리가 따른다.

### (1) 정의와 후흑의 관계 : 정의는 하늘을 향한 나무, 후흑은 그 뿌리의 어둠

① 무엇을 '정의'라고 정의하느냐다. 정의의 개념문제, 즉 즉 평등을 통한 올바름의 가치문제다. 정의론은 발전을 거듭하면서 능력에 따른 불평등 사회가 이루어지는 것을 거부하고, 인간은 능력에 관계없이 동일한 가치를 지닌다는 원칙을 바탕으로 정의의 문제를 평등하게 다루어

야 한다고 주장한다. 정의는 집단과 문화의 산물 이전에, 우선 개인적인 선택의 결과이다. 즉 올바름과 좋음의 관계에서 올바름의 원리는 집단적 선택의 산물인 반면, 좋음에 대한 개념은 실제 세계에서 개인의 선택에 의해 형성된다. 이처럼 좋음의 총합이 올바름으로 나타나고, 그것이 정의를 형성한다는 것이다.

또한 존 롤즈는 "적어도 타인의 영향을 받지 않을 때 한 인격은 가능한 한 합리적 목적을 진척시키고 최고의 선을 달성하기 위해 아주 적절하게 행동한다"고 했다. 이러한 적절한 행동은 합리적 선택을 전제로 한다. 합리적 선택은 그 사람이 직면하고 있는 상황의 인과적 구조를 바탕으로 그가 특별한 상황에서 개인의 이익을 극대화하기 위하여 선택하는 행위라고 할 수 있다. 따라서 개인의 합리적 선택이 사회의 공동선으로서의 정의와 연결되기 위해서는 인류가 본질적으로 다수여야 한다는 요구사항과 정의가 내포된 개인의 온전성을 동시에 만족시켜야하는 것이라고 할 수 있다.

② 이러한 정의는 올바름 그리고 도덕과 어떤 연관을 갖는 것인가? 먼저 정의를 대체할 수 있는 또는 그에 버금가는 덕목을 제시함에 있어서 정의가 개입하지 않은 상태에서 개입되는 덕목을 구체화해야 한다. 즉 상황에 따라 상반되는 도덕과 윤리적인 요구는 동일하게 취급되어져야 한다는 것이다. 롤스는 피를 부를 상황에서만 불굴의 용기가 유일한 덕목이 된다면, 그러한 용기의 발휘를 부인하는 평화와 평온 등도 마찬가지로 그에 상응하는 위상을 갖는 덕목이라고 했다. 이러한 모순적 덕목이나 도덕적 요구 사이에서 정의와 선의 합치는 개인과 집단의 삶 속에서 표출된 도덕적 가치들의 조화를 필요로 한다. 즉 조화를 통한 보다 완전한 정의로의 접근을 의미한다고 할 수 있다.

③ 정의의 역할에 있어서 비교적 대등한 사람들이 상호교환을 바탕으로 구성한 결사結社라면 어느 곳에서나 정의의 원칙을 적용할 수 있다. 따라서 분배에 따른 갈등의 해결을 위하여 원칙을 제공하는 것이 정의의 역할이다. 왜냐하면 자원의 상대적 부족, 다양한 삶의 목적과 이해관계의 상충 때문에 정의는 필요하다. 즉 한정된 자원과 그것에 대한 불평등한 분배라는 한계 상황에서 공정함을 추구하기 위한 가치로서 개인과 집단이 모두 만족하거나 적어도 합리적인 해결을 통하여 불만족을 최소화 시키는 그 어떤 것이라고 말할 수 있다. 데이비드 존스턴은 정의의 역사(A Brief History of Justice)에서 공정을 예로 들면서 "공정에 대한 존중은 문화에 상관없이 어디에나 존재하는 것 같다"고 한데서도 정의의 기능은 공정과 밀접한 연관이 있다.

④ 정의의 구현은 법으로 실현된다. 일상에서 흔히 접하게 되는 정의처럼 보이는 것은 대체로 법으로 정한 정의들이다. 홉스는 정치적 사회적 불평등은 법과 제도의 산물로 보고 그러한 제도와 관행은 한번 정착하기 시작하면 매우 불평등하게 발전하게 될 것이라고 보았다. 즉 정의는 강자의 이익이며 법은 그러한 강자의 이익을 보호하는 공인된 보호막이라는 것이다. 아리스토텔레스도 이에 가세하면서 "정치적 정의는 존재하지 않고 정의의 허울만 있을 뿐이다. 그 이유는 상호간의 거래를 관리한 법을 가진 사람들 사이에만 정의가 존재하고, 또 부당한 일이 일어나는 곳에만 법이 존재하기 때문이다"라고 했다.

⑤ 정의의 추상적인 가치나 지고불변의 가치로서의 위상은 변함이 없으나 그 정의의 대상은 변한다는 것이다. 특히 아리스토텔레스는 정의로운 것도 변화의 대상이 된다고 보았다. 이는 관습에 의해 정의로운

것 못지않게 변화를 필요로 한다고 했다. 즉 정의의 가치적 절대성은 인정하지만 그것이 실현되는 환경의 특수성에 의해서 정의가 나타나는 형태와 가치가 각기 다를 수 있다는 정의의 상대성을 지적한 것이다.

⑥ 공동체적 선善 즉 사회적 정의라는 것이다. 롤즈는 도덕적인 사람은 선택된 목표를 가진 주체이고, 그의 근본적인 선호는 삶의 양식을 형성할 수 있게 해 주는 조건이다. 이 삶의 양식이 상황이 허용하는 한 완벽하고 자유롭고 평등한 합리적인 존재를 표현한다. 대학입학사정에서 낙오된 소수자들에게 대하여 롤즈는 '정의의 합치와 안정성'을 이유로 공동체 개념을 요구한다. 즉 "공정성으로서의 정의는 공동체의 가치를 위한 중심 위치를 차지한다"고 하면서 공동체 선은 개인이, 오로지 개인들이 사적 목적추구과정에서 협력을 통해서 얻어낸 이득에 있다고 롤즈는 말했다. 이러한 공동체의 가치를 위하여 사회적 약자가 희생을 받아들이고 감수하는 것이 사회적 정의라고 보는 것이다. 그러나 롤즈가 지적했듯이 "공리주의는 한 사람의 합리적 선택원리를 사회 전체로 확장한 과오가 있다"는 점을 인식할 필요가 있다.

지금까지 논의한 정의의 개념을 후흑과 연관시켜 후흑의 정의를 논하자면 다음과 같은 특징으로 요약할 수 있다. ①상대적 정의 ②약자의 정의 ③모순적 정의 ④개인적 정의 ⑤가변적 정의 ⑥공동체적 선으로서의 사회적 정의라는 특징을 지닌다고 하겠다. 이로써 정의는 개인과 집단을 전체적으로 인식하고 그것을 뛰어 넘는 공동선의 가치를 정의라고 보았다. 그것은 법에 의해서 표현되거나 구현되기도 하고, 환경에 따라 다르게 나타날 수 있다는 가변성을 지닌다고 하겠다. 여기에 후흑이 자리할 수 있는 공간이 존재한다. 후흑은 목적이 아닌 과정으로서의 가치를 주로 하기 때문에 이룩한 결과에 의해 그 정의가 평가된다. 그 후흑의 작용과정은 환경의 상이함에 따라 다르게 나타남으로 인하여 정의의 실현에 수반되는 정의의 실험 내지 특수성이라고 할 수 있을 것이다.

## (2) 윤리학과 후흑의 관계

윤리란 "인간이 지켜야 할 기본적인 도리"라고 정의하고 있다. 윤리관 또는 도덕관의 성립은 원시 신앙에서 유래한다. 그리고 인간의 지성이 진보함에 따라 서서히 인간중심의 윤리관이 자리를 잡아가기 시작하였다. 특히 부족국가 시대를 지나 본격적인 고대국가 체제가 성립하면서부터 윤리 또는 도덕은 개인, 집단, 국가 등으로 확장되면서 윤리의 내용과 범위가 다양하게 전개되었다. 본격적인 윤리의 시작은 동양에서는 춘추전국시대의 제자백가諸子百家에서 비롯되었고, 서양에서는 소크라테스를 필두로 소피스트들 간의 일련의 다양한 논쟁을 중심으로 윤리에 대한 기본 사상이 싹트기 시작하였다. 칼 야스퍼스(Karl Jaspers)가 '축의 시대'(Axial Age)라 칭한 시기는 기원전 900년에서 200년까지의 기간을 말한다. 이 시기는 인류 역사상 위대한 스승들이 등장한 시점이었다. 이때 세계 여러 지역에서 훗날 인류 문명에 지대한 영향을 미칠 위대한 사상들이 태어났다. 중국의 공자와 노자, 인도의 붓다, 중동의 아브라함 종교 창시자들, 그리고 그리스의 소크라테스가 그 예다. 야스퍼스가 말한 축의 시대는 인류의 의식이 한 단계 더 성숙해진 창조적인 시기였다. 하지만 동서양은 상호 문화교류가 제한적이었기 때문에, 각기 다른 역사적 발전 경로에서 윤리는 그 내용과 방향, 그리고 철학적 관점이 점차 달라져왔다. 이로써 윤리는 다음의 몇 가지 특징을 가지게 되었다.

① 먼저 윤리는 진화해 왔다. 이는 인간 이성의 발달과 더불어 그에 따른 사회의 다양성과 국가의 생성과 몰락 등의 과정을 통하여 초기의

윤리적 형식과 내용이 발전해 왔다. 따라서 윤리는 불변적인 것이 아니라 가변적인 것이며, 그것은 시대와 지역에 따라 윤리의 기준과 내용이 각기 다르다는 특징을 지니게 되었다

② 이러한 전제하에서 고대의 윤리사상은 개별적 윤리를 주창하던 초기 윤리사상을 벗어나 그 대상이 확대되어 감에 따라 윤리가 보편적인 것이냐 아니면 상대적인 것이냐를 중심으로 치열하게 전개되어왔다. 이때 윤리를 규정하고 그 내용을 설명하는 핵심은 인간의 본성을 탐구하고 그것이 사회를 구성하는 인간의 집합체에 어떻게 투영되어야 하는 가치론적 접근방식을 취했다는 점이다.

그러나 이성 중심의 윤리사상은 서양에서는 중세에 접어들어 기독교 중심의 신앙우위의 중심사상으로 진입하게 되어 윤리의 내용이 변했다기 보다는 퇴행적인 내용과 모습을 보여주었다. 근대에 이르러 동양에서는 성리학으로 대표되는 사상적 흐름이 윤리의 기준과 내용을 규정하게 되었고 서양에서는 계몽주의적 사상이 신관을 기본으로 하는 신앙우위의 윤리적 가치관을 대체하였다. 즉 이성을 바탕으로 한 인본주의적 윤리관의 출현이 그것이다.

근대에 이르러 1842년 영국이 아편전쟁에서 승리함으로써 중국의 몰락과 인도의 식민지화로 인하여 서구의 윤리관이 동양의 윤리관의 상위 개념으로 자리하게 되는 역사적 전변을 맞이하게 되었다. 이로써 동양의 전통적 윤리관은 서양의 개인주의적, 물질주의적 그리고 과학적 합리성을 내세운 가치관들에 의하여 동양의 윤리는 혼란과 변형을 겪을 수밖에 없었다.

③ 오늘날 이르러 2차 세계대전의 종식과 사회주의권의 몰락으로 인한 냉전체제의 붕괴로 세계의 글로벌화가 진행되고 있다. 글로벌리즘의 가속화로 첫째, 서양에 의해 억눌리고 부정되었던 동양제국들(중국과 인

도)의 부흥과 역사의 주역으로의 재등장, 둘째, 그로 인하여 동양의 전통적 윤리관의 복원과 재발견, 셋째, 동서양의 윤리관의 종합과 보편화가 진행되어 어느 정도의 체계적인 모습을 형성해가는 중이라는 점이다.

④ 이처럼 윤리관 또는 윤리의 내용과 기준은 정의의 개념과 가치와 마찬가지로 시대와 지역에 따라 다르게 나타났다. 특히 오늘날처럼 다양한 가치관이 복잡하게 뒤얽혀져 있어 특정한 윤리를 주장하기 어려운 환경에서 윤리의 판단은 첫째, 적용 대상에 따라 다르게 판단이 내려질 수 있다. 즉 윤리의 원칙을 개인에게서 찾아야 하는 가 아니면 공동체에서 찾아야 하는가의 문제를 야기하고 있다. 둘째, 윤리학의 보편성과 상대성을 어떻게 적용해야하는가의 문제다. 셋째, 상황윤리라는 특수한 환경을 통해서 윤리의 본질을 탐구하고 판단하는 문제가 제기되기에 이르렀다.

이를 종합하여 후흑학과 연계시켜 논하자면 후흑학은 근대에 동양적 윤리관을 전면적으로 부정하는 과정에서 탄생된 진화된 윤리학이며, 그것의 적용은 각 개인이나 국가가 처한 특수한 환경에 따라 다르게 적용될 수 있다는 가변성을 지닌다. 아울러 개인과 공동체간에 다르게 적용되는 윤리의 기준과 내용에 있어서 후흑학은 먼저 개인에서 출발하여 이를 공동체로 확대하는 것을 그 기본으로 삼는다는 점에서 전체적 윤리학의 세분화된 적용이라고 할 수 있다.

후흑학은 윤리의 보편성이 아니라 윤리의 상대성에 해당된다고 하겠다. 예를 들면 문화상대주의라는 측면에서 보면 문화의 상대성에 후흑의 상대성이 작용된다고 할 수 있다. 가령 티베트의 결혼풍습은 삼형제를 둔 가정에는 딸 하나가 신부로 시집을 가서 일처다부제가 된다. 반대로 딸이 여럿이면 신랑이 한 명으로 일부다처제가 되는 것이다. 이들은 너무나 자연스럽게 이 제도 속에서 생활하고 있다. 마찬가지로 후흑학

은 유교 윤리의 변형 또는 거부를 핵심으로 삼고 있다. 그로 인해 후흑
학은 동양적 윤리관의 특수한 형태로, 독특한 윤리적 요소를 지닌다고
할 수 있다.


## 3. 리더십과 후흑의 관계

후흑은 막연한 권모술수가 아니라, 수단이 목적을 정당화 시킬 수 있
는 리더십과 깊은 연관이 있다. 리더십과 후흑학을 연결지으려면 ①후
흑을 사용하는 심리적 인간, ②후흑의 주체인 리더-추종자 관계, ③후흑
을 동원함으로써 결과되는 집단의 효율성, ④후흑을 동원해야하는 특수
한 상황, ⑤후흑 리더십 전략 등으로 구분해 볼 수 있다. 이 중에서 청년
학도들이 관심을 가져야 할 것들의 주요 대상은 후흑의 심리적 측면,
후흑의 추종자십 및 후흑을 위한 특수적 상황, 후흑의 리더십 전략이다.

### (1) 리더십의 자아와 후흑적 인간의 자아

홍승표·홍선미가 연구한 마음의 주체에 관한 연구에 의하면, 마음의
두 가지 유형에는 각각 그 주체가 있다고 한다. 하나는 '나'를 둘러싸고
있는 세계와 시공간적으로 분리된 개체로서의 '나'를 지칭하는 '에고
(ego)'이고, 다른 하나는 '영원한 시간과 무한한 공간을 자신 안에 품고
있는 우주적인 존재로서의 '나'를 지칭하는 '셀프(self)'이다.

에고가 마음의 주체가 되었을 때, 에고는 자아확장 투쟁의 삶을 산다.
즉 자신의 에고를 보다 크고 높게 만드는 것을 추구하는 삶이다. 인정의
추구, 소유와 소비의 추구, 외모의 추구, 권력의 추구, 경제적인 성취의
추구, 이념의 추구, 도덕적인 추구, 학력의 추구, 과거에 대한 집착 등은

자아확장 투쟁으로서의 삶의 다양한 양태들이다. 에고가 마음의 주체가 되어 살아가는 삶의 특징을 알아보면 무례함, 현재에 대한 불만, 저항, 부자유, 분주함, 불안, 근심이 많음, 유머의 부재 등이다.

셀프가 마음의 주체가 되었을 때, 셀프는 낙도로서의 삶을 산다. 낙도로서의 삶이란 자신과 세계를 즐기며 살아가는 삶을 가리킨다. 가족생활의 즐거움 누리기, 인간관계의 즐거움 누리기, 일상생활의 즐거움 누리기, 자연의 아름다움을 즐김, 일하는 즐거움 누리기, 도와주는 즐거움 누리기 등이 낙도로서의 삶의 대표적인 영역이다. 다음으로 셀프가 마음의 주체가 되어 살아가는 삶의 특징을 살펴보면, 겸손함, 자족, 받아들임, 자유, 한가로움, 평화로움, 근심이 없음, 유머가 풍부함 등이 그 특징들이다.

따라서 이러한 특징을 지닌 에고와 셀프의 단순한 서술 비교가 아니라, 에고가 마음의 주체인 현대의 상태로부터 셀프가 마음의 주체가 되는 탈현대의 상태로의 전환이 이루어져야한다는 당위성에 바탕을 두고 두 마음의 주체의 역할과 특징을 비교 서술하는데 목적을 두었다.

> 심리학에서 다루는 자아(self)와 에고(ego)의 관계에서 자아가 인간으로서 자기의 정체성을 가지고 스스로의 존재를 인식하는 존재라고 한다면 에고는 자기존엄과 자기우월 그리고 자신을 타인과 구별하는 독특한 존재로 인식하는 어떤 차별적이고 우월한 자아를 말한다고 할 수 있다.

자아는 지각을 가지고 태어난 모든 인간 존재에게 부여된 인간만의 정체성이다. 그것이 바로 동물과 인간을 구분해 주는 가장 중대한 심리적이면서도 인간적인 가치의 근원이다. 문제는 어떠한 에고를 가지느냐에 따라 자아가 다르게 형성된다는 점이다. 예를 들면 같은 반에서 공부하는 고등학생 A와 B는 급우로서 그 학교의 학생으로서 그리고 같은 반의 급우로서의 자아와 정체성을 가지고 있다. 그러나 B는 반장으로서 성적도 우수하고 리더십도 갖추고 있고 잘생긴 외모로 인하여 주변의 친구는 물론 학교에서도 인기가 높은 학생이다. 이때 같은 자아를 지닌 A와 B이지만 그들의 에고는 다르다. A와 B는 다른 에고를 지니고 있으며 A는 B에 비하여 더욱 높고 강렬한 에고를 지니고 있다고 할 수 있다. 따라서 어떠한 에고를 지니고 있는 가에 따라 어떠한 자아를 형성하고 있다고 말할 수 있다. 모든 리더는 특별한 자아를 가지고 있으며 그것은 어릴 때 부모로부터 물려받은 유전적 요인과 부모 특히 아버지와의 관계에 따라 차별적인 에고가 형성된다고 전기적 심리학(psycho-bio-graphy)에서는 말하고 있다.

후흑학에서 논하는 후흑적 인물은 자아(self)는 가지고 있으나 에고(ego)는 유보하면서 살아가는 인간형이라고 할 수 있다. 이는 수동적이고, 자기방어적이며, 생존본능에 따른 환경의 산물이자 탈사회적이기 때문에 박백의 에고와는 별개의 에고를 지닌 존재라고 할 수 있다. 즉 주류사회가 강요하고 권장하는 사회적 가치와 정의 및 윤리적 개념에 대하여 그것과는 다르게 생각하고 실행에 옮길 수 있는 에고를 지니고 그것을 통해서 자아를 실현하는 인간형을 말한다고 할 수 있다. 권선징악이 소설과 영화와 감동 실화의 주제가 되는 사회·도덕적 환경에서 살아가는 우리들에게 때로는 탈사회적이며 주류사회를 거부하려는 이러한 저항적 에고는 혁명적 인물이나 반사회적 범죄자들에게 나타나는 심리적 현상이다. 그리고 그들에게 있어서 때로는 방법이 목적을 정당화시켜 줄 수 있다는 강한 사회적 자아와 에고를 통하여 어떠한 희생을 치르더라도 반드시 목적을 달성해내고야 마는 강력한 성격이 그들의 존재목적을 더욱 강화시키기도 한다.

면후와 심흑은 보다 특별한 에고를 필요로 한다. 즉 박백이라는 자아(self)에 후흑이라는 에고(ego)를 조화시켜야 한다. 리더에게도 소위 특성이론이라고 하는 리더만의 특성(traits)이 있듯이 후흑적 인물들에게도 후흑적 특성 또는 개성이 있다. 예를 들면, 위에서 나열한 반항적 에고에서 비롯된 탄력성, 전략성, 과감성, 돌파력, 신중함, 지적능력, 판단력, 위기상황에 대한 대처능력, 임기응변 능력, 논리를 바꾸어 설명함으로써 자신의 목적을 관철시키기 위하여 재해석하는 능력 등 이루 헤아릴 수 없을 정도로 많다.

## (2) 환경과 후흑

리더십은 환경에 따라 그 내용이 달라지게 마련이다. 리더십 내용은 리더 자체가 어떠한 에고와 자아를 지니고 있는가도 중요하지만 리더가 처한 또는 리더와 추종자들이 처한 상황에서 어떠한 리더십을 발휘하는가와도 밀접하게 연관된다. 리더가 상황을 창조하는 경우는 극히 드물며 대개의 리더는 상황 및 환경에 따라 리더십을 적응시켜나가는 것이 대부분이다. 이것을 소위 탄력성(flexibility)이라고 하는데 바로 이러한 탄력성 가운데 후흑이 차지하는 위치가 어디에 있는가가 중요하다. 즉 환경과 후흑의 관계에서 반드시 후흑을 필요로 하는 환경이 존재하며 후흑을 필요로 하는 환경에 박백을 동원하는 경우에는 실패한 리더십으로 귀결될 것이다. 따라서 후흑을 필요로 하는 환경을 잘 감지해 내고 후흑을 동원함으로써 리더십 효율을 극대화하는 것이 중요하다. 한 가지 전제조건이 있다고 한다면 박백을 동원할 수 없는 상황이거나, 박백을 통해서는 목적을 달성할 수 없는 열악한 환경에 직면해 있는 경우이다.

일반적으로 후흑을 위한 환경을 만들어 내는 것은 가장 비열한 인간이자 폭군이나 살인마들에게서나 볼 수 있는 현상이다. 마오쩌둥의 경우 문화대혁명을 기획하고 발동하여 수십만의 인민이 살해되고 자살하였으며, 덩샤오핑이 말한 10년 대동란의 시기로 전락하게 만들었고, 그야말로 중국을 대혼란에 빠트렸다. 그렇기 때문에 후흑을 위한 환경은 타인 내지 의도하지 않은 상황에서 본인의 능동적인 대처방법의 하나로서 제기되어야 한다. 후흑을 필요로 하는 환경은 피동적으로 조성되는 것이며 능동적으로 조성되는 후흑적 환경은 면후보다는 심흑에 더욱 가깝다. 즉 의도된 후흑과 의도되지 않은 상황적 후흑 간의 차이는 엄청나다고 할 수 있다. 즉 피동적 후흑은 면후에 그치거나 생존을 위한 불가피한 측면이 있으나 능동적 후흑은 음모와 배반의 냄새가 짙다. 후흑을 동원하는 환경은 개인과 집단이 처한 위기상황이나 불가피한 경우에 동원되는 필살기 또는 회심의 한 수의 기능을 하는 것이기 때문에 자의적 후흑의 동원은 가장 저열한 후흑에 속한다.

### (3) 리더십 전략과 후흑술

후흑을 하나의 전략으로 동원하는 경우 이는 리더십과 추종자십을 연결해 주는 또는 기술이자 전략이다. 리더십 차원에서 동원되는 후흑은 먼저 리더 자신이 후흑의 도를 깊이 이해하고 상황에 맞게 적절하게 후흑술을 동원해 낼 수 있는 자질과 역량을 먼저 갖추어야 한다. 리더는 추종자나 조직 구성원들을 하나로 묶는 데에는 박백을 통한 비전의 제시나 추종자들에 대한 감동을 전달해 줄 수 있다. 그러나 조직이나 비조직 리더가 처한 문제의 상황에서 이를 해결하기 위해서는 박백과 후흑을 구분하지 않고 효율적인 방법 내지는 전략을 동원해야 한다. 따라서 이 때 후흑이 절대적으로 필요한 경우에는 과감하게 후흑술을 동원하여 일단 문제를 해결하는 것이다. 최고의 리더는 박백을 통한 문제해결 능력을 지닌자이고, 그 다음의 리더는 박백과 후흑을 동시에 동원하는 리더이고 마지막은 후흑을 통해서 문제를 해결하는 지도자라고 할 수 있다.

리더십의 전략적 측면에서 후흑은 리더 개인과 그가 이끄는 집단을 보다 효율적으로 이끌기 위한 전략의 하나로서 후흑의 전략을 동원하기도 한다는 점을 상기할 필요가 있다. 전략은 목적을 가지고 체계적으로 수행하는 리더십 기술의 하나로서 후흑의 전략은 위기상황이나 어느 하나를 희생시킴으로써 전체를 구할 수밖에 없는 부정적인 상황의 산물이라고 할 수 있다. 따라서 선택의 여지가 없는 수동적 상황에서 할 수 없이 동원하고 후흑을 동원하지 않으면 리더 개인과 그의 집단 및 조직의 운명이 위기에 처하거나 위기를 극복하지 못하여 파멸로 되기 전에 이를 방지하는 마지막 수단이라고 할 수 있다. 이를 보다 세분해서 설명하면 다음과 같다.

① 후흑은 일단 주어진 상황에서 문제해결을 위한 하나의 처방으로서 그것은 일시적이거나 주어진 상황에서 동원될 수 있는 때로는 몰가치적 전략의 하나라는 특징을 지니고 있다. 그런데 오랜 시간을 통해서 후흑을 준비한다는 것은 음모에 가깝다고 할 수 있다. 이는 면후面厚 보다는 심흑心黑의 검은 정도와 더 깊은 연관을 가진다. 즉 후흑의 진정한 가치를 떨어트리는 저열한 후흑이다. 오랫동안 준비한 박백은 일단 경쟁이라는 형식을 통해서 이루어지는 전략이라고 할 수 있으나 후흑은 그 성격상 내면적이고 비공개적이며 폐쇄되어 있음을 고려할 때 그것을 오랫동안 준비한다는 것은 일단 심흑으로 출발해서 그 결과를 달성하는 과정에서 수단을 고려하지 않는다는 점에서 면후이기 때문에 결국 음모와 깊숙하게 연결되어 있다.

② 기득권의 유지 차원에서 그것을 유지하기 위한 후흑은 저급한 후

흑이다. 후흑은 원초적으로 생존을 위하여 어쩔 수 없이 동원되는 임기응변의 생존술을 포함하고 있어야 한다. 이는 윤리학의 출발이 바로 개인의 생존을 실현하기 위한 인간본능의 일부분이라는 사실을 강조하는 데서도 잘 나타나 있다. 보다 광의의 후흑의 필요성은 발전을 위하여 불가피한 희생을 감수하고 동원되는 발전적 전략의 한 측면을 포함하기 때문에 기득권의 유지를 위한 후흑은 일단 생존을 위한 후흑 보다도 더욱 저급한 것이다. 왜냐하면 박백을 통하여 기득권을 유지할 수 있는 가능성은 충분하게 열려 있음에도 불구하고 후흑을 동원한다는 것은 일단 그 자신의 능력이 일정 부분 문제가 있음을 보여주는 것이기 때문이다.

③ 밑에서 위로 향하는 후흑은 권모술수다. 정상적인 사회에서 그리고 열린 사회에서는 박백의 가치를 통해서 보다 발전된 개인의 포부나 자아를 실현할 수 있는 기회가 많이 열려 있다고 보아야 한다. 그러나 후흑을 통해서 이러한 개인의 목적을 달성하려는 개인이나 집단은 후흑의 동원이 권모술수에 가깝다고 해야 할 것이다. 이는 주로 2인자 리더십 또는 2인차 추종자십에서 자주 발견되는 현상이며 권모술수의 의미 그대로 권력과 음모를 동시에 사용할 수 있는 환경과 자원을 가지고 있는 자들에 의해서 동원되는 후흑이라는 특징을 지니고 있다.

④ 권력의 중심 또는 권력자에서 사용되는 후흑술은 통치술의 일종으로 이해된다. 마키아벨리의 『군주론』과 『한비자』에서 말하는 권모술수란 결국 통치자의 통치술이며 그러한 통치술이 때로는 후흑술을 포함할 수도 있다는 것을 설명한 동서양 통치술의 경전이라고 할 수 있다. 여기서 통치술의 일종이 리더십의 전략과 그 맥을 같이 하면서 후흑이 이러

한 양자를 동시에 연결할 수 있는 고리의 특징을 지닌다. 덩샤오핑의 경우 스스로 국가의 공식 권력 서열에서 두 번째에 앉아 있으면서도 실제적으로 제1인자의 권력과 영향력을 행사하면서 개혁과 개방을 일관되게 추진해 나갔다. 그 과정에서 개혁과 개방에 대한 반동적 역풍은 법률상의 권력 일인자들을 방패 삼아 그들을 실각시킴으로써 자신은 책임소재에서 벗어나 권력과 영향력을 유지할 수 있었고, '중국특색사회주의'의 아버지가 되었다.

⑤ 상황윤리적 요소가 발생한 경우에 동원되는 후흑의 불가피성으로서 차도살인借刀殺人(남의 칼을 빌려 사람을 죽인다)과 읍참마속泣斬馬謖(목적을 위하여 자기가 아끼는 사람을 버림을 이르는 말)의 후흑이 동원된다. 이는 박백을 추구하는 인물이 노골적으로 후흑을 동원할 수 없는 상황에서 남의 손을 빌려 간접적으로 목적을 이루기 위하여 후흑적 방법을 동원한다. 그도 아니면 박백을 위하여 후흑을 공개적으로 정당하게 그리고 모든 사람의 동의와 인정을 받으며 사용하는 것으로서 읍참마속이 그 전형적인 예다. 즉 박백을 실천함에 있어 불가피하게 후흑적인 방법을 통해서 박백의 진정한 가치를 손상하지 않으려는 전략적 성격을 말한다.

⑥ 마지막으로 리더십의 핵심은 추종자들의 마음을 얻고 그로써 리더가 원하는 목적을 향하여 추종자들을 동원해 내는 능력이라고 할 수 있다. 따라서 사람들의 마음을 얻는 것은 후흑을 통해서가 아니라 박백을 통해서이다. 따라서 추종자들의 마음을 움직이게 만드는 것은 모두가 공감하고 따르게 되는 박백을 통해서만이 가능하다. 개인과 집단 및 조직을 구분해서 설명하자면 후흑은 개인적 능력이고 집단과 조직을 위한 리더십은 박백의 능력에 달려있다고 하겠다. 타인을 감동시켜라.

그 감동이 추종자들로 하여금 리더에게 끝까지 동지가 되어주고 따라주면 한 몸이 되어 생사를 같이 할 것이다. 어떻게 하는가? 모든 지고지순하고 도덕적인 박백을 공유하는 것뿐이다.

### (4) 추종자십(Followship)

청년후흑도들은 조직이나 집단의 리더가 되기보다는 그 시작단계에서 일단은 추종자에 머물러 있을 확률이 매우 높다. 따라서 후흑적 추종자십이 요구되며 추종자로서의 후흑적 전략이 필요하다. 후흑적 추종자십은 리더와 한 배를 타고 공동의 적을 상대하면서 리더를 중심으로 집단과 조직의 생존과 번영을 위하여 모든 노력을 기울이지만 조직과 집단이 처한 상황에 따라서 그리고 리더와 본인과의 관계가 변하는 정도에 따라서 후흑이 동원될 여지가 있다.

본인이 의도하든 아니든 간에 리더와 상반되거나 갈등적인 입장에 있음으로 인하여 집단과 조직의 생존과 발전에 영향을 미치는 정도에 따라 후흑의 동원이 결정될 것이다. 예를 들면 직장의 상사가 학력 및 지방색이라는 편견으로 본인을 끊임없이 배척하고 어려운 입장에 처하게 하고 그럼으로써 그가 처한 직장의 분위기나 그가 속한 부서의 업무 효율성이 떨어지고 전체 팀원의 사기가 저하되는 시점에서 박백의 미덕으로 계속 참고 인내하면서 조직원의 미덕을 지키기 보다는 후흑의 전략을 통하여 리더의 미움을 바꾸거나, 리더의 교체를 건의하여 리더를 바꾸거나, 집단의 성원들과 연합하여 리더에 맞서거나 하여 리더, 조직 모두에게 이로운 방향으로 후흑을 실천하는 것이다. 거기에 알맞은 전략이 때로는 후흑적일 필요가 있다면 후흑적 전략을 동원하는데 주저함이 없는 것이 바로 추종자십 후흑전략이다.

추종자십의 최고의 경지는 박백을 후흑의 경지로 승화하는 것이다.

추종자로서 후흑을 동원하기에는 그 자원이나 내용 및 동원에 있어서 많은 제약이 따른다. 따라서 추종자에게 있어 섣부른 후흑은 공동자멸이거나 자기희생을 통한 목적의 달성이라는 점에서 그 효율성에 한계가 있다. 따라서 리더를 감동시키거나 아니면 집단과 조직을 위해 탁월한 업적을 수립하는 등의 박백을 통한 정통적인 방법만이 추종자십을 충분히 발휘하고, 리더에게 어필하며 조직과 집단을 위해 기여할 수 있는 삼중의 목적을 달성하기 위해서는 박백의 수준을 극대화하여 후흑으로 이를 마무리 짓는 것이다. 제갈공명과 소하가 그 대표적인 예다. 둘 다 참모로서 2인자로서 1인자의 자리를 넘보지 않음으로써 그리고 2인자의 자리에서 최선을 다해 1인자를 보필함으로써 그들이 추구하고자 하는 목적을 끝까지 추구할 수 있었다. 그러므로 아랫사람은 윗사람의 마음을 읽어야 한다.

## (5) 판단력의 문제

조직과 집단의 목적을 달성하는 과정에서 과연 후흑을 동원해야할 것인가 동원한다면 ①어떤 후흑을 ②어느 정도 ③어떻게 동원해야하는가를 결정하는 것은 리더의 몫이고 자질이다. 그리고 그러한 결정을 내리기까지의 과정에서 후흑의 동원과 후흑동원의 금지를 판단해야 한다. 따라서 후흑에 따른 리더의 판단력이 중요하다고 하겠다. 가장 이상적인 환경은 후흑이 필요 없는 환경이지만 불가피한 경우 이것을 동원해야만 하는 상황에 직면했을 때 언제, 어느 정도로, 어떻게, 무엇을 동원하느냐에 대한 판단은 전적으로 리더 자신의 몫이다. 이는 리더나 집단이 처해 있는 환경이나 목적을 전체적으로 고려한 후에 내려질 결정이다. 그리고 리더십의 효율성을 좌우하는 전략적 동원능력이라는 면에서도 후흑을 동원함으로써 효험적인 결과를 도출할 수 있는 전략의 설정과 운영에 대한 판단 역시 리더의 능력이다.

동시에 판단력은 '면후'와 '심흑'을 구분해서 동원하는 판단력을 전제로 한다. '면후'를 동원해야 할 일을 '심흑'으로 해결하려다가 일을 더욱 크게 만들거나, '심흑'이 필요한 상황인데도 '면후'로 끝내려다 일을 더욱 어렵게 만드는 것이 이에 해당 된다. '면후'와 '심흑'을 동원하는 상황과 환경에 대한 판단력 그리고 그것을 어떻게 어떠한 방법으로 보다 효율적으로 동원하느냐에 대한 판단력을 필요로 한다.

## (6) 가족은 어떠한 역할을 할 것인가

후흑에 대한 관심과 이해 및 삶의 과정에서 그를 얼마 정도로 필요로 하며 그것을 어떻게 활용하는 가는 한 인간이 태어나 자란 가정에서의 영향이 지대하다고 할 수 있다. 즉 가족 내에서의 역할 관계와 그에 영향을 받는 개인의 특별한 개성이 복합적으로 작용하여 후흑이 드러나고 동원되는 정도와 방식이 결정된다.

① 심리적 전기(psychobiography)에 따르면 아버지의 역할이 가장 크다. 부모의 영향을 통해서 자아가 형성되고 형성된 자아는 후흑을 어떻게 평가하고 그것을 현실에 동원하느냐를 결정짓기 때문이다. 아버지가 가장 중요하다. 일반적으로 소년기와 청소년기에 어떤 아버지 밑에서 자랐느냐는 커서 훗날 한 개인이 어떤 인물로 성장하느냐를 결정짓는 중대한 요인이 된다. 자상하고 교육적이며, 민주적이고 대화를 통해서 갈등을 해결하는 아버지 밑에서 성장한 자녀들은 기본적으로 민주적이고 이웃에 대한 사랑과 동정심을 가지고 타인에 대한 관심을 지니는 합리적인 인간으로 성장할 가능성이 크다. 따라서 그들은 세상은 아름다운 것이며 합리적으로 움직여 가며 능력과 실력에 따라 공정하게 사

람은 자기의 운명을 개척할 수 있다고 본다. 그들은 이기적인 발전과 이타적인 자애심을 동시에 지님으로써 가정과 이웃에 대하여 온건한 합리주의적인 태도로 협력과 희생을 통해서 공동체의 안정과 평화를 유지하기를 원하고 또 적극적으로 그렇게 행동한다. 이들에게는 후흑이 필요가 없다. 후흑을 행하느니 자신에게 부끄럽고 남에게 해를 끼침으로써 자기가 좋아지는 것은 허용되지 않으며, 악착같이 싸우고 투쟁함으로써 쟁취하기보다는 조용하게 포기하는 편이 나을 것이라고 보는 인물들이다. 그들에게는 포기해도 새로운 기회가 얼마든지 올 수 있는 환경과 배경 및 능력이 있다고 믿는 선량한 중산층을 대표한다고 할 수 있다. 이들은 후흑학의 대상이 아니다. 교육과 성품 및 환경이 후흑을 동원할 필요가 없는 조건이기 때문이다.

이에 반해 폭력적이고 이기적이며 강압적이고 일방적으로 문제를 해결하는 노골화된 권위주의적인 아버지 밑에서 자란 사람은 상술한 반대의 성향을 지닌 인간으로 성장할 가능성이 크다. 이들에 의해 후흑은 어느 정도 그 가치를 발휘한다. 그들은 목적을 위하여 수단을 가리지 않으며, 때로는 폭력이 문제를 해결하는데 효율적인 방법이며, 인간은 근본적으로 이기적이라고 본다. 따라서 자기가 먼저 살아야 하는 정글의 세계에서 동물과 다름없는 인간사회에서 감상적인 자비심이나 인도주의적인 협조는 아생연후살타我生然後殺他 즉 내가 먼저 살고 난 후에나 생각해볼 수 있는 문제다. 어쨌든 나의 생존이 가장 중대한 관심사이며 타인은 나를 해치거나 단지 나의 발전과 성공을 위해 때로는 희생되어도 좋은 부수적이고 기능적인 존재들이라고 보는 것이다. 커다란 범죄는 양심과 도덕에 비추어 꺼리지만, 사소한 범죄나 비도덕적 행위는 별다른 죄책감 없이 저지르며, 일단 자신의 문제를 해결하고 자신의 배를 채우는 것이 우선이라는 생각으로, 가벼운 범법이나 일탈쯤은 아무렇지 않게 여기는 사람들이다.

　② 아버지의 부정적인 영향을 직접적으로 그리고 가장 강하게 받는 쪽은 장남이다. 장남은 일반적으로 부모의 기대를 집중적으로 받고, 가업을 이어받고 부모를 대신하여 동생들을 보호하고 책임을 지게 되어 리더십이나 아량에서 가장 유리한 위치에 있다. 그러나 프로이드에 따르면 아들과 아버지는 어머니를 사이에 두고 경쟁하는 적이다. 그렇기 때문에 가정에서 장남은 아버지에 의해 억압되고 아버지의 지위를 넘보는 위협적인 존재다. 이러한 아버지에 대항해서 아들은 아버지를 죽임으로서 아버지를 상징화시키고 그것을 통해서 자신을 보호하고 자아를 더욱 권위적으로 만들면서 남을 제압하는 도구로 삼는다는 것이 프로이드 이론이다. 이것이 극단적으로 왜곡되어 부정적으로 발전한 인물이 바로 마오쩌둥과 스탈린이다.

　에드가 스노우(Edgar Snow)는 서방 기자 중 최초로 중국공산당의 본부가 있던 산시성 옌안을 취재하고, 1937년에 『중국의 붉은 별』(Red Star Over China)을 출판하여 서구 세계에 마오쩌둥을 알리는 데 기여를 했다. 마오는 에드가 스노우와의 대담에서 어린 시절을 회고하며 아버지와의 관계를 고백했다. 그의 아버지는 군에서 퇴역해서 조그마한 소농에서 출발하여 중농에 이른 소지주 계급이었다. 마오의 아버지는 마오를 서당과 학교에 보내 글자를 배우고 산수를 익혀 가업을 이어가도록 하려 했다. 그러나 중농에서 부농으로 올라가기 위해 온갖 노력을 기울이는 아버지와 달리, 마오는 중국의 전통적인 고전이 아닌 삼국지나 수호지와 같은 기서들을 읽으며 농사일에 소홀히 했다. 이에 아버지는 그를 억압하고 비난하며 모욕을 주었다. 어느 날 동네 사람들이 모두 모인 자리에서 마오의 아버지가 공개적으로 그를 욕하고 모욕을 주자,

마오는 그 자리에서 입에 담기 힘든 말로 아버지를 욕하며 집을 뛰쳐나갔다. 뒤따라온 아버지와 어머니는 동네의 저수지에서 대치하며, 어머니는 마오에게 용서를 빌라고 부탁했고, 아버지는 무릎을 꿇고 최대한의 예의를 차려 용서를 구하라고 했다. 무릎을 두 개 다 꿇으라는 아버지의 요구에 마오는 무릎을 하나만 꿇는 것으로 협상을 마친 뒤, 그렇게 사건은 끝났다. 그는 에드가 스노우에게 고백했다. 모든 권위 있고 강압적인 힘과 폭력에 대해서 복종하면 할수록 노예가 되고 무시 받지만, 강하게 맞설수록 억압세력이 한결 부드러워지는 것을 느꼈다고 술회했다. 그러면서 어머니와 하인들, 동생들과 합해서 아버지에 맞선 것이 훗날 소위 그가 주창한 '통일전선론'으로 나타났다. 그럼에도 불구하고 그는 1인자가 된 후, 아버지가 자신을 단련시켜주었으며 아버지의 영향이 컸음을 회상했다. 이후 고향을 찾아가 아버지의 묘에 참배하는 모습을 보였다. 훗날 그는 무모한 대약진 운동을 추진하여 수많은 중국인들이 굶어 죽었고, 권력을 유지하고 재탈환하기 위해 문화대혁명을 일으켜 수백만 명이 죽거나 처형당하게 만들었다. 그 과정에서, 공산혁명 당시 한솥밥을 먹고 생사를 함께한 수많은 동지들이 숙청당했다. 대장정을 거쳐 수많은 생사의 고비를 넘기며 마침내 공산혁명을 성공시킨 동지들이 계속해서 숙청당하는 모습을 보며, 마오는 이렇게 읊었다. "같이 한솥밥을 먹었던 동지들이 아니었던가".

미국의 전 대통령 빌 클린턴은 아버지와의 관계를 독특한 방식으로 극복한 인물이다. 그는 술에 의지하는 의붓아버지 밑에서 장남으로 자랐으며, 어머니가 새 남편과 함께 살기 위해 떠나자 장남의 책임을 떠안게 되었다. 의붓아버지의 술주정과 폭력에 시달렸던 클린턴은 그 상황 속에서 생존의 지혜를 발휘했다. 그는 아버지에게 맞은 사실을 친구들에게 감추고, 마치 아무 일도 없었던 것처럼 행동했다. 대신, 친구들 사이에서는 리더십을 발휘하며, 자신의 슬픔과 두려움을 이겨냈다. 내면의 상처를 숨기기 위해 그는 더욱 활발하게 말하고, 친구들 앞에서 자신감 있게 나섰으며, 이를 통해 의붓아버지의 폭력을 이겨냈다. 아버지와 장남의 관계는 수직적이고 구조적인 특성을 가지며, 그 상하 관계는 눈에 띄게 드러난다.

③ 그러나 후흑이 발현되는 조건은 혈연간에도 어김없이 나타난다. 형제란 본래 부모가 제공하는 제한된 자원을 두고 경쟁할 수밖에 없는 운명을 타고난다. 특히 형제자매가 많은 가정에서는 그 경쟁이 더 치열하며, 그들의 관계가 어떻게 발전하느냐에 따라 후흑을 만들어 내는 필연적인 조건이 된다. 형제는 결혼하면 이미 각자의 삶을 살아가기 때문에 특별한 우애와 가슴을 나눈 사이가 아니면 종종 형제간의 관계는 적대적인 양상으로 치닫기 쉽다.

형제의 우애가 유지될 수 있는 때는 자신이 승자의 위치에 있거나, 혹은 나눌수 있는 무언가가 존재할 때뿐이다. 무엇보다도 자신의 불행에서 가장 먼저 비수를 들이대는 것은 남이 아니라 대부분 가까운 형제이거나 친구들로부터 온다. 특히 가족보다 가까운 친구야 말로 이 비극의 주인공이 되는 경우가 참 많다.

이는 생물학적으로도 증명된 바 있다. 어린 시절 제한된 먹이를 두고 경쟁하는 형제들 사이에는 기본적으로 제로섬 게임의 본질이 깃들어져 있다. 특히 조류에서 이러한 현상은 쉽게 목격된다. 해오라기 새끼들은 같은 둥지에 있는 동생을 둥지 밖 물속으로 밀어 떨어뜨려 물고기의 먹잇감이 되게 하여 자신의 경쟁자를 제거한다. 독수리 또한 두 마리의 새끼를 낳지만, 먹이가 부족할 때면 형이 동생을 쪼아 죽여 홀로 살아남는다.

　역사 속 동서양의 왕위계승 과정에서도 형제간 투쟁과 살육은 결코 예외적인 일이 아니다. 오히려 그것은 왕좌를 둘러싼 경쟁의 불가피한 결말이었다. 궁정 내에서 벌어진 후흑의 극치는 형제 살육과 제거였으며, 수많은 왕가에서 그러한 피비린내 나는 역사가 반복되었다. 수나라의 양제, 당 태종 이세민, 조선의 세조 수양대군 등, 그 수를 셀 수 없을 만큼 많은 사례가 이를 증명하고 있다. 정관지치貞觀之治는 당 태종의 태평성대를 일컫는 용어다. 이 휘황찬란한 용어 뒤에는 그의 후흑이 숨겨져 있다. 이세민은 현무문의변玄武門之變을 통해서 친형과 친동생을 죽이고, 이마저 부족하여 친조카 10명을 살해하고, 아버지 고조를 핍박하여 황위를 물러 받았다. 당시 아버지 고조는 천자였고, 친형 이건성은 황태자였고, 친동생인 이원길은 제왕齊王이었다. 궁정후흑宮廷厚黑의 본질은 바로 이 형제 간의 치열한 경쟁과 피로 물든 갈등이다.

　④ 형제간에도 태어난 순서에 따라 생존전략이 달라진다. 특히 가난한 집이나 아니면 괴팍한 부모에게서 태어난 형제들의 경쟁에 있어서 중간이나 막내로 태어난 동생들의 경우가 더욱 그렇다. 부모의 무관심과 한정된 음식을 쟁탈해야 하며, 교육의 기회와 가족 내의 서열에서 오는 불리함 등을 극복하면서 거기서 스스로 생존을 찾아가는 과정에서 삶의 지혜와 투쟁의 필요성과 자본의 축적과 이웃들과 연합하여 대항하는 전략 등이 개발되고 발전한다.

　에도시대 일본의 상속전통에 따르면 아버지는 모든 재산을 장자에게만 물려준다. 장자가 재산을 지키고 불려 나갈 능력이 없다면 계속해서 동생들로 내려가고 그도 마땅치 않으면 부리는 식솔 가운데서 친척 또는 친구의 아들 가운데서 상속자를 고른다. 이때 만약 장자가 재산을 상속하게 되면 차남부터 그다음 동생들은 독립해서 혼자만의 독립적인 가족을 꾸리고 처음부터 그만의 재산을 만들기 시작해야 한다. 이러한 과정이 근대 일본 막부시대 부의 축적을 가능케 한 경제·사회적 구조였지만 장남을 제외한 동생들은 결국 독자적으로 생존해야하는 불행이 가족관계에서 비롯된 것이다. 따라서 장남을 제외한 동생들에 의해서 일본 후흑, 즉 가정후흑家庭厚黑이 발달할 수 있었다.

### (7) 후흑적 리더십 인물들의 특징

앞서 설명한 바처럼 후는 얼굴이 두껍고, 흑은 속마음이 검다는 뜻이다. 이 둘은 같이 동원되기도 하고 분리되어 나타나기도 한다. 이 둘이 완벽하게 일치된 경우 진정한 후흑이며 분리된 경우는 후흑이 상대적인 비중을 갖게 된다. 이러한 면후와 심흑은 리더십에서 리더에 의해서 그가 이끄는 집단이나 조직의 목표를 달성하기 위하여 분리되어 나타나거나 복합되어 동원된다. 그에 따라 리더십의 효율성이 결정되기도 한다.

이는 후흑적 인물들이어서 후흑적 리더십을 동원한다기보다 리더십의 발휘 과정에서 후흑적 리더십을 필요로 하는 기능적·상황적 요인에 의해서 발휘되는 리더십이라는 특징을 지닌다. 즉 후흑적 리더십을 동원해야 할 절박하고도 합리적인 이유나 상황에 직면하게 되면 발휘되어야 하는 효율적 리더십의 일부분이라고 보아야 한다. 즉 집단의 목적과 개인의 이해관계를 합치시켜 그것을 달성시키기 위한 리더십 내용이자 전략이라고 할 수 있다. 이는 다음의 몇 가지를 주요 내용으로 한다.

① 리더십을 통해 본 리더나 추종자의 행동은 대체로 심흑心黑보다는 면후面厚라는 측면에서 강하게 드러난다. 하지만 상황에 따라 필요하다면 심흑도 마다하지 않는다. 이를 가장 단적으로 보여주는 사례가 한국

의 역대 대통령들의 후흑을 살펴보면 된다.

김영삼은 후로, 김대중은 흑으로 권력을 잡았다. 먼저 김영삼은 호랑이를 잡기 위해서 호랑이 굴로 들어간다는 말을 하고, 1990년 1월 3당합당三黨合黨을 했다. 전두환이 만든 민주정의당과 김영삼이 이끄는 제2야당 통일민주당, 김종필이 이끄는 제3야당 신민주공화당이 합당하고 민주자유당이 되었다. 3당은 내각제 개헌 등을 조건으로 통합에 합의했으며, 3당 합당의 의석수는 개헌선을 넘었으며, 각각 TK, PK, 충청 지역에 기반을 두고 김대중의 호남 외의 지역들이 모두 연합하는 구도를 이루었다. 결국 김영삼은 대통령이 되자, 내각제 합의를 없던 일로 돌리고 하나회 숙청, 금융실명제 실시 등 후의 면모를 드러냈다. 하지만 이 후는 구국의 후로 작용했다. 김대중도 김영삼보다 덜하지 않는다. 단 김대중은 후가 아니라 흑으로 권력을 잡았다. 그는 대통령이 되기 위해 김종필이라는 희대의 수구세력인 신공화당이라는 보수세력과 손을 잡았고, 광주의 원흉으로 알려진 전두환의 친구 노태우에게 20억이라는 돈을 몰래 받았다. 게다가 대통령 출마하지 않겠다고 3번이나 공식적으로 선언했으나, 손바닥 뒤집듯이 이를 어겼다. 김영삼은 말한다. "김대중은 입만 열면 거짓말 한다". 김대중도 말한다. "내가 언제 거짓말 했는가. 약속을 못지켰을 뿐이다."

노무현의 정치 경로는 김영삼이 이끄는 3당 합당에 참여하지도 않았으며, 스스로 꼬마 민주당에 남았다. 하지만 그는 매사를 박백의 가치로 승부했다. 끝내 부끄러움이 그를 무너뜨렸다. 이명박은 역대 정치인 중 가장 어설픈 후흑의 소유자다. 그는 저질의 후흑을 동원하다가 결국 실패했다. 국민에게 부여받은 권한을 개인의 이익 추구 수단으로 남용한 결과, 최종적으로 징역 17년형, 벌금 130억 원, 추징금 57억 8,000여만 원이 확정되었다. 박근혜는 최순실로 인해 탄핵당했다. 최순실은 박근혜의 권력을 이용해 각종 이권을 챙기려 했던 전형적인 심흑의 인물이다. 반면, 박근혜는 "내가 이럴려고 대통령이 되었나"하는 자괴감을 토론하고, 끝까지 자신의 무능력을 부인하다가 결국 '503번'이라는 수감번호를 달았다. 그녀가 면후의 대가이거나, 아니면 무지無知의 대가일 수 있다. 필자는 후자에 가깝다고 본다. 권력을 잡기 전과 후, 그녀의 리더십은 극명히 대비된다.

윤석열은 후는 있었지만, 흑은 부족했다. 친위쿠데타 성격의 비상계엄령 선포에 실패하고서도, 끝까지 고집을 부렸다. 과거 같으면 이런 고집이 성공했을지도 모른다. 하지만 그날 밤, 전 국민은 보았다. 무장한 군인들이 국회의 창을 깨고 본회의장으로 진압하는 모습과 선관위로 군사를 전개하는 모습도 실시간 카메라에 잡혔다. 이는 아무리 부인하려 해도 부인할 수 없다. 명태균은 윤석열을 제대로 보았다. "윤은 권총 든 다섯 살 꼬마다." 후흑의 입장에서 보면, 윤석열은 흑심이 너무나 약했다. 그의 어설픈 플랜 B는 웃음보다 차라리 울음에 가깝다. 교활한 토끼도 굴을 세 개나 판다고 했다. 그렇다면 감방을 가지 않은 문재인 전대통령은 훌륭한 리더십의 소유자일까. 그 역시 아니다. 박백의 입장에서 훌륭한 인품의 소유자 일지 모르나, 후흑의 관점에서 보자면, 그는 최악의 대통령이다. 리더가 가장 경계해야할 '우유부단함' 그 자체였다. 남과 북 사이, 미국과 중국 사이, 미국과 북한 사이, 윤석열과 추미애 사이, 촛불시민과 비촛불시민 사이에서 동요한 리더였다. 한마디로 말해 그는 친구 잘 만나 대통령에 된 것에 불과했다. 따지고 보면, 문재인은 대통령이 된 후 윤석열을 서울중앙지검장에 파격승진시킨 후 검찰총장으로 임명했다. 윤석열에게 정치인으로서의 가능성과 대통령으로서의 미래를 열어준 것은 문재인 대통령이었다.

일반적으로 리더는 조직의 목표를 달성하기 위해, 추종자는 자신의 생존과 발전을 위해 행동한다고 볼 수 있다. 리더는 규율과 문화를 통해 리더십을 발휘하며 조직을 이끌지만, 때로는 리더십의 방향에 맞지 않거나, 저항하거나, 조직 개편 과정에서 장애가 되는 인물들이 존재한다. 이러한 상황에서 리더는 종종 환면換面(안면 바꾸기)이라는 선택을 하게 된다. 이는 후흑厚黑의 기본 전략으로, 최소한의 희생을 감수하면서도 자신을 정당화하고 합리화하는 방법이다. 마치 도마뱀이 자신의 꼬리를 잘라내 위기를 모면하듯, 최소한의 손실로 상황을 통제하려는 시도인 것이다.

　대부분의 경우, 리더가 심흑心黑을 통해 성공하기란 쉽지 않다. 이는 안정적이고 민주화된 사회의 특성에서 기인한다. 그러나 조직이나 집단의 환경이 변화하고, 리더십이나 권위, 영향력의 전환이 불가피할 때, 대개 리더는 면후面厚를 선택하고 심흑을 동원하지 않는다. 그럼에도 불구하고 결정적인 순간에는 리더 개인의 위기나 조직의 생존을 위해 심흑을 선택해야 할 때도 있다.

　② 박백을 중시하고 그러한 가치를 추구하나 이기적인 목적이 발생하면 후흑의 동원도 서슴치 않는다. 즉 박백을 원칙으로 후흑을 기능으로 동원한다. 모든 리더는 박백의 목적과 가치를 숭상하고 그것을 최고의 미덕으로 삼고 리더로서의 역할을 수행한다. 그리고 리더십의 원천 역시 인간은 옳고 정당한 것을 따르는 교육적 결과와 생래적 천성이 있기 때문에 박백적인 목적과 가치를 통하여 리더십을 발휘하는 경우 일단 그 합목적성이나 효율면에서 긍정적인 것은 틀림이 없다. 문제는 모든 박백으로만 모든 문제를 해결하거나 처리하기에는 불가능한 문제들이 너무나 많다는 점이다. 따라서 모든 리더는 적당한 선에서 타협을 한다. 즉 목적은 박백이지만 상황에 따라서 후흑을 동원한다. 심지어는 후흑

을 박백이라고 설득하면서 상황 논리나 아니면 집단과 조직의 생존 등을 이유로 후흑을 합리화하는 상황까지도 고려해야 한다.

③ 이종오의 지적처럼 겉으로는 박백을 추구하면서 내면으로는 후흑을 실천한다. 인간은 불완전한 동물이기에 속까지 박백으로 살기는 어렵다. 따라서 일반적으로 그리고 평상시에는 겉으로는 박백을 주장하고 그러한 가치추구를 위하여 행동하고 노력하며 그러한 것을 통하여 추종자들을 감동시키고 그들을 이끌지만, 개인적인 문제나 내적인 문제에 있어서는 후흑을 아무렇지 않게 행사하는 경우도 자주 있다. 그들에게 드러나지 않고 남에게 해를 주지 않는 범위에서의 후흑은 크게 문제될 것이 없다고 생각하고 생활하는 것이 보통이다.

# 제3장

# 후흑 철학과 도道

마음 한구석에는 예비 낙오자나 점진적 실패자로 전락하지 않을까 하는 불안감이 떠나지 않는 젊은이들이 100만, 아니, 200만을 넘는 세상이다. 이들에게 사회는 본질적으로 비관적이고 슬픈 현실로, 적자생존의 법칙과 총림의 지배를 받는 무정한 곳임을 실감하며, 그 사실을 뼛속 깊이 이해하는 것에서부터 인생의 의미를 깨닫고 나아가야 한다. 삶은 본질적으로 비극적이며, 성공은 그 비극 속에서 잠시나마, 때로는 지루한 장마가 끝난 뒤에 이따금 나타나는 햇빛과 같다는 진리를 깨닫는 데서 시작된다.

　인간의 삶에 내재 된 원초적 불행과 비극은 우리가 속한 우주적 질서의 기본적인 구조를 반영한다. 이 우주적 질서의 일부에 지나지 않는 지구는 진화 과정에서 생존투쟁과 적자생존의 법칙에 의해 움직이는 전투적 상황 속에서 존재하고 있다. 현대 사회는 피라미드형 위계체제 속에서 극소수의 금수저와 대다수의 흙수저가 공존하는 구조를 이루고 있으며, 그 속에서 인간이라는 이유만으로 승자의 법칙을 강요받는다. 불리한 조건에서 출발하는 대다수 청년들이 마주하는 근본적이고 저항할 수 없는 현실은 여전히 존재한다.

　근대에서 현대로 넘어가는 역사적 과도기에서, 중국과 러시아는 사회주의 혁명을 통해 기존 사회 질서를 뒤엎고, 맑스의 이념을 실현하려 했다. 그러나 시대는 변화했다. 오늘날, 사회주의의 몰락과 함께 탈냉전의 흐름 속에서 우리는 미국식 자본주의와 민주주의가 결합된 미국적 가치가 주도하는 글로벌화된 지구촌 시대에 살고 있다. 그러나 트럼프의 등장 이후, 미국 민주주의는 그 정체성과 가치를 위협받고 있으며, 그 위기는 글로벌 사회에까지 영향을 미치고 있다. 이 속에서 절대다수의 청년들은 초조함과 불안 속에 미래를 준비하고 있다. 좌절할 것인가, 아니면 역경에 맞서 도전하여 간신히 성공을 거머쥘 것인가? 혹은, 반란이 실패하더라도 그 시도 자체로 자신의 존재를 증명했다고 여길 것인가? 그마저도 아니라면 모든 것을 포기한 채, 인류와 국가, 사회, 부모마저 원망하며 사회의 낙오자로 절망 속에서 살아갈 것인가? 청년들은 지금 이 중대한 십자로에 서서 운명을 결정해야 한다.

후흑의 출발점은 절박함에 있다. 후흑의 현실은 괴롭다. 일체개고에서 출발한다. 후흑의 절박함은 절박함의 정도가 어느 정도인가에 따라서 후흑을 필요로 하는 정도가 그만큼 절박해질 것이고 그럼으로써 새로운 기회와 발전적 계기가 마련된다. 즉 "절박하라, 절실하라, 그리하면 찾게 될 것이다, 괴로운 현실을 목도하라 그러면 구하게 될 것이다"가 그것이다.

## 1. 후흑철학의 환경과 구조

근원적인 환경은 존재의 무한한 가능성을 품고 있는 깊은 바다와 같으며, 그 구조는 그 바다 위를 떠도는 배와 같다. 배가 항해를 위해 바다의 깊이를 이해해야 하듯, 구조 또한 환경의 본질을 탐구해야만 진정한 항로를 찾을 수 있다.

후흑 철학은 우주의 근본적인 어둠과 시대적 불리함 속에서 태어났다. 그 철학은 어둠을 통해 인간의 한계를 일깨우며, 마치 배고픈 소크라테스가 인간 본질을 사유하며 철학을 창조했듯, 그 사유의 여정 속에서 제시된 대안들이 이데올로기로 형성되었다. 후흑은 단순한 철학에 그치지 않고, 하나의 이데올로기이며 궁극적으로는 도道에 이르는 길이다. 우주는 모든 것의 근원이자 시작이며, 후흑은 그 우주적 이치를 꿰뚫어 보고, 그 일부를 진지하게 발견한 것이다. 후흑은 이 우주의 원리

속에서 존재하며, 그 본질은 우주와 인간의 근원을 연결하는 심오한 깨달음을 담고 있다.

## (1) 우주의 질서와 흑흑

① 우주를 보라. 146억 년 전 빅뱅 이래 우주의 95%는 어둠이 차지하고 있다. 암흑물질은 은하 내 별들이 분산되지 않고 구조를 유지하도록 중력적 역할을 하며, 우주 질량의 상당 부분을 차지하고 있다. 그러나 그 구체적인 정체는 여전히 밝혀지지 않았다. 암흑에너지와 함께 관련 연구는 초기 단계에 머물러 있으며, 우주의 약 95%는 여전히 미지의 영역으로 남아 있다. 이처럼 어둠 즉 암흑이 절대적인 부분을 차지하며, 은하계 내에서 항성의 불빛에 의지해서 우주를 구성하는 항성과 행성계는 불과 5%에도 이르지 못한다. 보통 어둠과 광명으로 가치와 철학과 세상과 사회를 구분하지만, 어둠 또는 암흑이 차지하는 비중이 95%의 절대적인 부분을 차지하며 빛은 극히 일부분이다. 그래서 사람들은 빛을 더욱 소중하게 생각하며 의미를 부여하려고 한다. 그러나 빅뱅을 제외하고는 어둠이 본질이고 별의 생성과 진화로 인하여 생기는 빛은 어둠에 비하면 부수적인 것이 우주의 현실이다. 즉 빅뱅의 빛에서 우주가 시작되었어도 어둠이 바탕이요 빛은 어둠 속에서 단지 반짝이는 별빛일 뿐이다.

② 우주의 온도 역시 기본적으로 영하 280도의 극한의 추위가 기본이다. 초신성의 거대한 폭발로 고온이 발생하기도 하지만 그리고 빛과 열을 지닌 항성이 빛과 열을 방사하지만, 그것이 미치는 범위는 극히 일부분이어서 총체적으로 우주는 차갑다. 그래서 항성의 열이 미치지 못하는 대부분 행성에서는 모든 물이 얼음 상태로 있고 우주를 떠도는 수많

은 혜성도 대부분 얼어 있어 우주는 기본적으로 어둠과 차가움으로 이루어져 있다. 우주 천체 물리학자 허블(Hubble)은 우주가 팽창하고 있다는 사실을 최초로 발견해낸 인물이다. 그의 이름을 딴 허블망원경이 우주 공간에서 외계와 우리가 속한 은하와 다른 은하계를 탐사중이다. 우주의 팽창이 의미하는 바는 빅뱅에 의해 우주의 질량은 이미 불변으로 정해져 있어 질량 불변의 법칙이 작용하기 때문에 아무리 새로운 별이 탄생해도 그것은 다른 별의 죽음에서 비롯된 질량의 이동일 뿐이다. 그러나 우주가 팽창한다는 것은 바로 암흑과 차가움이 더욱 확장되고 팽창하고 있다는 사실이다. 그리고 그 속도가 과거에 비하여 엄청난 속도로 확장되어나가고 있다. 이처럼 빛과 열의 확장과 팽창은 한정되어 있고 어둠과 추위는 더욱 확장 일로에 있는 것이 진화하고 있는 우주의 현실이다.

③ 우주는 확장하고 있어도 결국 지구는 멸망의 운명을 피하지 못할 것이다. 태양의 예상 수명은 100억 년 정도로 추정된다. 인간의 나이로 치면 50대에 접어들었다고 비유하기도 한다. 그 나머지 50년 즉 태양이 폭발함으로써 지구가 멸망하게 되는 나머지 50억 년이 지구의 멸망을 과학적으로 예고하고 있다. 그러나 이것도 불과 1억 년 안에 지구는 더는 생물이 살지 못하는 뜨거운 불덩이로 변하기 때문에 인류는 지구가 51살 정도가 되면 이 지구상에 사라져버리게 될 것이다.

우주는 성주괴공成住壞空하며, 인간은 생로병사生老病死하고, 우리 정신은 생주이멸生住異滅한다는 붓다의 가르침은 옳다. 모든 것이 무상(Anitya/Anicca)한 법이다. 무상은 변화를 의미한다. 변은 물리적 변화를 화는 화학적 변화를 일컫는다. 일체 만물이 끊임없이 생멸변화하여 한순간도 동일한 상태에 머물지 않는다. 일체의 세계나 모든 만물이 인연 따라 이루어지고成, 얼마 동안 머물러 있으면서住, 점차로 변화되어 부서지고壞, 마침내 사라져버린다空, 우리 인생도 마찬가지다. 생로병사 한다. 나고, 늙고, 병들고, 죽는 일이다. 우리의 정신은 생주이멸生住異滅 한다. 정신이 생기고, 머물고, 변화하고, 소멸하는 네 가지 현상은 그 누구든 이를 피할 수 없다.

인간에게도 죽음이 있듯이 우주의 별도 태어나 번성하다 죽음을 맞이 하고, 우리를 탄생시켰던 태양도 결국은 지구를 파괴시키고, 그 스스로 도 빛을 잃고 마침내 죽은 별로 삶을 마감하게 되도록 우주적으로 운명 지어져 있는 것이 바로 별의 운명이요 지구의 운명이요 우리의 운명이 다. 우주의 본질과 지구의 운명이 이렇기에 그러한 거대한 질서의 한순 간 빛으로 태어나 살다가 죽는 인간의 운명을 수용하고 슬픔을 이해하 며 고통을 삶의 본질이라고 체득하는 삶의 지혜가 필요하다. 이처럼 지 구를 탄생시킨 거대한 우주 자체가 마치 지구의 동짓날의 겨울밤처럼 암흑과 추위로 이루어 졌으며, 그마저도 우리의 유일한 태양도 우리를 먼저 죽이고 스스로도 멸망해 버린다는 우주태양계의, 그리고 지구와 그 안에 사는 인간의 운명도 동일하게 피할 수 없으며 그러한 질서 속에 서 정밀하게 움직인다는 사실에서 인간의 삶 특히 청년 후흑도의 삶은 출발해야 한다.

## (2) 자연적 질서와 후흑의 관계

노자는 도덕경에서 천지불인天地不仁을 이야기하고 있다. 천지는 어 질지 않다고 했다. 천지가 잔인하다고 표현하지는 않았으나, 천지는 정 이 없이 생존과 이익과 발전이 법칙으로 통용되는 무정한 세계가 오히 려 자연의 원초적인 모습이다. 이는 2011년 동일본 대지진을 보면 금방 알 수 있다. 여기에 더하여 한꺼번에 지진 해일, 화재, 후쿠시마 원자력 발전소 사고, 대규모 정전이 있었다. 일본 소방청이 발표한 사망자 및 신고된 실종자 수는 모두 19,689명으로 해일 피해를 집중적으로 입은 도호쿠 지역을 중심으로 홋카이도에서도 사망자가 나왔다.

우주도 마찬가지다. 거대한 별이 수명을 다하여 대폭발을 일으킨 자리에 초강력의 중력을 가지고 주변의 모든 것을 빨아 당기는 블랙홀이 있다. 실체도 없이 강한 중력만으로 모든 것을 빨아들여 별의 무덤으로 작용한다. 마치 인생에 있어 저항할 수 없는 거대한 블랙홀이 우리의 의지와 상관없이 그 속으로 운명처럼 우리를 끌어들여 마침내 흔적조차 없이 사라지게 만들 수 있는 함정이 곳곳에 널려 있다.

대자연의 무정함은 생존투쟁이 그러하듯이 살기 위하여 남을 죽이고, 먹기 위하여 죽이며, 약자는 속수무책으로 당하며 그러면서도 그렇게 자연을 유지하는 구성원으로 살다가 자연 속에서 죽는다.

물고기는 수십만 개의 알을 낳는다. 수십만 개가 부화하더라도 다 잡아먹히고 살아남는 것은 극히 극소수다. 어미 뱃속에서 형제들을 잡아먹고 혼자 태어나는 상어에서부터, 교미가 끝난 수컷을 잡아먹고 그러한 아비의 죽음이 어미의 영양분으로 바뀌어 그것을 먹고 자라는 과부거미나 사마귀, 어미의 등에 알로 붙어 있다가 어미의 피부를 먹고 살다가 결국 어미가 죽어야 스스로 독립하는 올챙이들은 인간의 가치로 보기에는 무정하고 몰인정하다. 자기 새끼를 키우기 위하여 힘이 약한 남의 새끼를 잡아먹어야 하는 동물의 세계는 생존과 번식의 원칙만이 작용하는 정글이다. 거기에 어떠한 자비나 인정은 없다.

거대한 쓰나미가 사람을 보아가면서 몰아치는 것도 아니고, 화산 폭발이 비행기를 피해서 화산재가 뿜어내는 것도 아니며, 가뭄이 들었다고 알맞게 비를 뿌려주는 것도 아니다. 국제기금활동으로 아프리카의 굶어가는 아동들을 구제하기 위하여 유엔과 국제구호단체가 발벗고 나서도 마약 거래 대금의 부스러기도 안 되는 돈이 없어 아동은 여전히 굶주리고 부자들은 돈을 풀지 않고 그들의 부를 더 축적하려는 욕심을 더욱 키워간다. 이 모든 것은 인간이 잔인하다기보다 자연이 무정해서 그런 것이다. 춥고 어두운 우주에서 생성된 지구 역시 무정한 곳이라는 사실을 근본적으로 인식한 후에라야 후흑의 존재와 가치가 더욱 빛나게 된다.

### (3) 인간의 진화와 호모사피엔스

태양계에서 지구만이 유일하게 생명이 존재하게 되었다는 사실에 경탄한다. 우주가 춥기에 빅뱅 이후 3억 년 이후부터 우주가 식으면서 각종 원소가 탄생되고 융합되어 별이 탄생하기 시작하였다. 이처럼 추위가 별과 지구와 인간의 탄생을 가능토록 만들어 주었다. 그 가운데 지구는 태양과 멀지도 가깝지도 않은 거리에 위치함으로써 생명 탄생의 기본적인 조건이 마련되었고, 약 45억 년 전에 우연히 지구의 반 정도 크기의 천체가 지구와 충돌하여 지구의 축을 23.5도 정도로 비틀어놓았기에 사계절이 생겼고, 지구와 충돌한 천체가 달이 되어 인력으로 작용해, 지구 조수의 간만을 밀고 당기며, 바다에 생명을 잉태하게 했다. 과거 지구에서 다섯 차례 거대한 대멸종이 있었다. 그 가운데 다섯 번째 대 멸종은 6,500만 년 전의 거대한 소행성 충돌로 인한 것이다. 이로 인해 거대 공룡은 멸망했으나, 그러한 충돌의 결과가 오히려 공룡을 피해 지내던 작은 동물들이 진화하여 오늘날 현대 인류의 진화를 가능케한 행운의 연속이 아닌가, 또한 지구 내부의 맨틀에 있는 거대한 철광석으로 된 용암들이 지구적 자장을 만들어 내서 주기적으로 폭발하는 태양의 폭발로부터 지구를 지켜 주고 있기에 지구에 생명이 진화하여 마침내 인간의 출현으로 완성될 수 있었다는 사실에 경이로울 뿐이다.

지구에 원시 생물이 출현한 이래 '고물상의 비행기론'에서 보듯이 진화의 정점에서 극히 일어나기 힘든 진화의 결과로 인간이 출현했고, 그 최첨단의 시간과 시대의 가장 앞에 인류와 함께 지금 이 시간 여기서 존재하고 있다는 사실 역시 감탄과 경이로움의 근원이 될 수 있다.

## 2. 후흑철학과 인간

인간의 탄생과 진화는 암흑과 추위, 그리고 궁극적으로 멸망에 이를 수밖에 없는 운명 속에서 이루어진 기적과도 같다. 이러한 과정에서 철학과 도道가 발견되었고, 이는 궁극적으로 '후흑厚黑'의 탄생과도 깊은 연관을 맺는다. 따라서 우주와 철학, 그리고 인간은 서로 밀접하게 연결된 하나의 일부라 할 수 있다. 후흑의 관점에서 바라본 철학은 다음과 같이 인간의 본원을 설명한다.

### (1) 후흑학의 자아

① 우주와 자연 그리고 인간을 관통하는 키워드는 순환이며, 그 본질은 괴로움이다. 바로 괴로움의 적응 과정이 진화다. 우주, 그 안에서 발생하고 드러나는 모든 현상은 진화를 통한 발전이자 생성과 소멸의 반복이다. 그러므로 삶은 단지 존재함의 경이로움에서 출발해야 한다. 수십만 개의 물고기 알이 부화해 이리저리 잡아먹히며, 그중 단 1%만이 살아남는다. 이들은 먹이사슬 속에서 희생되고 살아남으며, 마침내 극소수는 성체로 자라난다. 인간 또한 수많은 정자와의 치열한 경쟁 속에서 난자에 의해 선택된 단 하나의 정자로부터 태어났다는 점에서 대자

연의 법칙에 부합하는 존재임을 보여준다. 인간의 탄생은 그 자체가 경이롭고, 살아 있음과 꿈꾸고 희망할 수 있다는 사실만으로도 위대한 존재다. 따라서 적어도 지금 살아 있고 건강하다는 것만으로도 우리는 행복을 느낄 수 있어야 한다.

② 티베트 『사자의 서』에 따르면 인간은 죽으면 49일 동안 심판을 기다린다. 그동안 가장 악독한 짓을 한 자들은 지옥으로 가고 선한 공덕을 쌓은 자는 그 공적에 따라 알맞은 극락세계가 주어지지만, 그렇지 않는 인간들이 가장 나쁜 곳으로 떨어지는 곳이 바로 인간으로 다시 태어나는 것이다. 그럼에도 불구하고 인간으로 태어나 인간으로 살아가는 것을 고마워해야 한다. 주인을 잘 만나 사람의 팔자보다 몇십 배 잘 사는 견공犬公의 견생보다 못한 인간으로 태났을지라도 인간으로 태어남은 여간 복 받은 일이 아니다. 특히 전쟁 시기에 태어나지 않아 죽음의 공포에서 살지 않고, 아프리카의 일부 국가들처럼 기아의 고통에서 이웃과 함께 굶주림에 시달리지도 않고 죽을 용기도 없어 기근과 고통에 길들여져 사는 환경에서 태어나지 않은 것도 다행이다.

③ 눈을 돌려보면 노숙자들도 살아가고 있고, 병원에서 임종을 앞두고 산소마스크를 끼고 암투병을 하며 침상을 지키는 삶도 있고, 한걸음이라도 더 걸으려고 재활운동을 하는 삶도 있다. 우리 후흑학의 대상은 그런 살아있기만을 목적으로 하는 생물학적 의미의 삶이 아니라 아직은 무언가 희망을 가슴과 머리에 품고 미래를 준비하고 있는 자들이 그 주인공이다. 운명을 믿지 않으며 운명을 창조하기 위하여 오늘 하루만이라도 성실하게 열심히 최선을 다해서 살아가는 사람들이다. 아직은 빛이 보이지 않고 희망이 하나씩 무너져 내리면서도 그때마다 상상에서

벗어나 공상적인 것들에서 벗어나 희망의 정도가 점점 낮아지기는 해도 여전히 가능성을 갖고 누구도 원망하지 않고 무소의 뿔처럼 묵묵히 가고 있는 청년들이다.

④ 그러기 위해서는 살아 있는 삶을 소중히 여기고 생명에 대한 고귀함과 그 의미를 깊이 이해함으로써 스스로를 귀하게 여길 수 있는 삶의 태도를 가진 자들이 후흑학의 대상이다. 생물적으로 완전무결하게 똑같은 것은 없다. 얼룩말의 얼룩무늬도 각기 다 다르다. 즉 과거에 태어났고 현재에도 살아있으며 앞으로도 태어날 얼룩말의 얼룩무늬는 각기 고유의 무늬를 가지고 있으며 완전히 똑같은 것은 없다. 이는 호랑이, 표범, 재규어, 하이에나, 아프리카 들개 등 모든 동물에 해당 된다. 순식간에 지나가는 길에 있는 모든 것을 먹어치우는 아프리카의 거대한 불개미 군단도 어느 것 하나 똑같이 생긴 개미는 하나도 없다. 식물도 마찬가지다 뜰에 열린 감의 모양이 완전하게 똑같은 것이 하나도 없다. 포도, 사과, 고추, 야자열매 등 열리는 모든 열매가 그렇다. 전 세계에 바람에 흩날리는 민들레의 씨앗이나 대나무의 잎이나 마디도 그렇고 몽골초원에 자라나는 풀잎 하나라도 완전하게 똑같은 풀잎은 없다. 갠지스강의 모래 알갱이 하나라도 완전하게 똑같은 것은 없다. 각기 독특한 모양을 가지고 있다. 이것이 자연과 우주의 원리다.

⑤ 마찬가지로 그러한 우주와 자연의 원리에서 진화된 인간도 완전히 똑같은 사람은 없다. 쌍둥이도 DNA와 성격에서 차이가 난다. 그렇기 때문에 우리는 스스로가 특별한 존재로 태어났음을 자각하게 된다. 과거에도 없었고 현재도 없으며 미래에도 나와 똑같은 생김새를 가지고 똑같은 자아를 지녔으며 똑같은 삶을 살아갈 인간은 단 한 명도 없다는

인식을 가져야 한다. 결국 누구도 대신해 줄 수 없는 내가 태어나 오늘날 존재하며 나 자신의 이름으로 그리고 나만의 미래를 꿈꾸며 살아가고 있다는 사실에 자긍심을 지녀야 한다. 나는 나다. 그리고 내가 있을 뿐이다. 그래서 나는 고귀하고 유일하며 궁극적으로 나의 삶과 운명에 책임을 질뿐이다. 그래서 붓다는 태어나자마자 천상천하유아독존天上天下唯我獨尊이라는 그 유명한 탄생게를 읊었다. 천상천하天上天下는 중생衆生 즉 뭇 생명 있는 모든 존재와 세계 전체를 의미한다. 그 세계 전체에서 깨달은 자 붓다가 가장 존귀하다. 이는 평범한 한 인간이 누구라도 붓다가 될 수 있고, 붓다처럼 가장 존귀한 존재가 될 수 있음을 보이고 있다. 붓다의 절대적인 자신감의 표현이자 인간의 무한한 가능성을 보여주는 인간 존중 선언이기도 하다.

### (2) 후흑의 작동 원리

음양의 원리처럼 후흑과 박백은 상호 보완적으로 작용함으로써 인간 사회를 움직이는 근본 에너지로 작용해 왔다. 태극의 원리를 보라. 음과 양, 옳고 그름, 여자와 남자, 하늘과 땅 등 서로 상반된 두 극의 조화가 지구와 인류와 우주의 근본이라는 원칙은 후흑과 박백에도 그대로 적용된다. 원래 음과 양은 하나의 기氣(vital force)다. 모든 기氣는 능동적이고 주도적이며 확산하는 양기陽氣와, 소극적이고 피동적이며 수렴하는 음기陰氣로 나뉜다. 양기와 음기는 서로 기능적 작용이 상반되어 상호 반대되는 힘으로 작용하며, 이러한 상호작용이 운동으로 발전해 사물을 움직이고 변화시킨다. 이것이 바로 우주와 인간 사회의 근본 원리이다.

① 여기서 후흑과 박백 역시 태극의 작용처럼 그러한 음과 양의 상호작용과 작동원리가 비슷하나 물리에서 말하는 작용과 반작용의 법칙이

가해져서 후흑과 박백의 양극이 동시에 상호작용하지만, 사회발전과정에서 어느 한쪽의 힘이 오랫동안 유지되면 그에 대한 반작용으로 다른 쪽이 일어나고 다른 쪽의 힘이 쇠하면 역시 그 반대쪽의 기운이 다시 일어나는 순환의 현상으로 설명될 수 있다. 사마천은 왕이 되기를 거부하고 수양산에서 굶어 죽은 백이와 숙제를 논하며 이렇게 적었다.

"세상을 보면 온갖 악행을 저지르고도 끝내 편안하고 즐겁게 살며, 그 부귀영화가 자손 대대로 이어지는 사람이 있는가 하면, 언제나 바른 길만을 택하고, 올바른 말을 해야 할 때에는 결코 지름길을 가지 않으며, 공명정대한 일이 아니면 분노조차 삼가는 사람들이 오히려 헤아릴 수 없이 많은 재앙을 당하곤 한다. 이 같은 일들을 어떻게 설명할 수 있을까. 과연 하늘의 이치, 곧 천도天道는 존재하는 것인가, 아니면 그런 것은 애초에 없는 것인가."

② 그러나 후흑과 박백은 작동의 순서가 있다. 즉 어둠이 있어야 빛을 알 수 있지만 빛이 있어야 어둠을 알 수 있는 것은 아니다. 빛이 있을 때는 어둠을 의식하지 못하지만, 어둠이 있을 때 비로소 빛을 찾고 빛을 인식하게 된다. 이는 심해 물고기들의 생존경쟁에서도 포식자들이 먹이를 잡기 위해서 스스로 발광發光 함으로써 먹이를 유인하는 것에서도 알 수 있다. 마찬가지로 인간사회가 발달해 오는 과정에서 도덕과 윤리 및 선함과 옳음 등의 가치관 내지는 양陽의 철학이 수립되기 전까지는 자연적인 상태에서 대자연의 법칙을 따르면서 단지 생존과 번영을 위한 유사동물적 사회가 유지되어왔다.

시간의 추이에 따라 인간 지성의 발전과 더불어 소위 오늘날 인간들이 모두 옳다고 추구하고 귀하게 여기는 가치와 관념이 정착하게 되었다. 즉 본능의 사회에서 이성의 사회로 진입하게 됨으로써 후흑과 박백의 구분이 시작되었다고 할 수 있다. 이를 다시 말하면 후흑과 박백은 혼돈 상태에서 대자연의 법칙에 따라 인간사회에서 작동하다가 인간의 정신과 문화가 발달해 옴에 따라 박백을 추구하고 귀하게 여김으로써 과거의 혼돈은 후흑과 박백을 분리하게 된 것이라고 할 수 있다.

그 분리는 먼저 박백을 인식하는 데서 후흑의 존재를 깨닫게 되거나, 아니면 후흑을 시정하고 후흑의 반작용으로 박백을 찾게 됨에 따라 후흑이 먼저며 박백이 뒤라는 발전과정으로 전개되어 나왔다고 유추할 수 있다. 따라서 후흑의 입장에서 출발하자면 거기에 어떤 가치나 윤리가 게재된다기보다는 좋고 아름답고 선하며 착한 것만이 겉으로 드러나고 그와 똑같은 정도로 존재하는 부정과 탐욕과 살육과 배신 등은 감추어져야하는 가에 대한 반기를 든 것이다. 이는 지금까지 주류 사회가 주장해 온 반쪽짜리 도덕, 철학, 그리고 가치를 정면으로 부정한다. 동시에 이는 태양이 진 후 드러나는 어둠의 세계, 성공한 이들 뒤에 감춰진 몰가치, 그리고 강자에 희생된 사람들에 대한 깊은 연민을 담고 있다. 나아가, 성공과 실패를 향해 뛰어들어야 할 청년들에게는 경고로, 이미 삶의 후반에 선 이들에게는 깊은 반성의 메시지로 다가온다.

③ 변증법적 접근이다. 역사를 추동하는 정正과 반反의 상호작용을 통하여 합슴에 이르는 과정에서 상수常數와 변수變數의 관계 역시 변증법적 전개처럼 항상 변화해 왔다. 맑스의 적대적인 모순을 비적대적으로 응용한 마오쩌둥의 비적대적 모순은 태극의 원리에 기반한 음과 양이 조화를 이룬 세계이다. 후흑과 박백의 상호 변증법적 관계는 왕조의 순환이나 거대 재벌의 몰락 또는 대통령의 교체 등을 통해서 상호 보완적으로 작용해 왔다. 쉽게 말해 변증법은 3박자며, 후흑은 음양 2박자다. 박자는 음악의 리듬적 구조를 정의하는 기본 단위로, 시간의 흐름을 규

칙적으로 나누는 틀을 제공한다. 이는 곡의 속도와 리듬을 조직화한다. 변증법에서의 3박자는 정, 반, 합으로, 후흑에서의 2박자는 음, 양이다. 이 둘의 공통점은 순환과 윤회다. 후흑이 상수인 시대는 격변의 시기이자 시대전환의 시기이며 인류의 대 진전을 위한 진통의 과정에서 등장하는 열병의 시대라고 할 수 있다.

　박백의 시대가 제구실을 다하지 못하고 달이 차면 기울 듯이 그 내부에 박백의 모순을 감당하지 못할 때 내부에 잠복해 있던 후흑의 합리성이 박백의 불합리를 대신하는 것이다. 따라서 후흑은 항상 박백에 대항해서 시대를 보다 진전시키고 인간을 보다 진보적인 방향으로 이끄는 반反의 작용으로서 기능해 왔다. 마치 도가들이 중국의 유가적 왕조를 뒤엎은 후에는 또다시 유가의 왕조로 돌아가고 후흑은 다시 지하로 잠복하여 또 다른 시대적 소명의 부름을 받는 시대적 소명을 받았을 때 등장하는 전란의 신, 고통의 신으로 다시 그 모습을 드러낸다.

　④ 5% VS 95% 간의 경쟁과 대립이다. 앞서 말한 바 있듯이 우주와 대자연의 법칙이 바로 암흑과 추위 그리고 무정함이다. 그렇기에 확률적으로도 성공한 사람이 차지하는 비율 이를테면 세계 500대 기업, 세계를 움직이는 영향력 있는 인물 100인, 미스 월드 본선 참가자 등 이루 헤아릴 수 없는 성공의 반열에 든 사람은 바로 5%에 불과하다. 이는 우주의 암흑이 차지하는 비율이나, 인간의 DNA의 5%만을 밝혀냈을 뿐 아직 95%는 미지로 남아 있는, 그리고 우주에 관한 연구가 우주를 이해하는 데 불과 5% 정도만의 지식을 가지고 있을 뿐이라는 5% 대 95% 간의 비교이자 대립이다. 그래서 대부분 95%에 해당하는 인류의 대다수 가운데서도 그중에서 한국의 95%를 차지하는 보통의 서민 대중 가운데서도 청년층의 95%를 차지하는 청년 후흑도에게 있어서 먼저 95%

속에 자신이 속해 있고 이제 그 5%에 속하기 위한 삶의 전쟁을 시작해야 한다고 생각해야 한다.

⑤ 빛과 어둠의 변증법이다. 밝은 데서는 어둠을 볼 수가 없다. 그러나 어둠에서는 밝음을 볼 수가 있다. 쭉 어둠 속에 있어야 어둠과 밝음을 동시에 볼 수 있다. 후흑을 알고 후흑의 자리에 있어 봐야 박백 즉 윤리와 도덕과 정의 및 박애 등을 알 수 있고 또 실천할 수 있는 토대가 된다. 상술한바, 후흑이 바탕이 되어 박백이 탄생했고 따라서 후흑을 이해할 수 있어야 박백을 이해할 수 있다. 인간에게 내재되어 있는 동물적 본능과 자연계에서 진화해온 결과의 잔재물로서 적자생존의 법칙 하에 있는 정글과 같은 인간 삶의 냉혹함과 자연의 무정함을 먼저 깨달아야 한다. 이는 마치 후흑의 잔혹함과 냉정한 현실을 뼈저리게 느껴야 박백의 진정한 가치와 소중함을 인식할 수 있는 상대성 원리라고 할 수 있다.

장자는 말한다. 행복을 느끼고 싶으면 발에 맞지 않는 신발을 신고 하루 종일 다니다가 저녁에 집에 돌아와 신발을 풀고 따듯한 물로 발을 씻어 보아라. 그리하면 거기서도 행복을 느낄 수 있을 것이라고 했다. 따라서 먼저 후흑이라는 불편한 신발을 신고 다녀 봐야 박백의 행복함을 알 수 있다. 장자는 연거푸 말한다. 허리띠가 허리에 딱 맞으면 허리를 잊어버린다고 말이다. 이는 평소에는 손가락이 있는지 없는지에 관심조차 두지 않다가 손가락이 조금이라도 아프거나 조그만 가시에 손이 찔리면 그때야 손과 손가락이 있음을 인식하고 그러한 존재에 대한 소중함과 고마움을 깨닫게 되는 것과 마찬가지 이치다. 그렇다 박백만 알고 있으면 박백조차도 있는지 없는지 알 수가 없다.

## 3. 후흑의 도道와 인간관

### (1) 후흑의 도

후흑의 도는 다음의 몇 가지 근원적이고 본질적인 특성을 가지고 있다.

첫째, 장자의 도에서처럼 어디에서나 보편적으로 존재한다, 즉 도의 편재성遍在性, omnipresence이 그것이다. 『장자』「도척盜拓」편에서 보이듯이 도둑에게도 도道가 있다. '성聖'은 남의 집에 어떤 물건이 어디에 있는지를 미리 예측할 수 있는 예견력이다. '지智'는 방범시설이나 경비 상태 등을 고려하여 성공 가능성을 판단할 수 있는 지혜를 뜻한다. '용勇'은 위험을 무릅쓰고 가장 먼저 담을 넘어 들어가는 용기를 말하며, '의義'는 맨 마지막까지 남아 의리를 지키는 태도를 의미한다. 마지막으로 '인仁'은 훔친 물건을 공평하게 나누는 인정에서 비롯된다. 이와 같이 모든 사물에는 이치가 있으며 그 이치를 자신의 철학의 극치로 끌어올린 사람에게 모든 것은 도가 될 수 있다. 후흑의 도는 개인, 가정, 사회, 국가 및 국제적으로 존재하는 현상이다. 그것의 출발점은 먼저 생존본능에서 비롯되고 두 번째로 이익의 추구에서 비롯되며 마지막으로는 발전과 성공에 의해 귀결되는 지극히 인간의 본능적인 문제라는 점에 그 특징과 근원이 있다.

둘째, 도의 흐름처럼 후흑의 도는 상선약수上善若水처럼 자연스럽게 운행되어야 하며 그 흐름을 알 수 없어야 하며, 그 결과가 두루 미쳐서 먼저 개인의 안녕에서 시작되어 그를 둘러싸고 있는 사회의 동심원을 이롭게 하고 마침내는 국가와 인류라는 대명제에 접근해야 한다. 그러기 위해서는 우주의 질서에 순종하고, 있는 것을 그대로 받아들여 내재화시킴으로써 자연의 법칙에 위배되며 도의 순환을 거스를 경우에 이를 후흑으로 대처하는 것이다. 이때의 후흑은 선과 악의 대척점에 서 있지 않고 다만 기능적으로 박백으로 가는 길을 예비하는 태풍이며 비바람이다.

셋째, 이러한 후흑의 도는 무궁무진해서 인간의 사회생활에 다양한 형태와 방법으로 작용한다. 물처럼 때로는 종속변수로 흐르다가 상황에 따라 독립변수가 되어 인간의 삶을 바꾸어 놓기도 하고 어떤 경우에는 후흑도 박백도 없는 경지에서 단지 관조하면서 인간 생활에 고루 영향을 끼친다. 또한 후흑은 산소와 같아서 존재하지 않는 것처럼 여겨지다가도 그것이 조금이라도 부족하면 인간은 즉각적으로 치명적인 문제에 직면하게 된다. 드러나지 않은 채 존재하며, 존재하면서도 자신의 중요성을 드러내지 않던 그것은, 단 한순간의 결핍만으로도 그 가치를 깨닫게 한다. 이를 통해 인간은 다시금 각성하여 올바른 길로 나아가게 된다. 후흑은 이러한 면에서 박백과 더불어 동전의 양면이라 할 수 있다.

넷째, 후흑과 박백은 서로 다른 두 얼굴이며, 어둠과 빛이다. 이를 가장 잘 설명해 주는 예화가 『장자』에 나오는 무용지용無用之用이다. 즉 쓸모없음이 궁극적으로 쓸모가 있다는 것이다. 장자는 곱사등이가 전쟁에 끌려가지 않고 살아남아 효도를 하고, 쓸모없는 나무가 베임을 당하지 않고 고향의 선산을 지킨다고 하면서 맛있는 샘물은 먼저 마르고 곧게 뻗은 나무는 재목으로 베인다고 했다.

생물의 진화법칙은 생존과 발전이다. 후흑적 인간은 먼저 생존에 초점을 두어야 하고, 박백적 인간은 발전에 주안점을 둔다. 즉 먼저 생존하고 존재해야 미래를 도모할 수 있기 때문이다.

## (2) 후흑의 인간학

도의 흐름에 따라 후흑이 자연스럽게 드러나는 과정을 하나의 순환이라고 볼 수 있다. 이는 우선 사회적 관점에서 그러한 도의 근본을 인식하고, 그것이 어떻게 운용되며 인간의 삶 속에서 박백과 상호 보완적으로 작용하며 전개되는지를 탐구하는 데 그 핵심이 있다. 다음은 후흑의 도를 통해 바라본 후흑과 인간의 관계에 관한 내용이다.

① 모순은 후흑의 출발점이다. 세상은 합리적이고 보편적인 원리나 철학에 의해서 움직이는 것은 아니다. 그렇다면 그것은 기독교의 천국과 맑스의 원시 공산사회일 뿐이다. 그렇지 않기 때문에 전쟁과 법률, 갈등과 충동 등 다양한 변증법적 역사의 전개와 개인의 다양한 삶의 굴곡이 무수하게 교차하면서 사회의 흐름과 역사를 만들어 낸다. 그러한 갈등과 충돌 및 전쟁과 발전의 이면에 모순이 자리잡고 있는 까닭에 모순의 문제를 다루는 방식에 따라 후흑의 발생과 필요가 불가피해진 것이다. 모순의 성격에 따라, 그리고 모순을 구성하는 양대 축의 조건과 환경에 따라 그에 대한 해결은 발전과 승화, 아니면 후퇴와 파괴라는 극단적인 결과를 초래할 뿐이다.

목사를 부모로 둔 니체와 맑스는 오히려 반기독교의 대부代父들이다. 니체는 "신은 죽었다"를 가장 먼저 외치며 신을 대체하는 '초인'을 만들어 냈고, 맑스는 추방된 에덴동산으로 회귀하려는 원시 공산사회를 주창하였다. 루소는 사생아를 낳아 버리는 죄책감으로 교육적인 저서 『에밀』을 저술하여 그의 양심적 위반을 일부나마 합리화시키고자 했다. 미국의 독립선언서를 작성한 토마스 제퍼슨은 흑인 몸종 사이에서 자식을 두어 그들의 혈육이 지금 미국에서 종가를 이루며 그 후손들이 계속 뻗어 나가고 있다. 박근혜 전 대통령은 대통령에 취임하기 전, 여러 책과 강연을 통해 깨끗한 양심과 애국심의 상징으로 자신을 미화했으나, 결국 역대 직선제 대통령 중 최초로 임기를 마치지 못하고 물러난 대통령이 되었다. 이러한 모순은 박백에 비추어 어긋나는 것이기도 하지만 이러한 시대적 환경의 변화에 따라 새롭게 조명된다.

후흑은 이렇게 해서 등장한다. 즉 모순의 합리적이고 생산적인 해결 또는 긍정적이고 윈-윈 할 수 있는 결과를 도출하는 과정에서 후흑을 필요로 한다. 강자가 모순을 해결하는 방식은 권력이라고 하고, 약자가 모순을 해결하는 방식은 타협이라고 한다. 후흑은 기본적으로 약자의 문제해결 방식이며, 강자의 해결방식은 권모술수라고 하고 약자의 해결방식은 윈-윈이라고 말하는 것이다.

② 모순을 일으키는 핵심 원인은 이익의 충돌에 있다. 후흑의 인간론이나 철학의 출발점은 이익을 추구하는 인간 삶들 간의 협력과 갈등, 합리성과 모순, 그리고 법과 제도 등이 복잡하게 얽혀서 상호작용하기 때문이다. 『맹자』의 첫 장은 양나라 혜왕梁惠王이 맹자에게 묻는 말로 시작한다. 혜왕이 맹자에게 "나에게 무슨 이익을 주실려고 이렇게 먼 길을 오셨습니까?" 라고 하자 맹자는 대답한다. "군자에게는 의가 있을 뿐 이익을 논하지 않습니다"라고 대답한다.

공자나 맹자 같은 성인들은 인의와 예가 있을 뿐, 장삼이사의 일반 대중 그것도 아직 사회에 진출하지도 못하고 또 진출해도 아직 주변부에서 간신히 첫발을 띤 사람들에게 어떻게 먼저 인의와 예의를 가르치는가? 아니다. 먼저 이익이 있을 뿐이다. 홉스도 모든 사람들의 자발적인 행동의 목적은 자기 자신의 이익을 추구하는 것이라고 했다. 아담 스미스도 이렇게 말한다. "저녁 식사를 할 수 있는 것은 정육점 주인이나 포도주 제조업자 그리고 빵집 주인의 자비심 때문이 아니라 그들 자신의 이익 때문이다".

연횡책의 소진과 합종책의 장의의 상반된 주장이 모두 사람들에게 먹히는 이유는 인류 사회에 뿌리 내린 통례에서 비롯되었는데 그 통례란 다름이 아닌 "눈앞의 작은 이해득실은 먼 훗날의 이해득실과 종종 상충 된다"는 통찰에서 비롯되었기 때문이다. 그러한 상충하는 이해득실의 모순과 합리성의 교묘한 틈바구니에 후흑이 자생하고 힘이 발휘될 수 있는 근원이 있다. 그 근본은 바로 추길피흉追吉避凶이다. 좋은 것을 따르고 나쁜 것은 피한다는 생각이다. 즉 이익을 추구하고 해로움을 회피하는 것이다. 인간은 해로움을 회피하려는 본능과 이익을 추구하려는 본능 가운데 이익이 인간을 움직이게 하는 보다 강한 본능이라고 할 수 있다.

한비자에 보면 관을 짜는 관쟁이와 병을 고치는 의사, 뱀장어와 뱀, 누에와 감자벌레를 비교하여 이익을 논하고 있다. 즉 관을 짜는 관쟁이는 사람이 많이 죽기를 원하고 의사는 환자의 병이 빨리 낫기를 원한다. 이는 관쟁이가 살인마여서 사람이 죽는 것을 좋아해서가 아니라 사람이 많이 죽어야 관을 짜서 그만큼 많은 이익을 취할 수 있기 때문이다. 반대로 의사는 인륜을 중시하고 인간의 목숨을 소중히 여기는 휴머니스트라서가 아니라 그래야 돈을 많이 벌 수 있기 때문이다. 뱀장어와 뱀은 비슷하게 생겼지만, 뱀은 무익하고 해로운 동물로 여겨서 사람들은 팔아서 돈을 만들 수 있는 뱀장어를 좋아하고 뱀을 싫어한다. 누에와 감자벌레도 마찬가지다. 같은 애벌레지만 하나는 이익이 되는 누에고치가 되고 다른 하나는 감자를 못 먹게 만드는 해충이기 때문이다. 누에는 감자벌레와 비슷하다. 하지만 여성들은 감자 벌레를 보면 기겁을 하지만, 누에는 자연스럽게 잘 만진다. 장어와 뱀 역시 생긴 것은 비슷하다. 하지만 고기 파는 여인에게 있어서 뱀은 피해야 할 동물이며, 장어는 잡아서 가죽을 벗긴다. 이런 상반된 행동을 보이는 데는 이익이 관여하고 있기 때문이다.

③ 이처럼 이익 앞에서는 인간의 직업에 따라 생명을 보는 태도가 다르고 같은 생물을 대할 때도 그 인식과 대우가 다르다. 교토삼굴狡免

三窟의 주인공인 풍환馮諼은 맹상군孟嘗君의 식객이었다. 맹상군이 권력의 전성기를 누리던 시절, 5,000명에 달하는 식객들이 그의 집에 드나들었으나, 맹상군이 실각하자 그들은 모두 흩어져 버렸다. 맹상군이 다시 권력에 복귀하자, 그들은 다시 맹상군에게 돌아왔고, 맹상군은 이들을 의리 없는 식충이라며 내치려 했다. 그러나 맹상군의 복귀를 도왔던 풍환이 이렇게 말한다. 인간의 마음은 시장과 같아서, 낮에는 사람들이 몰리고 밤에는 사람들이 사라지는 이유가 바로 낮에는 시장에 가면 이익이 있지만, 밤에는 이익이 없기 때문이라고 하며, 그들을 다시 식객으로 받아들이도록 설득하였다.

이는 오늘날에도 마찬가지다. 과거에는 개울가에 흔하게 자라나던 쇠비름나물이 각종 건강에 좋다고 소문이 나면서 이제는 찾기가 힘들게 되었고, 잡초들이 우거진 곳에는 항상 덩굴져서 잡초를 뒤덮고 자라는 환삼덩굴도 허리와 척추에 좋다고 소문이 나자 대접이 달라졌다. 과거 바다에 흔하게 자라는 '톳'도 칼슘, 요오드, 철 등의 무기염류가 많이 포함되어 있고 항암과 관절 등에 좋다고 주요 상품목록에 오르게 되었다. 아귀와 물메기는 과거 어부들이 잡으면 버리는 쓸모없는 물고기였으나 이제는 그것들도 아주 중요한 어부들의 소득원이 되었다.

④ 이익은 사회생활의 근본이자 핵심이라고 할 수 있다. 인류 사회가 어떻게 발전되고 변화해도 바뀌지 않는 그 내적 동력이 있다고 한다면 그것은 인간은 어떤 형태로든지 이익과 연관되어 있으며 이익을 추구하고, 그것을 확대하고 유지하며 대물림을 통해서 이익의 영속을 추구한다는 사실에는 변함이 없을 것이다. 이익을 어떻게 다루는가에 따라 후흑과 박백을 구분 짓는 경계선이라고 할 수 있다.

정치학에서는 드러난 이익과 감춰진 이익을 구분한다. 드러난 이익은 성인들이 말한 인의와 예의와 염치 등의 유가적 공공가치를 말하는 것이고 감춰진 이익은 그것을 통해서 그들이 얻는 실질적인 개인의 이익을 말하는 것이다. 소위 유가의 아름다운 덕목을 이야기하고 서양철학의 윤리와 정의를 말하며 공공선과 집단을 위한 희생을 강조하는 그런 이익은 주류사회를 이끌어가는 기득권자들이 그들의 기득권을 가치와 선으로 포장을 하여 절대다수의 소외되고 사회의 기본체제 안으로 흡수되지 못한 자들에게 강요하는 선전들이다. 그렇게 함으로써 그들은 그들이 말하지 않는 감춰진 이익 즉 사회적 존경과 기득권의 공고화 그리고 개인의 부와 권력의 유지 내지는 확장을 도모하는 것이다.

⑤ 청년 후흑학도들은 드러난 이익보다 감춰진 이익에 초점을 맞춰야 한다. 어쩌면 노골적 이익 또는 이기적 이익 그도 아니면 즉각적 이익이라고 다양하게 이름 붙일 수 있는 감춰진 이익이야말로 우리들의 삶의 원초적인 이익이다. 생물의 진화과정에서 생존과 발전이 동시에 작용한다. 우리는 먼저 생존을 위하여 감춰진 이익을 추구하는 것이며 그리고 드러난 이익보다 감춰진 이익을 선호하는 것이다. 생존 후에 발전하는 것이 진화의 순서라고 한다면 우리는 감춰진 이익을 확보한 후에 그를 바탕으로 드러난 이익을 논하기 시작해야 한다. 드러난 이익을 주장하는 사람도 그들의 감춰진 이익에서 시작하였고 그들은 사회의 주류사회에 진입함으로써 그들의 감춰진 이익을 드러난 이익으로 포장하는 단계에 이르렀기 때문에 같은 드러난 이익을 주장하는 사람들이라도 그 내면에 감춰진 이익의 종류와 내용은 각기 다르다.

## (3) 후흑학의 운명론

① 후흑학은 운명을 믿지 않는다. 운명론은 가진 자들의 전리품이며

승리한 자들의 자기합리화이다. 주류 사회의 인간들은 이미 훌륭한 부모 아래에서 태어나 미래가 보장된 삶을 살아간다. 이는 불교에서 말하는 전생의 선업善業에 대한 보상일 수도 있으며, 혹은 티베트 사람들이 내세에 좋은 가정에서 태어나길 바라며 매일 기도하고 마니통을 돌린 결과일 수도 있다. 그러나 우리 후흑도는 아니다. 태어난 환경이 찬란한 운명을 예고하지 않으며 부모가 그러한 것을 보장해주지도 못하는 탄생의 조건에서 죽도록 고생해야 간신히 생계를 유지하거나 사는 것이 죽을 용기가 없어 절망하면서 그 속에 빛을 찾아 헤매고 다니는 것이다.

어느 염세주의 철학자는 말했다. "우리가 터널 속에서 출구를 찾는다고 하지만 어쩌면 우리는 이제 터널의 입구에 있는지도 모른다" 그렇다. 우리의 삶이 암울할 때 컴컴한 터널 속에서 앞을 분간할 수 없는 지경이라고 절망하지만, 그것도 아니다. 후흑학을 절실하게 필요로 하는 사람들은 터널의 가운데 있는 것이 아니라 이제 터널의 입구에 들어가고 있는 사람들이다. 터널의 가운데서 출구를 찾아 헤매는 사람들은 그래도 언제 끝날지 모르는 암흑에서 상대적으로 출구에 가까이 있지만, 대부분의 사람들이 스스로의 운명도 모른채 아우슈비츠의 독가스실로 가는 지도 모르고 끌려 나가는 문 앞에 있는 지도 모른다.

② 따라서 후흑학에서는 운명을 믿지 않으며 그날그날을 최선을 다하여 살아갈 뿐이다. 기독교의 내세관이 아니라 불교의 순간과 찰나를 성실하게 살아가는 것이다. 첫째, 가진 것이 없는 자들에게는 미래를 담보 잡고 현재를 희생시키며 최선을 다해서 하루하루를 사는 것 뿐이다. 한국의 재벌 가운데 상당수는 한국전쟁 당시 월남한 사람들이 많다. 그들은 피난의 끝에 도착한 부산에서 길거리 좌판을 놓고 장사를 시작했거나 단지 먹여줄 수 있어서 굶어 죽지 않는 다는 보장만으로도 남의 집

종업원으로 즐거워하며 성실하게 일하다 보니 점차 한국의 경제성장과 더불어 부자가 되고 재벌이 된다. 그들은 피난 나올 당시 부강한 한국사회에서 재벌이 될 것이라는 야망과 비전을 지닌 채 고향 땅을 떠난 것이 아니다. 삶의 마지막 끈을 놓지 않고 하루하루를 성실하게 살다 보니 세상의 변화와 그들의 성실함 그리고 기회가 맞아 떨어져 재벌의 반열에 오른 것이다. 이명박 전 대통령이 시장에서 쓰레기를 치울 때, 노무현 전 대통령이 직장을 팽개치고 고시에 도전하면서 노가다 판을 전전하고 있을 때 그들은 대통령이 되리라고는 꿈도 꾸지 못했다. 단지 그날그날을 최선을 다하면서 한 걸음씩 앞으로 나아갔던 것이다.

둘째, 역대 마라톤에서 세계 신기록은 주로 케냐와 에티오피아 선수들에 의해서 갱신되었다. 이들은 산지마을에 살면서 어려서부터 10킬로 이상의 길을 걸어서 다녀야 했고, 그것도 운동화가 없어서 맨발로 다닌 것이다. 맨발로 자갈길을 빨리 걸을 수 있는 요령을 체득하였고 고산지대에서 단련된 활발한 심폐기능 등이 작용하여 마라톤에서 우승하는 비중이 높다. 다시 말해 악조건들이 결국 장기적인 뜀박질에서 놀라운 기적을 이루어 낸다. 그들은 선진국처럼 돈이 많이 드는 체계적인 훈련을 받은 것이 아니라 산악지대에서 맨발로 학교를 다니며 자갈길을 피하면서 살아야 했던 그 열악한 환경이 그들을 세계적인 마라토너로 만들었다. 거기에 더하여 교육의 기회를 박탈당하고 열악한 가정에서 가족들의 생계를 책임지고 동생들을 학교 보낼 수 있는 생계수단이 바로 마라톤이다. 이처럼 자연의 혹독한 환경과 삶의 간난 그리고 개인과 가족의 생존에 대한 몸부림의 탈출구가 바로 마라톤이었다. 이들은 운명을 믿지 않고 주어진 삶의 환경 속에서 그것을 최대한 이용하고 그것을 이겨내려고 몸부림친 결과가 바로 마라톤 세계 신기록의 경신으로 나타난 것이다, 이것이 후흑 운명론의 결정판이다.

더 좋은 예로서 의족으로 정상인들의 단거리 경주에 도전한 오스카르 피스토리우스를 들 수 있다. 전자의 에티오피아 마라토너들은 불우한 환경의 산물이라면 후자는 타고난 장애인으로서 장애를 극복한 인물이다. 한쪽 다리를 가지고 나머지 다리에 의족을 끼워서 정상적인 다리를 가진 사람들을 뛰어 넘는 달리기 실력을 가지고 인류 최고의 단거리 선수들과 경주를 하여 세계를 놀라게 했다. 바로 이런 것이다. 청년 후 흑도들은 케냐나 에티오피아의 마라토너이던가 아니면 피스토리우스와 같은 불리한 환경에서 시작한 공통점을 지니고 있다. 즉 무엇인가 기득권 세력에 비해 가난하고 열악하며 어떤 비정상적 조건을 가지고 열악한 환경과 열등한 처지에서 살아야만 하는 운명적 결핍자들로서 사회생활을 시작할 수밖에 없다는 점이다.

셋째, 모두가 위에서 예를 든 이들 인간승리의 주역이 되지는 않는다. 실패에 대한 운명적 결과를 있는 그대로 받아들이는 것도 후흑 운명론의 핵심이다. 제갈공명이 호로곡葫蘆谷에 화약을 깔아놓고 사마중달을 유인하여 막 불을 붙이려는 순간 하늘에서 비가 내리자 하늘을 보고 한탄한다. "일을 꾸미는 것은 인간이지만 그것을 이루는 것은 하늘이다 謀事在人, 成事在天".

뿌린 만큼 거둔다는 말은 좋은 가정환경에서 경제적 지원을 통해 과외를 받고 해외 연수를 하며 자신이 원하던 길을 방해나 장애 없이 뛰어 갈 수 있었던 그럼으로써 성공의 반열에 오른 사람들을 일컫는 말이다. 노력하는 만큼 성공을 거둘 수 있다거나, 피와 땀과 눈물에 비례하여 성공이 보장된다는 공허한 말은 훌륭한 가문의 부잣집 도련님들 즉 부귀한 집에서 태어나 고량진미膏粱珍味만 먹고 귀하게 자라서 고생을 전혀 모르는 고량자제膏粱子弟와 같은 젊은이들이 어릴 때부터 밥상머리에서 훌륭한 부모님께 자주 들었던 가훈과 같은 것이다.

넷째, 무 열 포기를 얻기 위해서 백 알의 씨를 뿌려야 하며 썩어 없어지거나 새들에 먹히고 말라 죽는 씨들은 그 존재가치가 없는 것이다. 또 그나마 열 포기도 다 보장되는 것이 아니라 자연 기후에 따라 다섯 포기에 그칠 수도 있다. 전기역학에 보면 바퀴를 한번 돌림으로써 1 볼트의 전기를 생산하고 생산된 전기는 또 바퀴를 돌림으로써 운동이 계속될 수 있는데도 실제로 한번 돌림으로써 운동이 지속되지 않는 이유는 무엇인가? 바로 저항이 있기 때문이다. 이처럼 대자연에도 그리고 과학에도 엄밀한 법칙이 존재할 수 없다. 투입(in put)과 산출(out put)이 일치하지 않는 것이 자연과 삶의 법칙이다. 따라서 목숨을 건 승부에서건, 인생을 건 시험에서건, 아니면 조난을 당해서 목숨이 풍전등화의 지경에 이르렀건 그 결과는 하늘에 맡기는 것이다. 어쩌면 하늘이 인간의 일에 관여하는 것은 행운이 1%고, 99%가 불행한 결과에 관여한다고 할 수 있다. 역시 진인사대천명盡人事待天命이다.

③ 후흑의 승화다. 제자백가諸子百家에 이런 대목이 나온다. 어느 농부가 밭을 갈다가 커다란 보석을 발견하였다. 이를 왕에게 바치기 위해서 궁궐로 가져가는 도중에 실수로 보석을 떨어트려 귀퉁이가 떨어져 나간 것이다. 곁에서 구경하고 있던 세공장이가 농부에게 떨어져 나간 귀퉁이를 사서 집으로 가져갔다. 보석 원석을 바친 농부는 왕으로부터 커다란 상금을 받았다. 그런데 떨어져 나간 귀퉁이를 샀던 세공장이는 그 조각난 보석을 정교하고 아름답게 조각해서 임금에게 바쳐서 농부의 원석보다 더 많은 상금을 받았다. 청년 후흑도들은 바로 부모나 아니면 집안에서 원석을 소유하고 있는 자들이 아니다. 우리에게 주어진 것은 원석에서 떨어져 나온 귀퉁이의 조그만 조작뿐이다. 이 조각을 가지고 어떻게 세공하느냐에 따라 미래의 승부가 달려 있는 불공평한 마라톤에

참가하고 있는 것이다. 이를 통해서 원석을 가지고 출발하는 다른 박백 세력들을 뛰어넘는 성공을 이루어야 하는 자긍심과 숙제가 있다.

한국의 어느 유명한 영화감독은 한 여배우와 불륜에 빠져 세간에서 유부남으로서 도덕성에 대하여 비난을 받고 있었다. 그런데 그와 불륜 설에 휩싸인 여배우와의 스토리를 연상케 하는 영화로써 국제영화제에서 상을 받았다. 이러한 사실만으로 그들의 불륜이 정당화되는 것은 아닐지라도 적어도 그 감독과 여배우는 자신들의 불륜을 영화로 승화 시켜 국제적인 상을 획득함으로써 세간의 따가운 눈초리와 비난을 예술로 승화시킨 것이다.

불가피한 후흑을 어떻게 승화시키는가에 따라 후흑은 예술이 될 수 있고 아니면 현란한 협잡 내지는 자기모순적 합리화로 나타날 수 있다. 후에 다시 설명하겠지만 후흑의 승화는 절박함에서 시작되며, 그러한 절박함이 지혜와 철학을 통해 윈-윈으로 나타나는 전화위복으로 결과되는 것이다. 보다 엄격하게 말해 후흑과 박백이 구분되는 것이 아니라 개인의 창조적 철학과 능력이 후흑을 박백으로 만드는 마이더스의 손이 되는 것이다.

④ 무형무색無形無色의 단계가 가장 높은 경지다. 이종오는 노자의 영향을 많이 받았는데 특히 그가 자주 인용한 한비자가 그것이다. 한비자에 따르면 군왕은 신하들에게 무색무취하게 대함으로써 신하들이 군왕이 바라는 대로 행동하고 말하는 것을 사전에 차단해야 함을 강조한다. 따라서 후흑의 실천에 있어서 후흑을 사용했는지 아니면 사용하고 있는지를 상대방이 모르게 하는 것이 최고의 경지라는 것이다. 무형무색은 두 가지 단계가 있다. 하나는 극과 극을 한 점으로 수렴함으로써 양극을 동시에 포용하는 것이다. 예를 들면 물의 속성에서 보듯이 물은

$0^0C$에서 얼다가 $0^0C$에서 녹는다. 주위환경에 따라 스스로가 변화를 하지만 $0^0$의 원칙은 어김없다. 같은 $0^0C$인데 그것은 어는 것과 녹는 것의 상대적 기준점이다. 상행성과 하행선이 교차하는 기차역처럼 하나의 지점과 기준이 있으며 그마저도 절대적 기준이 아니라 상대적 기준을 가지고 있는 것이다. $0^0C$라고 해도 같은 $0^0C$가 아니다. 물을 녹이는 $0^0C$인가 아니면 물을 얼리는 $0^0C$인가가 그것이다.

또 다른 하나는 시작과 끝이 한 점으로 표시되며 그 처음과 끝을 알 수 없는 둥그런 원의 형태다. 예를 들면 기하학의 각도가 그러하다. 동그라미에서 0도와 360도는 같다고 할 수 있다. 같은 0도이지만 그 내용은 완전히 다른 것이다. 한 바퀴를 돌아온 0도이지 아니면 아직 시작도 안한 0도인지는 아무도 모른다. 단지 본인만 알 뿐이다. 진정으로 최고의 후흑은 겉으로는 시작도 안한 0도에 머물러 잇는 것처럼 보이나 실제로는 이미 한 바퀴를 돌아서 제자리로 돌아온 0도가 되어야 한다. 그것은 후흑에서 박백을 거쳐 다시 박백을 초월한 후흑으로 돌아온다는 뜻이다. 불경에 "산은 산이요 물은 물이다"라고 깨달음을 말하던 선사가 더욱 도를 정진하다 보니 "물은 물이 아니고 산은 산이 아니다"라는 경지에 이르렀다. 이미 깨달음이 상당한 경지에 이르러 도를 계속 수행한 결과 최후로 깨달음에 이른 것이 역시 "물은 물이요 산은 산이다"였다.


## 4. 후흑의 사회학과 인간

후흑은 개인적으로 박백이 제공하지 못하고 실현하지 못한 불평등을 개인적인 차원에서 시정함으로써 어느 정도의 공평과 평등을 실현할 수 있는 가치를 지닌다고 하겠다. 즉 이는 후흑의 사회기능론으로서 인간적 가치의 평등성을 선언적인 의미에서만 주장하는 것이 아니라 현실적인 평등 특히 결과적인 평등 이전에 가능으로서의 평등을 위한 사회적 기능이라고 할 수 있다. 사회적 박백의 운명을 타고 나지 못한 절대다수의 흙수저들에게 남아 있는 것은 희망이 전부다. 희망을 현실화시키기 위해서 수많은 박백적 경구들이 난무하지만 현실은 그렇지 않다. 후흑을 통한 생존이 전제되어야 하고, 그러한 바탕 위에 발전이 있고 성공이 있다. 모든 흙수저의 절대 평등이 아니라 후흑 청년 각 개인의 자각과 실천이 전제된 가능성의 평등이 시작되어야함을 의미한다.

이를 실천에 옮기는 과정에서 후흑이야말로 수단이 목적을 정당화시켜주는 예술이다. 목적이 아무리 훌륭해도 그것을 달성하지 않으면 하나의 이상에 그칠 것이기 때문에 수단 역시 목적과 동등하게 중요성을 지녀야 한다. 목적이 훌륭하고 중요하고 이상적일수록 그것은 달성되어야만 할 당위가 있다면 그것은 달성되어야만 된다. 그러한 측면에서 박백을 통한 승리보다는 후흑을 통한 승리의 가능성이 더욱 높기 때문이다. 박백도 때로는 후흑을 필요로 하고 후흑 역시 박백을 필요로 한다는 점에서 상호 보완적으로 공생하고 협력함으로써 목적을 정당화시켜주는 박백적 전략으로서의 후흑을 말한다. 칼자루를 쥔 후에야 고기를 썰든, 악한을 처단하든 간에 일단 칼자루를 쥐고 보아야 한다. 박백을 유지하다가 칼날을 손에 쥐게 되면 칼자루를 쥔 상대의 조그마한 움직임에도 상처를 입게 될 뿐이다. 불평등한 출발선에서 적어도 칼집이라도 잡고 시작하기 위해서 후흑의 과정과 방법을 필요로 한다. 이를 현대생활에 적용해 보면 다음의 의미를 가지고 있다.

## (1) 화가 복이 되고 복이 화가 된다

도덕경에 보면 "화禍 속에 복福이 있고 복福 속에 화禍가 있다"고

했다. 화와 복은 그야말로 동전의 양면으로서 서로 붙어 다니는 양면일 체인 것이다. 따라서 인간의 삶이 유전流轉하는 과정에서 화와 복이 수시로 순환하는 것이 자연의 이치요 우주의 섭리다. 해가 뜰 때가 있으면 질 때가 있는 법이다.

첫째, 성공과 실패는 동전의 양면으로서 "칼로 흥한 자는 칼로 망한다"가 그 대표적인 예다. 전쟁영웅들은 전쟁을 통해서 영웅이 되었으나 전쟁에서 영원한 승자는 있을 수 없다. 전쟁에서 그가 패퇴시킨 적들이 다시 일어나 그를 패배시킴으로써 파멸하고 마는 것이다. 내연의 자식이 있다는 항간의 의심을 받고 물러난 어느 검찰총장은 그가 검찰총장이 되었기 때문에 내연의 자식문제가 불거지게 되었고 그러한 오해의 도마에 오르게 되어 불명예 퇴직을 한 경우이다.

둘째, 이와는 반대로 자기를 패배로 만든 것이 오히려 자기를 성공과 승리로 이끌어 주는 원동력이 된 것이다. 월왕 구천을 보라. 그는 오왕 부차에게 당했기 때문에 그것을 극복함으로써 결국 승리자가 될 수 있었다. 실패한 그것이 바로 성공을 가져다 준 것이다. 이처럼 화와 복은 서로 바뀌어 가면서 화로 인해서 복이 되고 복 그자체로 인해서 화를 당하게 되는 것이다.

노무현 전 대통령은 봉화산 부엉이 바위에서 자살함으로써 비극적인 죽음을 맞이하였다. 가난이 그로 하여금 가난을 벗어나게 하고 출세에 이를 수 있는 고시공부를 하고 판사가 되도록 그를 부추긴 것이다. 바로 화가 복이 된 것이다. 그는 변호사 활동을 하면서 정치에 입문하여 여러 번의 선거에서 고배를 마신다. 서울 종로의 보궐선거에서 승리한 것을 빼면 그는 거의 대부분의 선거에서 패배함으로써 화를 자초하였다. 그러나 그러한 화가 결국 지역주의 타파에 대한 진정성을 믿어준 국민들의 인정을 받아 그는 대통령이 될 수 있었다. 그러나 대통령을 못해먹겠다는 특유의 세련되지 못한 투박한 언어사용에 뒤이어 많은 기득권과 보수파들의 저항에도 불구하고 임기가 끝난 지 일 년 후 자살로 생을 마감하게 되었다. 그가 대통령이 되지 않았다면 그렇게 천수를 누리지 못하는 죽음으로 삶을 마감하지는 않았을 것이다.

이러한 경우는 너무나 많다. 1666년 영국 런던의 한 빵집에서 일어난 대화재로 런던의 2/3가 불에 타 잿더미로 변했으나 도시를 재정비하고, 소방시설을 갖추고 건물을 보다 근대식으로 지으면서 오늘날 런던의 원형을 이룰 수 있었다. 두산그룹의 경우 강물을 오염시킨 페놀사건으로 회사가 위기에 빠졌으나 많은 자원을 들여 이를 개선하고 경영을 쇄신한 까닭에 IMF 국가적 위기에서도 살아남을 수 있었다. 국가적으로는 독일과 일본은 2차 세계대전 전범국으로서 전쟁으로 전국이 폐허가 되었으나 그로 인해 나라를 다시 처음부터 건설할 수 있었다. 한국 역시 한국전쟁의 폐허가 있었기에 전쟁의 폐허 위에 새로운 대한민국을 일으켜 세울 수 있었다. 먼저 무가 되어야 유를 만들 수 있고 화가 복이 될 수 있었던 조건이 된 것이다.

셋째, 전두환은 12·12쿠데타로 권력을 잡음으로써 7년 동안 무소불위의 권력을 행사할 수 있었다. 또한 그의 친구 노태우 전 대통령 역시 친구간의 권력승계라는 특이한 한국적 정치현상을 만들어 내면서 대통령을 지냈지만 그 사실로 인하여 둘 다 감옥에 가는 수모를 겪었다. 광주민주화운동 학살의 주범이라는 무거운 죄로 전직 대통령들이 감옥살이를 해야만 했던 것이다. 대통령이 되었기 때문에 그로 인해서 얻은 다양한 결과가 그들을 결국 감옥생활을 하게 만들었다. 또한 부정축재를 환수하기 위한 국민적 저항과 법의 심판대에 오름으로써 계속적인 비난과 굴욕을 받으면서 살아가다가 죽었다. 이처럼 복 그자체가 오히려 그것 때문에 화가 되는 것이다.

김대중 전 대통령의 경우 호남이라는 불리한 정치적 배경에서 정치를 시작하여 국회의원에 세 번이나 연거푸 떨어지고 강원도에서 보궐선거로 처음 당선되었는데 그 다음날 5.16쿠데타로 국회가 정지되고 해산되어 국회의원직을 수행할 수 없는 불운을 맞이하게 된다. 박정희 대통령의 3선개헌에 맞서 대선을 치룬 후 일본에 망명하는 등 그의 정치역정은 고난과 연속이었다. 내란음모죄로 사형선고를 받고 죽음의 문턱에서 살아나 망명생활를 하였고, 세 번째 낙선에서는 정계은퇴선언을 하여 영국에서 야인으로 지내기도 했으나 결국 대통령에 당선되고 노벨 평화상 수상자가 되었다. 그는 화를 복으로 특히 지독한 화의 구덩이에서 살아나 이를 복으로 만든 장본인이다. 만델라도 역시 이와 유사하다고 할 수 있다. 화 그자체가 복이 되는 것이다. 화를 미워하거나 증오하지 마라. 화가 바로 복의 근원이기 때문이다.

넷째, 후흑학의 요체가 바로 여기에 있다. 아무리 잘나가고 성공의 길에 올라 승승장구하고 있더라도 결코 교만하거나 방심해서는 안 되며, 설령 생의 끝자락, 자살을 앞둔 처절한 절망의 순간에 서 있다 하더라도, 바로 그 절망의 이유가 도리어 다시 성공으로 나아가는 복의 출발점이 될 수 있음을 깊이 깨달아야 한다. 화에 실망하지 않고 복에 즐거워하지 않는 초월적 태도가 필요하다. 화와 복이 동시에 인간에게 왔다가 가는 순환을 반복하는 것이라는 점을 깨닫게 되면 그 안에서 후흑과 박백이 따로 없어 복이 화의 원인이 되고 또 복이 화의 결과가 된다는 중용의 도리를 깨닫게 될 것이다.

## (2) 달도 차면 기울고 기운 달은 또 찬다

즉 사물은 극에 달하면 도리어 거꾸로 된다凡事物極必反. 또한 화불백일권불십년花不百日權不十年이라는 말도 있다. 역시 꽃은 백일을 못 가고 권력은 10년을 못 간다. 이는 화와 복이 동전 양면의 도리와 마찬가지로 영원히 좋거나 영원히 나쁜 것은 없다는 것이다. 인생의 황금기, 풍요와 기쁨이 충만한 시절이라 할지라도, 그 모든 것은 유한하고 덧없기에, 스스로를 자랑하거나 교만에 빠지기보다, 변화무쌍한 운명의 흐름 속에서 언제든 닥쳐올 수 있는 고통과 시련에 대한 내면의 준비를 갖추어야 한다는 통찰을 잊지 말아야 한다.

마찬가지로 지독한 괴로움과 끝이 보이지 않는 절망의 바다에 놓여있을 지라도 희망의 끈을 놓지 않고 계속 버티면서 고통이 끝나기를 기다리는 것이다. 영원한 고통이나 슬픔은 없다. 인간은 망각의 동물이면서 인간을 둘러싼 환경은 세월만큼이나 변하기 때문에 고정된 것은 없다. 보릿고개에서 억지로 먹었던 보리밥이 건강식이 되고 길에서 흔히 보았던 잡초가 약초가 된다. 과학이 발달되고 인간의 의식이 더욱 변하면서 과거의 고정적인 가치 관념이 규정 지워 주었던 지난날의 삶과 가치관이 새롭게 조명되고 빛을 보게 되는 시대적 환경에 살고 있다. 그렇기 때문에 현재의 영광은 곧 지나가고 현재의 고통이 곧 미래의 영광으로 될 수 있는 것이다.

## (3) 비워야 채워질 수 있다

노자는 말한다. 공간이 비워져 있어야 무엇으로 채울 수 있다는 것이다. 과거에는 비울 수 없었다면 이제는 능동적으로 주체적으로 비워라.

첫째, 우리 속담에 부스럼이 결코 내 살이 될 수 없듯이 내 살은 스스로의 피부에서 다시 살아나야하는 것이다. 이는 화 속에서 허우적거리며 인생의 바닥에서 계급의 사다리를 기어오르려는 인생의 낙오자들에게 더욱 필요하다. 그대들이 채웠다고 생각하는 무기들은 이미 성공의 길에 들어선 사람들의 무기에 비해 효용성이 떨어지거나 쓸모가 없는 것으로 판명난 것들이다. 먼저 버려라. 그리고 원점에서 다시 시작하라.

둘째, 아프리카에서 원주민들이 원숭이를 잡는 방법을 본 적이 있다. 야자열매에 원숭이가 손을 펴면 들어갈 만한 정도의 구멍을 뚫어놓고 그 안에 초콜렛을 넣어 두고 이를 줄로 나무에 묶어 놓는 것이다. 호기심에 찬 원숭이가 야자나무 구멍에 손을 넣어 초콜렛을 주먹으로 쥐고 손을 빼내려 해도 손을 뺄 수 없는 방법으로 원숭이를 잡는 방법이다. 구멍에 손을 넣기는 쉬우나 주먹을 쥐고 있어서 손이 안 빠지는 원리를 이용한 것이다. 원주민들이 원숭이를 잡기 위하여 가까이 접근했을 때 원숭이는 초콜렛을 잡은 손을 놓으면 손을 빼고 도망갈 수 있는데 초콜렛을 그대로 움켜쥔 채로 사람들이 오는 것을 보고 소리를 지르며 발버둥 치고 반항하다 결국 잡혀 죽임을 당한다. 성경구절식으로 말하자면 "초콜렛을 놓으라 그리하면 살 것이다." 다시 말하면 "먼저 버려라. 그리하면 얻을 수 있을 것이다"

## (4) 칼과 불의 지혜를 배워라

중용의 철학을 내재화시켜 중용의 실용화로 발전시켜내는 것이다. 이종오는 후흑에 따른 부정적이고 비정통적이며 반주류사조적인 내용에 대해서는 애써 무시했다. 그럼에도 어느 정도 이를 의식하여 중용을 인용하여 '후흑박백병용론厚黑薄白倂用論'을 제시하였다. 즉 왕도와 패도를 섞어 쓰는 '왕패병용王霸竝用'과 유사한 것이다. 이와 같은 후흑 기능론厚黑機能論으로 말하자면 후흑은 칼이나 불과 같아서 잘 사용하면 음식을 만들거나 쓰레기를 소각하지만 잘못 사용하면 집과 재산을 태우고 산림을 황폐화시키며 사람을 죽여 살육의 도구가 될 수 있다. 따라서 후흑의 주체가 후흑과 박백을 시류와 환경에 따라 적절하게 효율적으로 동원할 수 있는 능력을 말하는 것이다.

여기서 후흑을 사용해야할 때에 후흑을 사용하지 않으면 즉 모든 사람들이 옳다고 여기고 지고불변의 주류적 가치인 박백을 추구함에도 불구하고 결정적인 패망으로 이끌 수 있음을 말한 것이다. 같은 물도 독과 젖을 만들 듯 같은 후흑도 유방이 사용하면 자기를 보전하고 나라를 세우고 항우가 사용하면 스스로를 망치고 나라를 잃게 되는 것이다. 반대로 박백을 사용해야할 때 박백을 사용하지 않으면 그야말로 만인대 만인의 투쟁의 세계가 전개되며, 이로써 인간은 원시시대로 돌아가 정글의 법칙이 난무하는 동물의 세계로 접어든다.

도둑질을 개창한 도척盜跖도 박백을 실천할 수 있다. 즉 훔친 물건을 부하들에게 나누어주는 것을 인仁이라고 했다. 공자도 후흑을 범할 수도 있다. 공자는 제자 자로가 밥이 익었는가 확인하려고 밥을 손가락으로 몇 알 집어 먹은 것을 보고 그가 배가 고파서 먼저 밥을 먹으려고 했다고 오해하기도 하였다. 후흑과 박백은 환경의 변화 즉 시대의 진전과 개인이 처한 상황에 따라 기능적으로 동원되고, 그 결과 생산적으로 작용하고, 창조적인 결과를 이룩해내야 하는 당위가 있다.

## (5) 비동시성의 동시성

기성세대와 신세대가 서로 다른 가치관과 사고방식을 가지고 있어 동시대에 살고 있으면서도 전혀 동시대인답지 않게 서로 다른 가치관과 행동하는 것을 말한다. 같은 비행기 안에서 우리와 다른 외국 사람이 일등석에 앉아 있는 것과 내가 일반석에 앉아 있는 것의 차이일 뿐이다. 이것이 현실이다. 마찬가지로 후흑을 선택해야하는 청년 후흑도와 그럴 필요가 없이 순탄하게 자기 삶을 잘 살아갈 수 있는 청년 박백도들의 공존이야말로 비동시성의 동시성이다.

이는 앞서 말한 태극의 두 축 음과 양이 하나의 원에 공존하면서 서로가 영향을 미치는 것과 같다. 이 둘 사이에 엄격한 의미에서 선과 악은 없다. 옳고 그름도 없다. 단지 차이가 있다면 주어진 상황에서 후흑과 박백을 정의하는 기준이 무엇인가 뿐이다. 그리고 환경이 모든 것을 바꾸어 줄 뿐이다. 끊임없이 변화되는 환경을 통하여 비동시성의 각기 다른 주체들이 동시성의 시간과 공간에서 상호작용할 뿐이다. 여기서 음이 양이 되고 양이 음이 되는 환경의 변화가 작용한다. 즉 후흑이 박백이 되고, 박백이 후흑이 되는 역할의 상호작용 내지는 박백과 후흑의 교차적 순환을 말한다고 할 수 있다. 후흑과 박백은 각기 작용하면서도 환경과 목적에 따라 수단이 목적이 되고, 목적이 수단이 되기도 하는 것이다.

## (6) 미운 오리새끼의 교훈

원래 우리는 하늘을 비상하는 백조로 태어났는지도 모른다. 그런데 아직 백조임이 밝혀지지 않아 이렇게 병아리들 사이에서 미움을 받고 살아가고 있는 것이다. 모든 이익에서 배제되어 기본적인 권리도 누리지 못하고 모든 인간적인 즐거움에서 배제된 채 불안한 미래에 근심하고 출구 없는 터널에 갇혀 때로는 자신을 잃어버리는 자기비하에 젖어 모든 것을 포기하고 싶어하는 절망적인 상태로 살아가고 있는 것이다. 이제 미운 오리새끼는 하늘을 나는 기러기를 보고 무언가 날고자 하는 어떤 참을 수 없는 욕망으로 인하여 날개짓을 펴자 마침내 날게 되었다. 그리고 백조의 왕이 되었다.

첫째, 우리는 아직 사회의 주류사회에 진입하지 못하고 그것도 낙오자로 떨어지지 않을까 불안해 하지만 사실 우리는 병아리라는 주류사회에서 환영받지 못하는 미운 오리새끼라는 자각을 해야 한다. 그러나 우리는 백조의 왕으로 태어났기 때문에 병아리들 틈에서 괄시받고 무시당하고 상처를 입는다고 해서 우리가 백조라는 사실은 변함이 없다. 병아리들에게 치이고 휘둘려서 우리의 자아를 잃어버리고 포기하면 기러기가 나는 모습을 볼 수가 없다. 기러기가 나는 모습을 보아도 날고 싶다는 욕망이 생기지 않는다. 희망의 끈을 놓지 않고 병아리들과 떨어져 사색하는 시간을 보내면서 스스로를 관찰해야 한다. 그리고 어젠가는 날 것이라는 자명한 사실에 희망을 가지고 날개 짓을 하면서 비상을 준비하는 것이다. 닭의 새끼로 정통적으로 태어나 닭의 보살핌으로 자란 병아리들은 같은 날개를 가지고 있지만 그들은 홰를 쳐도 날 수 가 없다. 그들의 날개는 나뭇가지나 오를 수 있지만, 그대들은 날기만 하면 백조의 왕이 될 수 있는 것이다. 비상을 꿈꿔라. 비상을 준비해라. 부지런히 비상을 위하여 한번 홰를 쳐보라. 날아오름을 느낄 수 있을 것이다.

둘째, 독일의 유명한 문호 헤르만 헤세는 학교에서 도망쳐 나와 제적을 당하는 고통을 겪었지만, 그는 학교생활에 적응하지 못한 채 교사와 동급생들로부터 소외감을 느끼며 힘든 시간을 보냈다. 훗날 이 경험을 책으로 써낸 것이 『데미안』이다. 아인슈타인도 학교생활에 적응하지 못해서 학교 수업을 제대로 받지 못해서 졸업장이 없는 졸업을 했으나 공과대학에 진학해서 그 유명한 빛의 이론을 착상하게 된다. 윈스턴 처칠이 낙제생이라고 말하지만 그는 라틴어에서 낙제를 받아 유급을 했지만, 그동안 영어를 더욱 갈고 다듬어 그는 2차 세계대전을 승리로 이끈 회고록을 집필하였는데 그로 인해 노벨 평화상이 아니라 노벨 문학상을 받았다. 마오쩌둥은 창사長沙 후난 사범학교 시절 수학에서 0점을 받았다. 그러나 작문에서는 110점을 받았다. 너무나 빼어난 문장실력에 스승이 100점 만점에 10을 더 추가한 것이다. 물론 성적 계산에는 100점으로 계산되었지만. 훗날 중국공산당의 필독서인 마오쩌둥의 『모순론』, 『신민주주의론』, 『실천론』, 『통일전선론』 등이 그의 저작이다.

셋째, 그리스의 유명한 디모스테네스는 어릴 때부터 말더듬이였다. 그러나 이를 교정하는 과정에서 그리스 최고의 웅변가가 되었다. 이처럼 미운 오리 새끼들이 날개를 펼치자 백조의 왕이 된 것이다. 지금 왕따 당하는 느낌 그리고 사회에 적응하지 못하는 경험 그리고 남들보다 뒤쳐지는 느낌에 좌절하고 의기소침해하지 마라 그대들은 아직 날지 못하여 아직은 병아리들에게 미움 받는 오리 새끼에 불과하다는 생각으로 꿈을 가져라.

성경에 보면 "사람들에게 버려진 돌이 교회의 머릿돌이 되었다"는 대목이 있다. 이는 예수가 스스로 빗대서 말한 것으로서 그는 유대인들과 로마인들에게서 박해와 핍박을 받지만 결국 십자가 부활사건으로 인하여 세상의 빛이 된다는 말로 표현한 것이다. 이는 청년 후흑도에게도 해당되는 말이다. 미운 오리새끼에서 보듯이 그리고 아직은 무슨 꽃으로 피어날지 모르는 잡초와 같은 상태에서 그리고 어느 바다로 흘러갈지 모르는 시냇물처럼 아니 가장 거대한 삼나무 씨앗인지 아니면 채송화 씨앗인지 성경에서 말하는 겨자씨인지 모르는 씨앗의 상태에 있는 청년 후흑도들은 그 발전 가능성이 무한하게 열려 있다.

넷째, 표모반신漂母飯信, 일반천금一飯千金 고사의 주인공 한신韓信이 빨래터에서 동네 아주머니에게 밥을 얻어먹으면서 빌어먹는 생활을 하고 있을 때 누구도 그가 나중에 한나라 대장군이자 제나라의 제왕이 될 것이라고 예상하지 못했다. 한신이 계속 밥을 얻어먹기 미안하여 나중에 이 은혜를 꼭 갚겠다고 동네 아낙에게 말했을 때 그 아낙은 전혀 기대하지도 않으면서 그런 생각이나 하지 말고 어디서 떳떳하게 먹고 살 길을 찾아보라고 충고를 잊지 않는다. 『육도삼략』의 저자이자 백가종사百家宗師로 칭해지는 강태공은 먹을거리가 없는데도 개울가에 앉아 미끼가 없는 낚싯대만 드리우고 있었다. 이를 견디다 못한 그의 처는 마침내 그의 곁을 떠나고 만다. 훗날 도망간 그의 부인이 재상이 되어 행차하는 태공망을 보고 그를 찾아와 용서를 빌었을 때 엎어진 물은 다시 담을 수 없다는 복수불반覆水不盤이라는 교훈을 주면서 그녀를 쫓아냈다. 고기를 낚아 생계조차 연명하지 못한 강태공은 그의 부인조차 경멸하여 떠나갔지만, 훗날 주 무왕은 강태공을 제나라 땅 제후로 봉했다.

다섯째, 우리 모두는 남에게 버려진 길거리의 돌이어서 이리저리 차이고 하면서 여기저기 굴러다니는 돌에 불과할지라도 언젠가는 교회의 머릿돌이 될 가능성을 지니고 있다. 아니 정부청사의 머릿돌이나 예술회관이나 공연장 그리고 대학 강당이나 국회의사당의 머릿돌이 될 것이다. 아니 후흑을 통하여 중요한 건물에 머릿돌이 될 청년 후흑도들이 아직 세상의 인정을 받지 못하고 사회의 주변부에서 멸시와 무시를 당하면서 남에게 동정을 사고 있는지도 모른다. 한 가지 분명한 것은 머릿돌이기 때문에 그리고 머릿돌이 되기 위하여 삶에 부대끼며 그날의 입성을 기다리고 있는 우리가 있음을 자각해야 한다.

## (7) 물은 아래로 흐른다

물의 흐름에 맡겨라. 노자는 "이 세상의 모든 만물 가운데 물보다 연약한 것은 없으며, 또한 강한 강적을 공격하는데 물을 능가할 수 있는 것도 없다"고 하였다.

첫째, 물은 조그마한 수원에서 발원하여 작은 호수를 이루다가 강을 거쳐 바다에 이른다. 이는 중국에서 천하를 개국하고 새로운 왕조를 연 사람들 가운데 유방, 명태조 주원장, 손문, 마오쩌둥 등이 이에 해당된다고 하겠다. 이들은 각자 초라한 개인으로 태어나 주어진 시대적 상황에서 분연히 일어나 마침내 중국사에 커다란 족적을 남긴 인물들이라고 할 수 있다.

물은 흘러가다가 장애물을 만나면 피해서가거나, 기다렸다가 웅덩이를 채우고 나서 가거나 아니면 낮은 자세로 나무 밑을 통과해 가거나 하면서 계속 흘러갈 뿐이다. 그 과정에서 골짜기의 물도 받아들이고, 방금 내린 빗물도 환영하면서, 흙탕물도 거부하지 않고 포용하면서 같이 아래로 흘러간다. 목적을 향해 가는 과정에서 장애물이 나타나면 맞서지 않고 피하고, 때가 아니면 웅덩이에서 기다렸다가, 마음 맞는 친구와 연인 동지 및 선후배를 만나서 그들과 함께 하면서 힘을 키우고 그러다가 나쁜 친구나 적을 만나면 그들을 동지로 규합하면서 계속 길을 가는 것이다. 중간에 길을 크게 가로 막으면 폭포가 되어 내리 치면서 웅장함과 커다란 굉음 그리고 소용돌이를 일으켜 물보라를 일으키다가 다시 잠잠하게 흐르는 것이다. 당연한 일 그리고 결정적으로 나의 앞길을 막는 저항세력이나 인물들에 대해서는 강하게 맞서 싸우고 부딪히는 것이다. 지금까지 기다리고 참고 피해가는 것에서 벗어나 이제는 드디어 그동안 지니고 있고 더불어 같이 해온 동지들과 우군들과 힘을 합해 강한 적에 맞서 싸워 이기는 것이다. 그리고나서 아무 일도 없었다는 듯이 바다로 합류해 들어가 그 어떤 흔적이나 자취도 남기지 않는 것이다.

둘째, 물을 담는 용기의 모양이 변해도 물 자체의 속성은 변하지 않는다. 그 뿐만 아니라 수증기로, 눈으로, 비로, 이슬 등으로 그 형태는 변해도 물은 물이다. 마찬가지로 상황이 바뀌면 그에 따라 형태는 변해도 성질은 바뀌지 않으며 더욱 급격한 환경에서는 변신 내지는 변면과 변심까지도 포함하여 일시적으로 적응하여 다음을 기다리는 것이다. 겨울에 눈으로 내려 추운겨울을 눈과 얼음으로 지내다가 봄을 기다려 강물로 흘러가듯이 말이다.

셋째, 뭔가 2% 부족하다. 물은 100℃가 되어야 끓는다. 물은 1℃만 부족해도 끓지 않기 때문이다. 수많은 사람들이 죽도록 노력을 했는데 성공하지 못했다고 말한다. 그리고 최선을 다했다고 자신 있게 말하는데도 계속 실패를 한다. 최선이라는 단어가 남용되고 있다. 아무리 최선을 다해도 99°C까지 최선을 다한다고 해도 물은 끓어오르지 않는다. 100°C가 되어 한다. 바로 마지막 1°C의 노력, 최후의 1°C의 차이로 인해 실패하는 사람들이 얼마나 많은가. 최선을 다했다고 그리고 모든 노력을 다하고 있다는 사람들이 가슴에 새겨야할 것은 바로 100°C까지 도달했느냐에 있으며 마지막 1°C에서 승부가 갈라진다는 점을 기억하는 것이다. 참으로 99%의 사람들이 99°C까지만 가서 그것이 100°C에 이르렀다고 생각함으로써 실패하고 마는 것이다.

때로는 영웅과 역적, 성공과 실패, 승리와 패배 등을 가르는 것은 바로 이 1°C에 의해서 판가름 난다. 최고의 경지에 이른 사람끼리의 경쟁과 투쟁은 이미 99°C에까지 이르렀으나 마지막 1°C를 누가 도달하느냐 아니면 그에 도달해 있느냐에 의해 판가름 나기 때문이다. 어쩌면 운명이 그에게 이롭지 못해서 아니면 그는 그가 선택한 길이 그와 맞지 않아서 아무리 노력해도 99°C까지 밖에 이르지 못하는 한계를 가지고 인생의 승부를 걸고 있는지도 모른다. 그래도 마지막 최선을 다하여 1°C의 차이에 도전하라. 물이 곧 끓을 것이다.

## (8) 인과법칙을 이해하기

불교의 연기론緣起論에 따르면 어떤 결과는 그것을 일으키게 된 선행된 행위 또는 업에 의해서 그러한 결과가 발생했다는 것이다. 즉 어떤 사물의 결과는 단독으로 일어나는 것이 아니라 상호작용에 의해서 발생하는데 그것은 운동이나 결과를 일으킨 원인이나 에너지에 의한 결과로서 일어난다는 것이다.

첫째, 크게 이야기 하자면 이는 삶의 승리자와 패배자 모두에게 해당

되는 말이다. 승리자는 그의 이전의 행동이나 말 또는 사상이나 실력의 긍정적인 작용의 결과가 성공으로 결과된 것이고, 패배자는 부족한 실력과 불공정한 출발, 그리고 불행한 운명이 겹쳐서 불가항력적으로 실패의 길로 들어설 수밖에 없다. 이는 과거의 행위와 노력 그리고 때로는 운수까지를 포함해서 현재의 삶을 결과하는 원인으로 작용하였기 때문이라고 할 수 없다. 이 또한 가진자들의 궤변이요 패배자들의 자기합리화이다. 후흑의 기준에서 보면 그 상반된 인생의 결과의 긍정적인 과정과 부정적인 과정에서 승리와 패배를 구분 짓게 한 후흑의 기능이 어떠했는가에 달려있다고 하겠다. 즉 승리자들은 성공을 위하여 노골적인 후흑을 동원한 결과이며 패배한 자들은 최소한의 후흑마저도 동원할 수 없는 환경의 산물이라고 할 수 있다. 아니면 단지 생존의 단계에 머무르면서 후흑이 무엇인지 알지도 못하는 지경에 처해 있을 수도 있다.

둘째, 인과론의 일반적인 경험은 복권에 당첨되거나 사립유치원 추첨에 뽑히는 것과 같은 우연한 행운이 아니라 합격자 발표나 신춘문예의 당선을 기다리는 것과 같은 것이다. 당선되었다면 그대들의 노력을 통해 입증된 실력의 결과라는 연기이며 실패는 그러한 노력에도 불구하고 100℃에 1℃ 부족한 99℃에 머물러 있는 실력의 결과라고 냉철하게 인정해야 한다.

이러한 인과법칙은 너무나 판에 박힌 인과론이다. 진정한 인과론은 인간관계에서 나타난다. 즉 전화나 편지 그리고 이메일이나 카톡에서 전해지는 소식들에 의해 그대들의 연기론이 진정으로 발현된다. 절망에 빠져 있을 때, 그리고 누군가의 도움이 필요할 때, 그리고 한 바가지의 마중물이 없어서 좌절하는 사람들이 많다. 상당히 괜찮은 것을 개발해 놓고도 그것을 실용화시키지 못하고, 그것을 대기업에 뺏기거나 헐값에 넘겨주는 사람들이 그 대표적인 예다. 과거의 그대들의 한 행동과 인간관계, 남에게 은혜를 베풀거나 원한을 사거나, 아니면 타인에게 보여준 모습들과 타인이 그대들에게 가지고 있는 인상이나 선입관 등 모든 것이 작용해서 그것이 집에 날아든 카드정지나 합격통지서, 또는 휴대폰의 문자로 전해지는 절교문자나 아니면 중요한 만남을 제의하는 만남요청, 무엇을 같이 도모하고 만들어 보자는 제안이나 자문을 구하려는 요청 등이 인과의 법칙 또는 연기법에 의해서 현실로 나타나는 현상이다.

셋째, 업業이나 카르마(karma)가 만들어내는 연기緣起는 너무나 모호하고 불분명하여 자의적인 해석에 머무를 수 있다. 그러나 행위에 의한 연기는 그 인과론이라는 냉엄한 법칙에 의해 작동한다는 사실을 인식하고 현재의 인因이 어떠한 과果로 나타날지는 지금에 달려 있다. 그래서 인과론을 주장하는 불교는 과거나 미래를 논하기보다는 바로 지금 즉 미래의 과를 만들어 내고 미래의 과의 원인이 되는 현재에 초점을 두어 말과 행위와 생각을 조심스럽게 그리고 성실하게 하라는 지침을 주는 것이다.

### (9) 재해석의 문제

바이블이나 코란 또는 불경 등의 절대적인 말씀들도 그것을 받아들이고 현실에서 살아갈 때마다 그것에 대한 재해석의 문제가 대두된다. 원전原典 또는 사람의 말은 하나지만 그것을 어떻게 재해석하느냐는 전적으로 그것을 재해석하는 당사자에 달려 있다. 같은 말이나 사건이라도 어느 특정한 사람이 해석하면 마치 정수기처럼 모든 것이 걸러지고 보다 맑은 물로 재생되지만 반대로 아무리 좋은 말이나 선한 행위도 불순한 의도를 지닌 인간이 해석하면 간신의 말이 되어 가정과 국가를 망치는 독이 된다. 거기에는 물이 있을 뿐이지 독과 젖이 따로 없다. 원전은 물이기 때문이다. 물을 독과 젖으로 재해석 해내는 '나 자신'이라는 자아와 존재가 있을 뿐 양과 젖을 따로 구분할 필요가 없다. 적어도 독이 필요한 곳에는 독을 만들고 젖이 필요한곳에는 젖을 만드는 탄력적 재해석을 할 수 있는 능력이 필요하다.

잘못된 재해석은 사이비 종교를 만들어 내고, 종교적 광신도와 정치적 대학살을 낳기도 한다. 암호의 해독이 아니라 해독된 암호를 상황에 맞게 적용하는 것만큼 이나 재해석은 중요하다. 친구 사이를 오해하게 만들고 혼자 남을 미워하고 사랑하며 자기의 성안에 갇혀서 세상과 담을 쌓게 되기도 한다. 재해석이 박백의 가치를 이루게 되면 모든 불신과 원망 그리고 편견과 질투 등이 사랑과 존경으로 변하게 될 수도 있다. 그러한 것들을 박백으로 만들어 내는 재해석의 능력은 어렵고 힘들며 극히 드물다. 잘못된 재해석은 결국 후흑을 범죄자나 뒷골목 건달들의 정의나 술수로 전락시킬 뿐이다. 후흑을 어떻게 시대와 환경 및 목적에 따라 생산적으로 창조적으로 재해석해 내느냐에 따라 후흑은 박백을 뛰어넘는 또 다른 차원의 원전이 될 것이다. 마치 어둠이 빛을 만들어 내듯이.

## (10) 진주는 조개의 상처

후흑의 도는 진주와 같다. 가슴에 상처를 안고 살아가면서 그것을 극복해 냄으로써 상처가 진주가 되는 것이 후흑의 도이다. 원하지 않는 모래와 이물질이 조개의 속살을 후비고 들어와 처음에는 아파하고 그것을 밀어내려고 애쓰는 과정에서 결국 그 마저 몸의 일부로 삼고 부딪겨 살다가 진주를 만들어 내는 것이다.

아직 사회에 진입하기 전부터 자신도 모르는 상처를 가지고 사회생활을 시작하게 되는 것이 우리라고 할 수 있다. 노력하지 않아도 박백이 주류인 사회에 살면서 걱정하지 않아도 미래가 보장된 극히 일부분의 선택된 5%의 금수저들은 진주를 키울 필요가 없다. 이미 진주를 목에 두르고 태어나 살고 있기 때문이다. 그러나 생존을 위하여 몸부림치며 걱정과 한숨을 달고 사는 95%의 후흑을 필요로 하는 청년들은 누구나 가슴에 상처를 통한 진주를 하나쯤은 키우고 있다. 이것을 진주로 키우지 못하면 암이나 종기 덩어리가 된다. 맹수들은 상처를 혀로 핥으면서 스스로를 위로하며 상처를 치유한다. 그것은 다른 누가 치료해주는 것이 아니라 스스로가 그것을 핥고 어르고 매만지면서 치유할 때 비로소 상처가 치유되면서 마음의 진주가 하나씩 생기는 것이다. 이것이 바로 후흑의 승화라고 할 수 있다. 성공한 자식들을 보는 부모에게서 성공한 자식은 가슴에 키운 근심덩어리가 진주로 탄생한 것이다.

# 제4장

# 후흑의 술법과 전략

이종오는 후흑학 석 자는 『도덕경』세 글자와 대구對句를 이룬다고 하여 그의 후흑학의 요체가 상당 부분 노자의 철학에서 비롯되었음을 밝히고 있다. 『도덕경』, 『한비자』, 『손자병법』 등이 그 바탕이 되어 후흑학의 요체를 도道와 술術 두 가지의 결합으로 제시했다. 즉 실체는 도가적이고 그 방법은 병법과 전술이다. 이러한 두 가지의 근원은 바로 노자의 도덕경이 나오는 물의 철학이다.

이종오는 과감히 말한다. "두꺼운 낯가죽과 시커먼 속마음을 발휘할 때 겉으로는 반드시 인의도덕仁義道德이란 탈을 뒤집어쓰면서 후흑을 적나라하게 드러내지는 말라." 이는 후흑은 겉으로 드러내놓고 실천하거나 실행할 것이 아니라 그것을 속으로 지니고 있고 아무도 모르게 실천해야 하는 것이며 이를 실천할 때에는 일단 겉으로는 인의도덕을 말하고 그러한 가치를 더욱 강조하라는 의미다. 이종오의 이러한 말은 몇 가지 의미가 있다. 즉 후흑을 행함에 있어 겉으로 드러내고 하게 되면 남들이 경계하여 그 실효를 거둘 수 없게 될 우려가 있다. 또 다른 하나는 기존의 주류적 가치는 모두 겉으로 인의도덕을 중시하기 때문에 그와 반대되는 후흑을 주장하거나 실천을 하게 되면 세간의 반감이나 비난을 받을 우려가 있다. 따라서 인의도덕이라는 기존의 도덕율과 주류적 가치를 따르는 것처럼 하면서 실제적으로는 개인이 주어진 환경에서 후흑을 필요로 하는 경우가 생기거나 그를 통해서 개인의 생존과 발전이 담보될 수 잇는 상황이라면 조용히 그리고 아무도 모르게 이를 적용하라는 의미라고 보면 될 것이다.

# 1. 후흑술의 전략적 원칙과 그 전제들

앞서 살펴보았듯이, 자연과 우주, 그리고 생물계의 흐름은 점차 후흑을 요구하는 방향으로 그 환경과 조건이 변화하며 순환해 간다. 따라서 후흑은 박백과 동일한 가치로서 박백은 목적이요 후흑은 방법으로서 상호 보완작용을 하면서 개인과 사회를 더욱 보다 완전한 모습으로 완성하는 수레의 두 바퀴라고 할 수 있다. 따라서 후흑을 덜 사용할수록, 사회나 조직, 집단은 보다 건강하고 바람직한 방향으로 나아갈 수 있고 그렇지 않을수록 덜 건강한 것이라고 할 수 있다. 그럼에도 불구하고 후흑은 어디에서나 존재하며 그 사용이 불가피한 후흑을 포함해서 그리고 실패하는 박백까지 모두 후흑을 필요로 한다는 데는 이견이 없다.

후흑술의 특징은 박백을 주장하고 박백이라는 가치로 인해서 무의미하게 희생되는 소모품이 되는 것이 아니라 사회와 역사의 주체로서 보다 큰 대의명분과 가치를 달성하기 위하여 당대사회에서 권장되거나 찬양되는 사회의 주류적 가치를 버리고 현실적으로 인간의 본성과 사회에 내재해 있는 생존과 발전의 처세술을 동원하여 박백을 뛰어넘는 성공을 이룩하는 전략 내지 전술이라고 정의할 수 있다.

후흑술의 출발점은 ①이익을 중심으로 전개되는 인간 및 사회관계, ②이익을 극대화하고 손해를 극소화시키기 위한 이해타산, ③이해타산의 치밀한 계산을 효율적으로 실천에 옮김으로써 원하던 결과를 산출하는 전략의 궁극적인 조합이다. 이는 특수한 상황에서 개인이 지닌 장점을 극대화시키는 것이며, 상대방과의 생존경쟁에서 효율적인 생존의 법칙을 찾아내는 것이며, 상대의 힘과 자신의 불균형관계에서 역학관계를 조정하는 것이며, 때로는 재수에 의해서 결정되거나 또는 운명에 맡기는 순천자順天者의 태도로 임하는 것이다. 거기에는 무수한 실패 속에서 터득한 생존의 비밀을 스스로 체득해 나가고, 드물게 이룩한 작은 성공들을 축적시켜 또 다른 상황에서 이를 개인의 능력으로 보다 발전시켜 나가며, 때로는 결정적인 순간 또는 상황에서 후흑을 동원함으로써 개인적, 사회적 역사적 승리를 획득하는 것이다.

다음에서 말하는 후흑의 전략은 기본적으로 삶의 과정에서 이미 입증된 방식 중, 우선 성공에 유용한 것으로 어느 정도 검증된 작은 지혜에서 시작하여, 내면화할 수 있는 규율에 이르기까지 포괄적으로 제시된 것이다. 이것은 지켜야할 규율이 아니라 이것을 내재화시킬 수 있는 능력을 지닌 자들에게는 유용한 지침이 될 것이고 이를 인식하고 그것을 실천하려는 자들에게는 훌륭한 도구가 될 것이다. 이는 후흑의 준비단계이자 내공을 쌓는 지혜이며, 후흑으로 인의도덕의 미진한 점을 보충해 주는 전략적 지침이라고 해야 할 것이다. 후흑의 동원은 다음의 몇 가지를 전제로 한다.

## (1) 후흑은 박백의 보조수단

박백이 문제해결이나 불리한 현상의 타개에 도움이 되지 못하고 오히려 박백으로 인하여 문제가 더욱 복잡해지는 상황과 환경에서는 결국 후흑이 그 대안이 될 수 있다. 따라서 후흑술은 그것을 사용하지 않으면 안되는 상황에서만 동원이 되어야 한다. 실패와 파멸로 치닫고 있는 상황에서 박백의 가치에 매몰되어 주저하거나 후흑의 카드를 동원하지 못하여 패망하는 경우 이는 박백과 후흑의 양면에서 동시에 실패를 맞게 되는 것이다. 패자는 말이 없을 뿐만 아니라 박백을 지키려다 패배했다는 말은 더욱 박백을 욕되게 하는 것이다.

박백은 무능을 의미하는 것이 아니며, 무능한 박백보다는 유능하고

126

효율적인 후흑을 동원하여 일단 실패를 피하는 것이 중요하다. 따라서 박백으로 해결할 수 없는 특수한 상황이나, 오로지 후흑만으로 해결 가능한 문제적 상황에서는 후흑을 동원하여 위기를 넘기며, 전력을 재정비할 시간을 확보해야 한다. 그렇기 때문에 후흑의 빈번한 사용은 후흑의 가치와 질을 떨어트리고 그로 인하여 주변의 사람들로부터 불신과 멸시를 받아 고립될 수 있고 때로는 무수한 적을 만들게 된다. 저급한 생존은 빈번한 후흑을 필요로 하며 고등의 생존은 박백의 보조수단으로서 후흑이 동원된다는 차이가 있다.

## (2) 후흑술의 기본은 생존

진화론에서는 동물의 진화 과정을 '생존 전략'과 '발전 전략'이라는 두 축으로 나누어 이해한다. 후흑은 '생존전략'의 필요에 의해서 먼저 다루어져야 한다. 모든 살아 있는 생물들에게 있어서 생존은 기본이다. 일단 생존을 유지한 후라야 발전과 성공이 있는 것이다. 따라서 생물에게 있어서는 모든 가치 가운데 생존의 가치가 모든 것에 우선한다고 할 수 있다. 그렇기 때문에 생존을 위하여 동원되거나 동원될 수밖에 없는 후흑술은 그 자체로서 정당성을 지닌다고 하겠다. 정당방위가 여기에 속하며 인내가 그러하며, 때로는 배신을 통한 자기생존이 그러하다. 즉 선택의 여지가 없는 극한상황에서 자기의 생존과 집단 및 조직의 생존을 담보하기 위한 마지막 선택이 후흑인 경우에는 그 자체로서 어느 정도의 도덕적 정당성을 확보할 수 있다는 의미이다.

## (3) 후흑술의 동원 및 사용의 결과

자신 및 상대방에 대한 희생이 극소화되어야 한다. 커다란 상처를 입은 승리는 진정한 승리가 아니듯이 오히려 희생과 상처를 극소화하기 위하여 후흑술이 전략으로 채택되고 동원되어야 한다. 손자병법에서 말하듯이 싸우지 않고 굴복시키는 것이 최상이다不戰而屈人之兵, 善之善者也. 마찬가지로 박백을 사용하여 목적을 이루는 것이 최선이며 후흑을 사용함으로써 얻어진 승리나 긍정적인 결과는 차선에 불과하다. 그러나 최선은 드물고 이상적이며 천시天時와 지리地利, 그리고 인화人和가 맞아 떨어질 때나 가능한 것이기 때문에 인간사에 있어서 후흑을 통한 차선이 보편적이고 다반사라고 할 수 있다.

## 2. 후흑의 3단계

후흑술은 그것을 동원하는 주체자가 처한 환경과 목적에 따라 세 단계로 구분될 수 있다. 그것이 동원되고 발휘되기 위해서는 ①환경 ②행위자 ③후흑의 목적 이 삼자 간의 역학관계에 의해서 후흑이 예술이 되거나 아니면 저질의 술수가 되는 가를 결정짓는 중요 요인이 된다. 이 세 요소 간의 조화의 정도에 따라 후흑술이 후흑의 도를 넘어 박백의 세계를 열 수 있게 되는 것이다.

이종오가 말한 후흑의 1단계는 후여성장厚如城墻 흑여매탄黑如煤炭의 단계다. 낯가죽이 성벽처럼 두껍고 속마음이 석탄 덩어리처럼 까만 단계다. 이 수준의 후흑은 노골적이고 야만적이고 치졸한 단계의 낮은 술수로서 우리가 사회에서 비난하는 각종 모든 저급하고도 이기적인 단계가 여기에 해당된다. 그러나 이는 생존하기 위해서 약자가 동원할 수 있는 마지막 저항이며 법률적으로 정당방위에 해당되는 단계라고도 할 수 있다. 때로는 어쩔 수 없는 개인적 양심의 위배가 여기에 속한다.

동물계의 자기방어와 생존에 필요한 각종의 전략과 전술이 여기에 포함된다. 이는 스스로가 소인임을 자처하고 미래에 대한 비전과는 상관없이 단지 자신만을 위한 이기적 행동으로서 타인을 희생시킴으로써 자신을 보존할 수 있는 극단적 방법들을 포함하는 것이 보통이다. 그러나 범죄인의 경우에는 후흑이 아니며 후흑은 합법적이면서 자기보호를 위한 최소한의 공격적 방어라고 할 수 있다.

1단계의 후흑이야말로 주로 사회의 박백론자들이 후흑을 몰염치하며 전체사회의 도덕의 질을 떨어트리는 저급한 행위라고 비난하는 그런 것들이다. 그럼에도 불구하고 1단계의 후흑이 가장 중요한 후흑이라고 말 할 수 있는 것은 1단계의 후흑이야말로 생존을 위하여 행하는 정당방위적 후흑으로서 그것이 없으면 존재할 수 없는 최후의 방어기제로서 동원되는 후흑이기 때문이다. 따라서 이를 비난할 자격이 있는 사람들은 직접 1차적 후흑의 피해 당사자들이다. 여타의 3자들은 남의 일에 그리고 타인의 생존이 걸린 문제에 그들과 상관없는 사회의 도덕과 윤리적 잣대를 들이대며 1차 후흑을 비난할 권리는 없다.

후흑의 2단계는 후이경厚而硬흑이량黑而亮의 단계다. 낯가죽이 두껍고 딱딱하고 속마음이 검으면서도 밝은 단계다. 이는 발전과 성공을 위한 후흑이며 보다 승화된 후흑이다. 대등한 실력을 가진 자들 간의 경쟁이나, 서로 경쟁하는 개인이나 집단에 대해 동원되는 단계의 후흑이다. 이는 가장 보편적이고 일반적인 단계라 할 수 있다.

1단계 후흑은 극한 상황에서 동원되는 후흑이기 때문에 겉으로 드러나기 쉽고 때로는 모든 사람들이 그 사용을 인지할 수 있다는 특징을 지님에 비하여 2단계 후흑은 너무나 광범위하고 은밀하게 이루어지기 때문에 남이 그러한 후흑의 행사를 알기 어렵고 알아도 합법적인 범위

내에서 치밀하게 이루어진다는 특징이 있다.

감춰진 2단계 후흑은 개인의 능력과 동원할 수 있는 자원의 역량으로 평가되며, 2단계 후흑이 드러난 경우, 이들은 검찰의 수사를 받거나 언론에 화자되는 파렴치한 인물로 나타난다. 2단계 후흑은 기존 주류사회의 법과 사회도덕적 질서, 그리고 기득권층의 정의 개념 내에서 합법적으로 이루어지며, 1단계 후흑, 은닉된 후흑, 때로는 노골적 후흑까지 모두 포함하는 단계라고 할 수 있다.

인생의 승부는 2단계 후흑에서 결정되며 모든 성공한 사람들은 외부적으로는 박백의 기치를 높이 들고 박백과 합법을 동시에 동원하지만 내부적으로는 그들의 필요에 따라 그리고 자신의 발전과 성공을 위하여 후흑으로서의 탈법 내지는 편법까지를 동원하여 마침내 성공에 이른 인물들이라고 해도 과언이 아니다. 이들에게 법은 때로는 거미줄이어서 잡범들은 날파리나 하루살이처럼 거미줄에 걸리지만 참새는 거미줄을 찢어 버리고 오히려 거미줄에 걸린 곤충들을 빼앗아 먹는 힘의 후흑을 동원한다.

3단계는 후이무형厚而無形 흑이무색黑而無色의 단계다. 중국말에 난득호도難得糊塗라는 말이 있다. 자신의 실력이나 총명함을 감추고 어수룩하게 행동하기 어렵다는 의미다. 총명함을 갖추면서도 어리숙한 모습을 유지하는 사람은 드문 편이다. 혹자는 스스로를 현명하다 말하지만, 실제로 뛰어나면서도 어리숙하게 행동하는 사람은 극히 드물다. 이는 극히 발견하기 어려운 극치의 경지로서 노자의 도의 극치에서 유래한 개념이라고 할 수 있다.

과거 조폭계를 전담하던 어느 강력계 형사 지인이 술자리에서 들려준 이야기다. 주먹계의 대부였으며 여러 개의 사업체를 경영하면서 괜찮은 사업수완을 가진 인물이 있었다. 그는 사기 전과가 7범이며 사기에 관한한 타의 추종을 불허하는 인물이었다. 그런데 그를 대상으로 엄청난 사기를 친 인물이 나타났다. 학력도 보잘것없고, 외모도 별 볼품없으며 말이 어눌해서 듣는 사람이 갑갑할 정도였다. 이러한 최대의 사기꾼과 그를 등친 어눌한 사업자가 우연한 일로 만나게 되어 사기를 위한 사기극이 벌어지게 되었다.

어눌한 사업자는 사기의 달인에게 이러저러한 미끼를 던지자 사기의 달인은 어눌한 사업자가 제시한 조건이 사기 치기에 좋은 먹잇감임을 직감하고 다양한 조건과 방법을 제시하면서 그 어눌씨의 물건을 삼키려는 작업에 돌입하였다. 그 어눌씨는 만날 때마다 복장도 남루하고 일처리가 마치 아무것도 모르는 시골 노인같이 행동하면서 희대의 사기꾼이 시키는 대로 행동하면서 따라 주었다. 그러다가 결정적인 한 방으로 희대의 사기꾼을 속이고 그로부터 거액의 돈을 사취하고 도망간 것이다.

나중에 그를 잡고 나서 어떻게 나에게 사기를 칠 수 있느냐고 묻자 그 어눌씨는 총기 어린 눈동자와 유창한 달변으로 말한다. 자신은 사기꾼에게 단 한 번도 조건을 제시하거나 자신의 의견을 말한 적이 없고 사기꾼이 시키는 대로 했을 뿐이다. 사기씨는 어눌씨를 깔보고 사기 치기 쉬운 상대로 생각하고 다양한 사기 수법을 동원하여 어눌씨의 거짓 물건을 거저 먹으려하기에 어눌씨는 모른척하고 일단 따라주는 척을 했을 뿐이다. 그 과정에서 사기씨는 어눌씨를 상대로 사기를 치기 위하여 본인이 더욱 정밀하고도 꼼꼼하게 서류나, 담보 및 현물 등에 대한 법적 조치를 하면서 차근 차근 일을 진행시켰다. 다만 결정적인 순간에 어눌씨가 사기씨의 작전에 완전히 말려들어간 것처럼 보이고 또 사기씨가 어눌씨를 완전히 신임하게 되었을 때 사기씨가 인감도장까지 맡기는 실수를 틈타 법률적으로 사기씨의 등을 칠 수 있었노라고 하였다.

어눌씨는 말한다. 당신은 내가 어수룩하다고 나를 깔보고 무시하였으며, 내가 토지에 대해서는 무지하다고 나를 훈계하였고, 내가 일을 몰라서 제대로 처리하지 못한다고 핀잔을 주면서 당신이 나를 사기치려는 방향으로 여러 가지 서류를 작성하였고 법적 허점을 이용하여 나의 재산을 거저먹으려는 작업을 나는 다 알고 있었다. 그러나 나는 일부러 모르는 척하며 당신이 시키는 대로 따랐을 뿐, 내 쪽에서 어떠한 방법이나 의견도 제시한 적이 없었다. 결국, 당신이 나를 신임하는 정도가 극에 달했을 때, 나는 합리적인 이유를 들어 그것도 당신에게 결정적으로 중요한 이익을 주기 위한 명분으로 인감과 도장을 맡기라고 요구했다. 그리고 그때, 망설임 없이 순순히 응한 것은 바로 당신이었다.

이제 와서 자기 꾀에 스스로 속아 넘어간 자신을 원망할 일이지, 나에게 책임을 돌릴 수는 없을 것이다. 그렇게 말하며 그는 자리를 떠났다.


## 3. 후흑과 박백의 성공과 실패의 단계

후흑과 박백의 성공과 실패를 결정짓는 요소는 ①철저하게 후흑과 박백의 극치를 이루었느냐 ②환경이 후흑과 박백을 도와주었느냐 방해하였느냐 ③환경의 변화가 후흑과 박백에 유리하게 전개되느냐 아니면 불리하게 전개되느냐의 세 가지가 주요 변수일 것이다. 그 어느 경우라도 먼저 후흑과 박백을 그 극치로까지 끌어올려 그것을 동원하느냐 아니냐의 문제가 핵심일 것이다. 그렇지 못한 경우 실패로 귀결되고 그렇게 한 경우 성공으로 귀결될 것이다.

**1단계는 후흑을 동원했지만 실패한 경우다.** 제일 낮은 단계다. 후흑을 동원했는데도 실패한 경우는 최악의 경우라고 할 수 있다. 역사에 보면 남을 배신한 결과가 본인은 물론 그 가족까지 몰살을 당하게 되는 경우가 그러하다. 로마의 정치가 키케로는 안토니우스의 미움을 받아 섬으로 피신했다. 그는 안토니우스의 자객들이 온 것을 알고 바닷가로 피신해 있는데, 필롤로구스라고 하는 키케로의 동생 퀸투스의 해방노예이자 키케로에게 학문을 배우기도 한 청년이 안토니우스의 추격병에게 키케로의 은신처를 가르쳐 주어 결국 살해되었다. 안토니우스는 필롤로구스를 잡아 퀸투스의 처에게 넘겨주자 그녀는 남편이 해방노예로 만들어 준 그 청년을 갈기갈기 찢어서 시체를 개들에게 주었다고 한다.

죽은 초평왕의 시신을 무덤에서 파내어 300번이나 채찍질하며 복수한 것으로 유명한 오자서와 같은 초나라 출신으로, 오나라로 망명한 인물 백비伯嚭가 있다. 그는 오자서의 추천으로 오왕 합려에게 중용되어 오나라 국정에 깊이 관여하게 되었다.

오자서는 합려가 죽은 뒤 그의 후계자인 부차와 정치적 견해 차이로 점차 멀어지게 되었고, 그 과정에서 백비의 이간질이 크게 작용했다. 대표적으로 월왕 구천이 전쟁에서 패한 후 강화를 요청하자, 오자서는 이를 받아들이지 말고 월나라를 멸망시켜야 한다고 주장하며, 나중에 월나라로 인해 부차가 큰 어려움을 겪을 것이라고 경고했다. 그러나 백비는 월나라에서 받은 뇌물과 미녀의 유혹에 넘어가 부차를 설득하여 구천을 살려두고 마굿간 청소를 시키는 처벌에 그치게 했다.

3년 후, 백비는 구천을 월나라로 돌려보내야 한다고 건의했고, 오자서는 구천이 장차 오나라의 큰 화근이 될 것이라며 반대했으나, 부차는 백비의 의견을 받아들였다. 이후 오자서는 계속해서 부차의 결정에 반대하다가 점차 소외되었고, 결국 복수의 칼을 갈며 절치부심하던 구천에게 10년간의 전쟁 끝에 패하고 말았다. 구천은 자신을 살려주고 월나라로 돌아갈 수 있게 해준 백비를 끝내 처형했다.

백비야말로 오자서의 추천으로 오나라의 대부가 되었으나, 끝내 오자서를 배신하고 부차에게 붙어 오나라가 멸망하는 데 일조했다. 그러나 역사의 아이러니는 여기서 끝나지 않았다. 한때 그가 몰락한 월나라의 구천이 재기할 수 있도록 도왔듯, 이번에는 자신이 부차의 패망과 함께 몰락했다. 결국, 백비는 구천에게 붙잡혀 처형당함으로써 치욕적인 최후를 맞이하게 되었다. 이야말로 후흑의 전략을 구사하려다 오히려 실패한 전형적인 사례라 할 수 있을 것이다.

2단계는 박백을 사용했지만 실패한 경우다. 인간이 보편적으로 추구하는 선한 가치와 덕목을 실천하였음에도 불구하고 추진하고자 하는 목표를 이루지 못하고 그 결과가 실패로 돌아오는 경우라고 할 수 있다. 인간사의 태반이 이런 경험을 겪었을 것이며 이런 경우를 경험해보지 않은 사람은 아마 드물 것이다. 여기에는 우유부단함으로 인해서 빚어진 결과일수도 있고, 방심해서 당한 것일 수도 있고, 교만하거나 지나친 자신감에 의해서 발생하는 경우도 있다. 남의 빚보증을 잘못 서줌으로 인하여 본인 자신은 물론 가족까지 고통을 겪게 하는 것이 그 대표적인 예라고 할 수 있다.

역사적인 인물로는 카이사르가 그 대표적인 경우다. 그는 브루투스를 매우 아끼며 각별히 보살폈다. 경험이 부족한 브루투스에게 북이탈리아 속주의 총독직을 맡기는 특별한 배려를 했고, 적군 폼페이우스를 격파한 뒤에는 그의 수하에 있던 브루투스를 석방하여 로마로 보내 특별히 보호해 주었다. 그러나 브루투스는 카시우스와 함께 카이사르 암살을 모의했고, 결국 그를 칼로 찔렀다. 이 사건이 바로 그 유명한 "브루투스, 너마저도"의 배경이다. 생전에 카이사르는 입버릇처럼 "아무리 나쁜 결과로 끝난 일이라고 해도 애초에 그 일을 시작한 동기는 선의였다"고 했다. 그런 말이 그에게 부메랑이 되어 돌아 왔는데 그를 살해한 10명의 자객들 가운데 5명이 카이사르 휘하의 고급장교로서 그와 함께 전장을 누비며 생사를 같이 했던 인물들이고 모두 그가 발탁시켜 승진시키고 중용해온 인물들이었다는 점에서 더욱 그러하다.

송양지인宋襄之仁의 송양공은 초나라와의 전투에서 초군이 강을 건너기 시작하자, 공자 목이目夷가 적의 병력이 우리보다 많으니 강을 모두 건너기 전에 기습하자고 건의했으나, 이를 받아들이지 않았다. 적이 아직 전열을 갖추기 전에 공격하자고 하자 아직은 때가 아니라고 이마저도 듣지 않았다. 송양공은 말했다. "군자는 어려움에 빠진 사람을 곤란하게 만들지 않는 법이다. 진열을 갖추지 못했으면 공격의 북을 울리는 법이 아니다"라고 하였다. 초나라 군대가 전열을 다 갖추고 정면전이 벌어지자 송양공의 군대는 대패하고 양공 자신도 크게 부상을 입었다. 그는 생사가 오가는 전쟁터에서마저 박백을 실천하려다가 커다란 낭패를 당하고 본인마저 목숨을 잃을 뻔했다. 후흑으로 실패한 것보다는 박백으로 실패한 것이 더욱 사람들의 가슴을 아프게 한다. 사랑에 대한 배신이 그런 것이다.

3단계는 후흑을 통해서 성공한 경우다. 이것은 주로 전장에서 전술적인 운용과정에서 승리를 위해 수단과 방법을 가리지 않은 성공적 결과이거나, 위기상황을 벗어나기 위한 희생을 극소화하는 과정에서 동원된 임기응변이거나, 상대가 잘못 선택한 방법 즉 상대의 후흑을 더욱 강하게 극복하는 과정에서 결과된 성공이라고 할 수 있다. 그 대표적인 예가 바로 한신韓信이다. 유방은 제나라가 항우에게 협력하는 것을 막고 한나라에 협력하도록 만들기 위해서 역이기酈食其를 사신으로 보내 제왕을 설득한다. 이때 한신은 제나라를 그대로 두면 후환이 될 것이라 판단하고, 이를 정벌할 것을 유방에게 건의하여 승인을 받았다. 그는 병력을 모으고 군대를 조련하며 적절한 공격 시기를 엿보고 있었다.

마침 그때, 역이기가 제왕을 설득하는 데 성공하여 제나라는 한나라에 대한 모든 방비를 풀고 화친을 준비하고 있었다. 동맹을 축하하는 연회까지 열어 방심한 상태였다.

이 소식을 들은 한신은 아직 유방으로부터 공격 중지 명령을 받지 않았다는 점을 구실 삼아, 무장 해제된 채 경계를 늦추고 있던 제나라를 기습 공격하여 순식간에 멸망시켰다. 그리고 마침내 그는 제왕의 자리에 올랐다.

민주주의 국가에서 군사 쿠데타로 정권을 잡은 모든 군사정권은 이에 해당된다. 그러나 그 시작과 과정은 이처럼 불법적이고 폭력적이지만 결과가 해당국가의 국가적 위신, 국민적 삶의 질, 개개인의 행복의 정도를 얼마나 개선했느냐에 따라 진정한 후흑을 구분 짓는 기준이 될 것이다. 적어도 후흑학에서는 성서를 읽기 위해서 촛불을 훔치는 것이 정당화 될 수도 있다는 점에서 그러하다.

**4단계는 박백을 통한 성공이다.** 박백을 통한 성공은 그 예를 이루 말할 수 없을 정도로 많다. 왜냐하면 인류가 보편적으로 추구하는 가치이자 원칙이기 때문이다. 착하게 살면 복을 받고, 남을 도와주면 그것이 언젠가는 복으로 돌아오고, 노력한 만큼 보답을 받으며, 선이 악을 이기며, 인내는 쓰지만 그 열매는 달다 등 이루 말할 수 없이 많다. 이는 모두 지금껏 학교와 가정 및 사회적 정의와 윤리가 일관되게 주장하고 가르치고 있는 인류의 가르침이기 때문이다. 박백이 통하는 정도가 높으면 높을수록 사회는 정의롭고 공평하며 반칙이 사라지고, 범죄자는 줄어들고, 이웃이 화평하며, 법적 분규가 줄어들고 모두가 이웃이 된다. 토마스

모어의 존재하지 않는 곳(No Place) 즉 유토피아가 바로 그곳이다.


## 4. 후흑적인 인물은 어떻게 다루어야 하는가?

박백적인 인물은 대하기가 쉽다. 박백의 가치와 덕목은 이미 모두가 인정하고 좋아하기 때문에 그러한 가치와 태도로서 박백적인 인물을 대하면 된다. 그러나 후흑적인 인물은 겉으로 잘 드러나지 않고, 박백을 입에 달고 살면서, 또 어떤 경우에 후흑이라는 무기를 사용할 지도 모르며, 또 겉으로 후흑적인 인물인지 아닌지를 잘 구분하기도 어려워 후흑적인 인물을 대하는 것은 매우 어렵다. 또한 타고난 후흑적인 성격을 지닌 인물들도 많다. 그들은 그것을 자각하지 못하는 가운데 그러한 성품에서 비롯된 다양한 후흑적 행태를 보여준다.

그들이 보여주는 후흑의 행태는 철학이나 도의 경지와는 한참 거리가 있는 비천한 후흑일 가능성이 높다. 때로는 생존적 후흑이라는 동질성을 보이기도 하지만 바탕이 천박한 후흑적 인간이라 이들을 대하는 것은 쉽지 않다. 마치 고스톱을 치다보면 초짜들이 판에 끼어들어 고스톱 나름의 법칙을 깨트리고 전체적인 판을 흐트러지게 만드는 경우와 유사하다. 박백적 인물들은 원칙과 논리 그리고 나름 그 가치가 있기 때문에 그들을 대하는 것은 쉬울 수 있다. 적어도 상식선에서 박백의 가치를 기본으로 하여 이들을 대하면 상궤常軌를 크게 벗어나지 않는다. 그러나 예측할 수 없는 천박한 후흑적 인물들을 어떻게 대해야 할 것인가 하는 문제가 여전히 남아 있다. 다음은 이들과 마주할 때 취해야 할 대응 방안을 정리한 것이다.

## (1) 후흑에 대비해야 한다

배신을 할 인물에 대해서 경계를 하고, 극도로 이기적이며 자기만을 아는 인간에 대하여 경계를 한다. 수많은 법적 보호가 있고 계약서가 있으며, 오랫동안 생사를 같이해온 전우이지만 인간은 상황과 환경이 변함에 따라 후흑을 동원하게 되는 어쩔 수 없는 '인간적인 너무나 인간적인' 존재라는 것을 기본적으로 인식하고 있어야 한다. 특히 후흑은 잘 모르는 타인 간에는 잘 발생하지 않고 상대를 너무나 잘 아는 친한 사이, 가족, 그리고 지인들 사이에서 발생하는 것이 다반사다. 따라서 후흑에 당하기 전에 미연에 방지하고 마음의 상처를 최소화하기 위하여 먼저 조심하고 사전에 예방하는 것이 최선이다. 로마의 명장 카이사르는 피살되기 직전 다양한 경로로 그의 살해음모에 관한 정보를 입수했다. 그래도 개의치 않고 그들에게 경고하거나 사전에 방지하지 않아 결국 원로원에서 10여명의 공화정파들에 의해 목숨을 잃었다. 브루투스가 음모에 가담했다는 보고를 받았을 때도 그는 "브루투스는 내 몸과 같은 사람이다"라고 그를 변호했다. 박백을 실천해도 후흑으로 돌아온다고 마키아벨리는 통찰력 있게 지적했다. 즉 "인간은 자기에게 은혜를 베풀어 준 사람에게 반드시 은혜로 보답하는 것이 아니라 은혜를 베푼 것 때문에 원수가 되는 일도 있다"고 한 점이다. 이처럼 박백의 진지한 실천과 상관없이 후흑은 그 상대에 따라서 언제든지 발생할 수 있는 개연성을 지니고 있는 사회현상이자 인간의 보편적 심리의 하나라고 할 수 있다.

## (2) 강한 후흑으로 대응한다

후흑에는 강한 후흑으로 대응하는 것이 상책이다. 시오노 나나미의 『나의 친구 마키아벨리』에 나오는 대목이다.

이탈리아의 작은 나라 포를리의 영주 부인, 카테리나 스포르차 백작부인은 남편이 반대파에게 암살당하자 가까스로 참사를 피해 성으로 도망쳤다. 그러나 반대파들은 그녀의 아이들을 인질로 삼고, 항복하지 않으면 아이들을 죽이겠다고 협박했다.

그 순간, 백작부인은 성벽 위에 올라서더니 모성이라곤 찾아볼 수 없는 태도로 치마를 걷어 올리고 외쳤다.

"이 멍청한 놈들아! 아이쯤이야 앞으로 얼마든지 다시 낳을 수 있다는 걸 모르느냐?"

결국, 그녀는 반역자들을 소탕하고 성을 지키는 데 성공했다.

## (3) 후흑을 감수할 줄 알아야 한다

후흑적인 인물들은 대개 약자의 입장에 처해 있는 경우가 많다. 따라서 약자의 위치에서 강자가 후흑을 통해 희생과 억울한 손해를 강요하는 상황에서는, 희생을 최소화하려 노력해야 하며, 어쩔 도리가 없는 경우에는 후흑에 당한다는 것을 알면서도 감수해야 한다. 이는 모르고 당하는 것이 아니라, 알면서도 불가피하게 받아들일 수밖에 없기 때문이다. 최선의 경우는 손해를 최소화 하는 것이다. 억울한 누명을 받아 곤란에 처하거나 심지어는 쫓기는 신세가 되는 경우도 있다. 이러한 경우에 '전화위복'의 마음가짐으로 그 손실과 희생을 최소화하여야 한다. 붓다가 이르길, 두 번째 화살은 맞지 말아야 한다고 했다. 첫 번째 화살은 우리가 고해속에 살면서 이런 저런 인연을 통해 경험하게 되는 어쩔 수 없는 사건들이며 이는 피할 수 없는 화살이다. 하지만 두 번째 화살은 맞지 말아야 한다.

### (4) 최소한의 예방주사로 끝내라

최상의 경지는 상대의 후흑을 알고 넘어가 주는 것이다. 물론 치명적인 결과가 아닌 범위 내에서 속아주는 것이다. 만약 처음에 잘 몰랐거나 상대가 의도하지 않게 자신을 후흑을 통하여 곤란하게 만들었다면 한번으로 족하다. 상대의 후흑에 당한 경험을 자꾸 반복하게 되면 이는 그 자신이 문제가 있는 인물이다. 한 번의 예방주사로 인물과 사태 그리고 미래의 전망까지도 꿰뚫을 수 있는 직관과 경험을 가져라. 예방주사도 독감과 같이 자주 맞는 예방주사가 아니라 천연두나 소아마비 백신주사처럼 한번으로 끝나는 예방주사를 맞도록 하는 것이 바람직하다. 그것은 예방주사 자체에 있는 것이 아니라 후흑을 다루고 처리하는 본인의 능력에 따라 감기약 백신인가 아니면 한번으로 끝나는 천연두 백신인가가 결정된다.

### (5) 후흑에서 후흑을 배워야 한다

일본의 대하소설 『대망大望』에 보면 도쿠가와 이에야스德川家康는 어려서 군주의 자리를 물려받아 신하들이 군주를 둘러싸고 갖은 음모를 펼치는 환경에서 성장하였다. 그는 신하들이 자신을 속이고 이간시키며 자신들의 이익을 극대화시키기 위하여 군주를 속이고 기만하며 갖은 권모술수를 사용하는 것을 보고 후흑을 경험하고 배우게 되었다. 그리고나서 그러한 후흑을 신하들을 다루는데 효율적으로 사용함으로써 도요토미 사후에 일본의 실질적인 지배자가 될 수 있었다.

### (6) 후흑을 알고서 박백을 추구하는 것이다

후흑을 모르는 상태에서 전개되는 박백은 사상누각이다. 또한 불안정한 도덕이다. 후흑을 인식하고 동원할 수 있는 능력을 보유하면서 후흑의 사용을 최대한 자제하면서 박백으로 문제를 해결하려는 자세가 중요하다. 어느 것을 동원하던 그것을 동원할 수 있는 능력의 소유자 즉 양손을 동시에 쓰는 사람이라는 영문 'Ambidextrous Men or Women' 되는 것이다. 그리고 나서 후흑의 최소화와 박백의 최대화를 자유자재로 동원할 수 있어야 한다.

## 5. 역사적 인물을 통해서 본 후흑의 실제

시오노 나나미는 로마의 철인황제 아우렐리우스를 평하는 말에서 "아우렐리우스가 심취해 있던 철학은 어떻게 하면 올바르게 살 것인가 하는 문제에는 대답해줄지는 모르지만, 인간이란 생물은 숭고한 동기로 행동할 수 있고 비열한 동기로 행동할 수 있다는 인간사회의 현실까지는 가르쳐 주지 않는다. 그것을 가르쳐주는 것은 역사다"라고 하였다. 마키아벨리의 친한 지기이자 교황청 대사이자 역사가였던 구이차르디니 역시 인간의 변화무쌍한 얼굴과 마음을 제대로 읽을 수 있기 위해서도 역사가 필요하다고 마키아벨리에게 보낸 편지에 썼다. 즉 "변하는 것은 사람들의 얼굴과 외면의 색깔뿐입니다. 그리고 또 원상으로 돌아옵니다. 하지만 이것을 깨닫는 것도 눈을 가진 자만이 할 수 있는 일인 것입니다. 그러기에 역사가 필요한 것입니다. 그 당시에는 보이지 않았던 일, 몰랐던 일에 사람들의 눈을 뜨게하기 위해서도 말입니다"라고 하여 역사가 그것을 드러내 주는 역할을 한다고 지적하였다. 다음에서 열거하는 인물들이야말로 역사의 방향을 결정하고 그 과정에서 치열한 삶을 살았으며 치열한 삶의 과정에서 채험하고 체득한 철학과 인식을 실천하는 과정에서 다양한 내용의 후흑을 후세에 남겨주고 있다.

## (1) 생존을 위한 후흑

생존을 위한 것과 때를 기다리는 후흑으로 구분할 수 있다.

생물의 진화의 전략에는 '생존전략'과 '발전전략'이 있다. 즉 먼저 생존한 후에 발전을 모색하는 것이다. 그것을 연결해주는 것이 번식이다. 인간의 사회적 삶 역시 진화의 법칙에 적용을 받는다. 이는 후흑의 법칙과도 맞아 떨어진다. 후흑적 인간은 먼저 생존을 위하여 후흑을 동원할 수밖에 없다. 그러나 박백의 인간은 생존을 걱정하는 것이 아니라 발전을 추구하기 때문에 후흑을 필요로 하지 않는다. 따라서 먼저 생존해야 하는 후흑적 인물들에게 자연의 법칙은 많은 것을 시사해준다.

첫째, 공산당 선언으로 노동자의 해방을 선포한 칼 맑스는 면후面厚의 방법으로 생존을 유지할 수 있었다. 그는 자본론을 집필하는 과정에서 극심한 경제적 고통에 시달려야 했다. 로버트 터커(Tucker)는 맑스평전에서 독일정부와 영국정부가 맑스에게 조그마한 일자리라도 허용했다면 맑스가 그토록 과격해지지는 않았을 것이라고 했다. 비록 생계가 철저히 옥죄는 상황에 처했음에도, 맑스는 영국과 독일 정부와의 타협을 거부하고 오히려 더욱 강경한 혁명주의자의 길을 걸었다. 그는 엥겔스와 서신을 주고받으면서 자본론의 많은 구상과 내용을 교환하고 집필하면서도 편지의 마지막에는 늘 생활고에 시달린다며, 형편이 된다면 약간의 금전을 보내달라는 호소로 마무리되는 경우가 많았다. 실제 그의 자식 가운데 3명이 병과 굶주림으로 죽었다. 그러한 그이기에 생존을 위하여 위대한 혁명적 사상을 피력하고 설명하는 편지에서도 어쩔 수 없이 경제적 고통을 호소하고 경제적으로 지원해주기를 간청하면서 삶을 유지해온 것이다. 이는 흑심黑心이 아니라 면후面厚의 단계인 것이다.

둘째, 소설 『레미제라블』에 보면 장발장은 교회에서 은촛대를 훔친다. 나중에 자본가로서 또 시장으로서 그토록 존경받는 그였지만, 감옥에서

갓 출소했을 당시 그 역시 생존을 위해서 교회에서 물건을 훔쳐야 했다. 그는 생존을 위해 도둑질을 했지만, 정주영은 사업을 위해 아버지가 판 소 값의 돈을 훔쳤다. 그리고 그 돈은 마중물이 되어 훗날 세계적인 기업을 일으키는 밑거름이 되었다. 정주영은 이후 소떼를 이끌고 판문점을 통과하는 상징적인 이벤트를 통해, 아버지가 판 소 값의 중요성과 상징성을 전 세계에 알렸다. 따라서 정신에 의해서 후흑은 박백의 뿌리가 되며, 능력과 결과에 의해서 후흑은 박백의 열매가 될 수 있음을 이 두 경우에서 볼 수 있다.

셋째, 한신도 저잣거리에서 남에게 얻어먹으며 생계를 유지했다. 빨래터에서 아낙들에게 밥을 얻어먹고 때로는 동네 건달과 시비가 일어 가랑이 밑을 기어가라는 공개적인 수모를 겪으면서도 가랑이 밑을 기어 갔던 굴욕을 겪기도 했다. 태공망太公望 강태공은 어떤가? 그는 미끼 없는 낚시로 강가에서 하릴없이 낚시만 하다가 결국 그의 처마저 도망가는 처참한 처지에 놓여 있었다. 그러나 한신은 훗날 한의 대장군이요 회음후에 봉해졌고 강태공은 주문왕이 그토록 기다렸던 태공이라는 뜻의 태공망이라는 이름을 붙여 줌으로써 결국 주나라의 전국통일을 이루었다. 바로 군주에 의해 쓰이기 전까지 궁핍한 생활을 하면서 한편으로는 면후의 생활을 감내하고 다른 한편으로는 복수의 칼을 갈면서 흑심으로 때를 기다렸던 두 사람의 삶이야말로 면후의 생존과 심흑의 때를 기다림이라는 후흑의 전형적인 본보기라고 할 수 있다.

넷째, 후흑 가운데서도 면후의 대가는 단연 유방이다. 유방은 전란을 피해 그의 동네로 이주해 온 세도가 여공呂公의 집에서 열린 집들이 잔치에 초대받았다. 이 잔치에서는 참석자들이 낸 축의금에 따라 대우와 자리가 결정되었다. 당시 유방은 건달 무리로 활동하며 일정한 직업도 없었고, 당시 행정의 가장 낮은 직위인 정장亭長에 불과했다. 그런 유방은 축의금을 대신해 명함 한 장을 내밀었는데, 그 명함에는 만 냥을 축의금으로 낸다고 적혀 있었다. 그는 '하전만賀錢萬'이라는 가짜 이름을 사용해 만 냥을 낸 것처럼 꾸민 것이다. 이를 믿은 여공이 유방을 극진하게 대접했으나 알고 보니 빈털터리에 동네 건달 정도의 인물이었던 것이다. 그러나 이러한 정도의 배짱과 배포가 있고 곧 드러날 거짓말도 크게 칠 수 있는 인물이면 보통 인물이 아닐 것이라고 판단하여 자기의 맏딸 여치呂雉를 시집보냄으로써 유방을 사위로 삼았다.

## (2) 환면의 후흑

얼굴을 바꿈으로서 후흑을 실천하는 것이다. 얼굴을 바꾼다는 것은 필요에 따라 말을 바꾼다는 것이고 말을 바꾸려면 먼저 얼굴을 바꾸어야 한다. 심흑은 오랜 준비기간을 가져야 하나 환면은 상황에 따라 필요에 의해서건 아니면 생래적으로 지니고 있는 인간성의 발로나 체득된 철학에서 나온 것이건 말과 행동의 모순을 일차적으로 보여주는 거울이라고 할 수 있다.

첫째, 김영삼 전 대통령과 김대중 전 대통령은 둘 다 환면을 통해서 대통령이 된 사람들이다. 물론 그러한 환면 또는 말 바꾸기가 그들을 한국 정치사에서 대통령으로 만들어주게 되는 기폭제가 되기 때문이기에 더욱 그렇다. 1990년 삼당합당 당시 과거 군부독재에 항거하고 민주화 투쟁을 계속 해왔던 김영삼은 소위 "호랑이를 잡기 위해 호랑이 굴로 들어간다"는 말로 자신을 합리화시켰다. 그러나 삼당합당은 당시 집권 여당이자 대구·경북 기반의 민주정의당과 제2야당인 부산·경남 지역 기반인 통일민주당, 제3야당 충청의 공화당이라 불리는 신민주공화당의 3당이 합당하여 민주자유당으로 출범하였다. 삼당합당은 보수대연합이라 불려졌지만, 그 본질은 호남권을 포위한 전략이었고, 한국정치의 암적 덩어리인 지역주의가 더 악성으로 발전하게 한 결과를 낳았다. 반발한 몇 명의 국회의원들은 꼬마민주당을 창당해 나갔지만 훗날 모두 김영삼과 김대중에게 다 흡수되었다. 이처럼 민주화를 위해서 목숨을 바칠 것 같이하고 단식투쟁을 하며 대정부 투쟁을 주도하던 민주인사가 하루아침에 광주민주화운동을 무력으로 진압한 군사정권 및 그 당과 더불어 집권 여당으로 변신하게 된 것이다. 결과적으로 그가 1992년에 제 14대 대통령으로 당선됨으로써 그의 말대로 호랑이굴에 들어가 호랑이를 잡게 되었다.

둘째, 김대중 전 대통령 역시 그는 세 번의 대통령 선거에서 낙선하게 되자 공식적으로 정계은퇴를 선언하였다. 그는 눈물을 흘리면서 영원히 한국정치사에서 은퇴한다는 대국민성명을 발표하고 영국으로 떠났다. 그러나 그는 앞의 김영삼 정부가 초래한 국제금융위기를 맞이하여 김영삼에게 실망한 국민들의 감정에 편승하고 '햇볕정책'이라는 대북 통일정책의 비전을 들고 다시 한국으로 돌아와 대통령선거에 복귀함으로써 대통령이 되었다. 이 두 전임 대통령들은 오랜 야당정치생활 가운데 서로의 애증이 깊숙하게 점철되어 왔으며 그러한 야당생활과 장기간 민주화투쟁의 어려움 속에서 그들이 추구하던 대권이 마침내 말을 바꿈으로써 가능하게 되었다는 점에서 박백보다는 말을 바꾸는 환면의 후흑이 이러한 성공을 가능케 한 것이다.

## (3) 후흑을 반드시 동원해야 한다

후흑이 필요할 때 후흑을 동원하지 않으면 그로 인해 낭패를 본다. 항우 역시 이러한 경우에 해당된다. 훗날 해하 전투에서 사면초가에 처한 한군漢軍에 패배하고 죽음을 맞이한 항우는, 그때의 홍문지연에서 자신이 유방을 죽이기를 권유했던 범증의 말을 되새기며, 깊은 통곡 속에 숨을 거두었다.

관우 역시 마찬가지였다. 적벽대전에서 패한 조조가 달아나는 길목에서 그를 지키고 있던 관우는 제갈공명의 명을 거역하고 조조를 죽이지 않았다. 과거 조조는 그를 극진하게 대우하며, 특히 관우가 타고 있던 적토마를 선물하면서까지 그의 마음을 사려 했던 옛정을 떠올린 관우는 조조를 살려주었다. 하지만 이것이 화근이 되어, 결국 조조와의 전투에서 패하고 도망친 관우는 오나라의 여몽에게 포로로 잡혀 목숨을 잃게 되었다. 조조는 관우를 죽일 수 있었으나, 그를 자신의 손으로 처치함으로써 유비의 공분을 사는 것보다는, 이를 위오연합의 동맹국인 오나라의 여몽에게 맡기며 남의 손을 빌어 사람을 죽인다는 차도살인借刀殺人의 권모술수를 보였다.

## (4) 위기를 후흑으로 극복한 사례들

위기극복의 후흑은 기본적으로 환경의 도움을 받아야 하며, 이때는 과감하게 후흑을 동원해야하며, 위기극복이 곧 전화위복이 된 결과를 가져왔다는 조건을 필요로 한다.

첫째, 유방은 홍문의 연에서 항우가 자기를 죽일 것이라는 것을 알고 연회에 참석한다. 큰 칼과 큰 도끼로 무장한 군사들이 장막 뒤에서 기회를 엿보고 있고, 항장項莊은 유방을 죽이기 위한 검무를 추고 있는 상황에서, 유방은 항우에게 비굴하게 아부하며 과거 의형제의 연을 맺자고 했던 맹약을 상기시킨다. 이를 통해 간접적으로 본인은 결코 항우의 적수가 될 능력도 의사도 없다는 점을 드러내며, 충성을 다하겠노라고 거듭 다짐한다. 결국 항백이 항장의 검무에 대응해 줌으로써 위기를 모면한다.

유방의 위기는 계속된다. 유방은 형양성滎陽城에서 항우와의 지루한 대치 끝에 마침내 성을 탈출하기로 결심한다. 이때, 같은 고향 출신이자 유방과 생김새가 비슷하고, 그동안 유방과 함께 생사고락을 나눈 기신紀信을 불러 유방 대신 행세를 하게 한다. 항우의 공격이 기신에게 집중되는 동안, 유방은 무사히 도망칠 수 있었다.

유방이 항우에 쫓겨 달아날 때 유방은 적의 추격이 목전에 이르자 마차의 무게를 줄이려고 마차에 타고 있던 자신의 두 아이를 마차에서 밀어 떨어뜨리려고 세 차례나 시도했다. 이런 짓거리를 몇 번씩이나 당한 하후영도 분이 치밀어 유방에게 이렇게 소리쳤다. "한낱 짐승도 제 새끼의 귀함을 알기 마련인데, 주공께서는 이게 무슨 짓이십니까!" 말을 몰던 하후영은 그때마다 아이들을 구해주어, 결국 이들이 무사할 수 있었다. 이 아이들은 훗날 혜제惠帝가 되는 유영劉盈과 장녀인 노원공주魯元公主였다. 훗날 하후영은 이 공로 덕분에 유방 사후, 여후가 통치에 방해가 되는 공신들을 숙청하는 과정에서도 무사히 살아남아, 천수를 누린 몇 안 되는 공신 중 하나가 되었다.

둘째, 유비는 낭패를 당하면 우는 것으로 문제를 해결하려고 하는 바람에 훗날 사가들은 그를 울보라고 평하였다. 그러던 그가 네번이나 가족을 버리고 혼자 도망갔다. 부인이 적군에 끌려갔다는 말을 듣고도 눈물 한 방울 흘리지 않았다. 자기가 곤란할 때는 대성통곡하면서 문제를 해결하던 그였다. 조조에게 의탁할 때도 천하에 영웅은 단지 그대와 나 둘 뿐이라는 조조의 말에 그때 시간 맞춰 내리친 벼락을 핑계 삼아 젓가락을 떨어트리는 연극을 하면서까지 조조에게 본심을 들키지 않으려고 연극을 하였던 유비다. 장판교에서 목숨을 걸고 유선을 구해온 조자룡 앞에서 이까짓 어린아이 하나 때문에 훌륭한 장수를 잃을 뻔했다고 그의 아들 아두를 땅에 내동댕이친 쇼를 벌였던 그다.

셋째, 이에 비해 조조는 환면換面, 즉 얼굴 바꾸기의 대가였다. 조조가 간웅으로서 처음으로 이름을 알리게 된 것은, 그가 동탁을 암살하려다 실패해 도망을 치다가, 그의 아버지와 의형제를 맺은 여백사의 집에 들렀을 때 일어난 사건에서 비롯된다. 나중에 여포의 모사로 있다가 죽음을 맞이한 진궁과 함께 잠을 자던 중, 밤에 칼 가는 소리가 들려 자신들을 죽이려는 줄 알고 여백사의 자식들과 부인, 식구들을 살해해버린 것이다. 그러나 그 소리는 돼지를 잡기 위해 칼을 가는 소리였다는 사실을 알게 되자, 급히 도망치는 도중에 술을 사러 갔던 여백사를 만나게 된다. 여백사가 함께 돌아갈 것을 권유하자, 그는 그마저 죽이며 길게 읊조렸다. "내가 천하를 배신할 수 있을지언정, 천하가 나를 배신하도록 두지 않겠다"고 일성을 가함으로써 간웅이라는 평가를 받기 시작했다. 곁에서 이를 지켜본 진궁陳宮은 이에 환멸을 느끼고 조조와 결별하여 여포의 책사로 합류하게 된다.

넷째, 항우項羽와 유방劉邦은 천하의 패권을 두고 여러 차례 싸움을 하다가 천하를 둘로 나누어 홍구鴻溝 서쪽을 한나라의 영토로, 홍구 동쪽을 초나라의 영토로 정했다. 이 합의에 의해 그동안 항우에게 억류되어 있던 가족들이 유방의 품에 돌아오게 되었다. 유방과의 오랜 대치로 인해 항우 진영의 군량이 바닥이 나고 고향으로 돌아가려는 항우군 진영의 심리적 불안과 이미 항우의 일등 참모인 범증 마저 죽은 상태라는 것을 알고 항우가 약속을 지키기 위해 군대를 돌려 팽성으로 돌아가는 뒷통수를 급습함으로써 항우군은 위험에 빠지게 되고 마침내 그 유명한 사면초가로 항우가 죽음을 당하게 된다. 동서로 천하를 나누어 잠시나마 태평한 상태를 만들자고 했던 약속은 결국 유방이 깬다. 서로 간의 약속을 헌신짝처럼 버리고 형세가 유리하다고 판단한 유방이 항우를 공격한 결과, 한과 초의 대결에 종지부를 찍게 된다.

다섯째, 덩샤오핑은 삼하삼상三下三上을 통해 중국 개혁개방의 총설

계사가 되었다. 춘추시대 초장왕을 도와 패업을 이룬 명장 손숙오孫淑傲의 삼위삼거三爲三去 즉 세 번 제위에 오르고 세 번 물러났던 고사와 흡사한 경력을 보여 주었다. 덩샤오핑은 프랑스 유학파로서 국내 토속파인 마오쩌둥에게 합류함으로써 마오쩌둥과 중국 공산혁명의 운명을 같이 하였다. 일차실각은 그가 마오쩌둥을 추종하였다는 이유로 소련의 지시를 받는 국제파의 견제로 인하여 실각되었으나 마오쩌둥이 준의회의에서 실권을 잡음으로써 중요보직에 오를 수 있었다.

두 번째 권력재기부터 환면을 통한 덩샤오핑의 후흑이 발휘된다. 그는 소비에트 공산당의 스탈린 격하운동으로 중국에서의 마오쩌둥 신격화에 대한 견제가 시작되면서 마오쩌둥의 대약진 운동이 수천만 명의 아사자를 낳게 하고 중국 사회주의가 후퇴하게 되자 류샤오치刘少奇와 더불어 친자본주의적 우경화정책을 추진하게 된다. 이에 불만을 품은 마오쩌둥이 문화대혁명을 발동하여 덩샤오핑의 권력을 박탈하고 장쑤성의 트랙터 수리공장에 하방을 보냄으로써 그는 중국정치에서 사라진다. 그러나 인민해방군 총사령관이자 마오쩌둥의 정식 후계자인 린뱌오林彪가 마오쩌둥 암살에 실패하자 그가 내몽고로 도망치다 비행기 추락으로 사망하게 되었다. 이에 덩샤오핑은 마오쩌둥에게 장문의 편지를 써서 마오쩌둥의 정치와 철학에 위반된 과거의 잘못을 인정하며 다시 기회를 준다면 더욱 충성하겠노라고 충성맹세의 서약을 함으로써 다시 정계에 복직하게 된다.

그러나 정계에 복직한 후에도 문화대혁명은 입에 담지도 않고 문혁을 비판하지는 않지만, 그것이 옳다고 찬양하지는 않으면서 심리적으로 문혁에 대한 강한 거부감을 보였다. 이에 덩샤오핑을 음해하고 덩샤오핑의 권력을 대신하려고 애를 쓰던 사인방들이 다시 마오쩌둥에게 덩샤오핑이 문혁에 반대한다는 사실을 고발해 바침으로써 덩샤오핑은 세 번째 실각하게 된다. 실각 후 마오쩌둥의 후계자로서 화궈펑華國峰이 등장하여 4인방을 극적으로 제거하자 다시 화궈펑에게 장문의 편지를 쓴다. 그는 화궈펑에게 다시 충성을 맹세하며 화궈펑의 모든 것을 따르고 복종하겠노라고 말함으로써 세 번째 복권을 하게 된다. 복권 후에는 마오쩌둥 당시에도 그랬던 것처럼 화궈펑을 따르기보다 오히려 화궈펑을 비난하면서 그의 정책이 개혁적이지 않고 마오쩌둥의 유훈정치에 불과하다면서 그를 마침내 실각시켜버렸다. 그는 2인자로 남아 있으면서 수시로 1인자를 교체하고, 반대세력의 저항을 물리치며 서서히 개혁과 개방을 추진해 나갔다. 이처럼 덩샤오핑의 삼하삼상은 환면의 정수를 보여주는 후흑의 살아 있는 고전이라 할 수 있다.

### (5) 후흑을 남용하면 적을 만든다

필자가 관찰한 바에 의하면 세상은 자신보다 똑똑하지 않은 사람이 없다는 사실을 발견했다. 남이 자기에게 속아 넘어간다고 생각하고 후흑을 남용하게 되면 그 결과는 친구와 동지를 잃게 되고 스스로 고립되어 어느 방향으로도 나갈 수 없게 된다. 이미 남들이 자신의 수를 다 알고 있다고 생각하고 모든 것을 투명하게 생각하고 행동하면 실수가 없고 잘못된 경우에도 용서를 받을 수 있다. 왜냐하면 적어도 동기에서 순수하고 마음에서 검은 것이 없기 때문에 잘못과 실수가 이해되고 용서될 수 있다.

그러나 어설픈 후흑이나 후흑의 동원의 빈도가 증가할수록 상대는 더욱 신뢰하지 않게 되어 마침내는 설자리를 잃게 된다. 소위 권모술수라 할지라도 처음 한두 번은 상대방이 이를 인식하지 못하는 경우가 많다. 그러나 후흑을 동원하는 경우, 한두 번은 그 사용 가치가 있을지 모르나, 이미 한두 번 당하고 나면 상대는 이를 알게 되고, 그 후에는 결코 쉽게 넘어가지 않으며 방어적으로 변해 상대를 불신하게 될 것이다. 따라서 후흑은 생존을 위한 하나의 전략이다. 마치 벌이 침을 쏘아 자신과 여왕벌, 그리고 벌집의 애벌레들을 보호하는 것처럼, 급박하고 수동적인 상황에서 최후의 자산으로 동원되어야 한다. 꿀벌의 침은 한번 쏘고 나면 자신도 죽는다.

전두환 전 대통령은 경남 합천 출신의 한 공고생으로, 부모님의 농사일을 돕기 위해 똥지게를 지고 있던 시절, 당시 대통령이 되겠다는 꿈을 꾸지 않았다. 그러나 육군사관학교에 입학하고, 자기만의 능력을 발휘하며 매 순간 최선을 다한 결과, 그는 대통령에 오를 수 있었다. 후흑을 통해 대통령이 되었으며, 후흑을 통해 감옥에 가게 된 그는 후흑의 긍정적인 면과 부정적인 면을 동시에 보여준 인물이었다. 재임 중, 부정하게 축적한 재산 2,205억 원에 대한 반환 판결을 받았으나, 그는 29만 원밖에 없다고 주장하며 사회의 비난과 웃음을 샀다. 그럼에도 불구하고 그는 모교에 기부금을 내고, 과거 측근들과 골프를 치며 호화로운 생활을 즐겼다.

## (6) 후흑의 최고경지는 참는 것이다

참는 것은 세 가지가 있다. 먼저 고통과 굴욕을 참는 것이다. 다음으로 고통과 굴욕을 참으면서 실력을 연마하는 것이다. 마지막으로 때를 기다리는 것이다. 와신상담의 월왕 구천이 여기에 해당되는 전형적인 예다. 청년 후흑도들로서는 이 세 가지가 모두 복합된 참는 것을 필요로 한다. 즉 몸을 낮추어 굴욕을 참는다는 굴신인욕屈身忍辱이 그것이다. 이종오는 말하길 주자가 노자의 학문은 가장 참을성이 있다고 평가했는데 주자의 참을 인忍자는 '후흑' 두 자를 총괄하고 있다고 했다. 이종오는 자기 자신에게 참는 것을 '후'라고 하고 남에게 참고 견디는 것을

'흑'이라고 한다고 했다. 그 대표적인 인물로 사마의司馬懿를 꼽았다.

첫째, 사마의의 인상은 마치 매처럼 날카롭고 예리한 눈매를 지닌 모습으로, 마치 먹이를 노리는 매가 끊임없이 주위를 살피듯 항상 경계하는 태도를 보였다. 말을 할 때도 몸을 돌리지 않고 고개만 돌려 주변을 경계하는, 이른바 응시낭고鷹視狼顧형이라 불릴 정도로 날카롭고 신중한 태도를 취했다. 『진서晉書』에서는 사마의에 대해 "겉으로는 너그럽고, 싫어하는 사람에게도 내색하지 않았으며, 내면적으로는 음흉하고 임기응변에 능했다"고 평가하고 있다. 그의 경쟁력은 수십 년 동안 신하의 자리에서 공을 세우고도 "모두 폐하의 홍복이옵니다"라고 항상 낮은 자세로 군주에게 공을 돌리며, 자신을 드러내지 않았다. 그는 본심을 숨기고 한 순간을 기다리는 '포커페이스'의 대가였고, 울지 않는 두견새는 울 때까지 기다리는 참을성의 귀재였으며, "자신을 드러내지 않고 세상에 이름을 알리지 않는 데 힘을 쏟으라"는 노자의 가르침을 실천적으로 구현하며, 그것이 얼마나 큰 효과를 발휘할 수 있는지를 몸소 보여 준 인물이었다.

사마의의 경쟁력은 단지 무모하게 속이 시커먼 것이 아니라, 그 흑심으로는 조조마저도 넘어섰고, 뻔뻔함에서는 유비를 능가하는 면모를 보였다. 유비의 강산은 그의 울음에서 나왔다. 유비는 때때로 이성을 잃고 본성을 드러내내기도 했다. 사마의와 유비의 가장 큰 차이는 유비가 감정을 여과 없이 드러내며 갈등을 외면할 수 없는 리더였다면, 사마의는 그 내면을 철저히 감추고 상대를 침묵으로 압도한 점에서 달랐다.

낮추고 참고 기다리다 드디어 기회가 왔을 때 쿠데타 한 방으로 권력을 잡고 황제를 넘어서는 막강한 2인자 자리를 꿰차고, 그의 아들 대에는 왕으로, 손자 대는 황제로 등극하여 전 왕조를 폐하고 죽은 후 황제로 추증된다. 그러나 그의 삶을 돌아보면, 2인자를 넘어 군주의 자리를 노리는 야심가의 삶이라는 게 아무나 흉내 낼 수 없는 만만찮은 내공이 필요한 일이라는 것을 알게 된다.

사마의의 최고 경지인 포커페이스의 경쟁력은 '건괵지욕巾幗之辱'이라는 고사를 통해 결정판을 보여준다. 이는 제갈량이 오장원에 주둔하면서 사마의에게 군사를 보내 아무리 싸움을 걸어도 꿈쩍도 하지 않고 버티자 여인들이 상중에 쓰는 두건과 흰 상복을 함 속에 넣어 사마의에게 보냈다는 이야기다. 사마의는 제갈량이 보낸 함을 열어보니 여인네들의 상복과 서신이 있다. 서신의 내용은 이랬다. "중달(사마의 자)이여! 위의 대장인 그대가 어찌 자웅을 겨루려 하지 않고 굴을 파고 들어앉아 지키며 칼과 화살을 피하려고 기를 쓰는가. 그대의 하는 양이 아녀자와 무엇이 다르다 하겠는가. 내 여기 여인네들의 상복을 보내니 싸우지 않으려면 두 번 절하고 이를 받고, 사내로서 부끄러운 마음이 남아 있다면 즉시 회답하여 기일을 정하고 싸움에 응하라."

그는 건괵지욕巾幗之辱 고사성어의 주인공으로서 제갈공명이 수비만 하고 전쟁에 응하지 않는 사마의를 자극하여 성문 밖으로 이끌어내기 위해서 여자들이 입는 옷을 선물로 보내자 공명의 사신 앞에서 태연하게 그것을 직접 입으면서 자기한테 잘 어울리지 않느냐며 웃으며 오히려 사신과 공명을 점잖게 조롱하는 태도를 취함으로써 공명의 작전에 넘어가지 않았다. 이종오의 평가는 공명의 후흑을 뛰어 넘는 사마의의 인내심이 결국 공명의 충성과 전략이라는 박백을 이길 수 있었다고 평했다.

사마의는 일찍이 조조가 등용하려고 여러차례 불렀으나 응하지 않고 도망을 다녔다. 당시 그가 조조의 부름에 응하면 당시 쟁쟁하던 조조의 모사들 순욱, 정욱, 양수 등 기라성 같은 인재들이 자리를 차고 있어서 그들과 경쟁하게 되면 빛을 발하지 못할 것이라고 생각하고 잠적했던 것이다. 그리고 조조가 적벽대전에서 패하자 비로소 조조 앞에 나타나 그의 능력을 보이기 시작했다. 그는 많은 전공을 세웠어도 조비 또는 조상 등을 비롯하여 당시 권세가였던 조씨 가족들의 견제와 감시 등에도 묵묵히 참고 지내며 때를 기다렸다가 마침내 삼국을 통일하고 조씨 왕조를 폐하고 사마씨 왕조인 진晉을 세우는 데 성공했다.

사마의의 후흑은 삶의 과정이나 전쟁의 병법이나 물의 철학과 닮았다. 사람을 대할 때나 전쟁에 임해서도 불리하면 모욕을 견디며 때가 오기를 기다리고, 때가 왔을 때는 적에게 잠시의 틈도 주지 않고 거세게 밀어붙여 궤멸시키는 수법을 동원했다. 조상曹爽을 제압할 때도 그랬다. 사마의는 언젠가 조조가 왜 사람들의 발이 유난히 하얀가를 말했는데, 발은 양말이나 다른 것에 깊이 감춰져 있어서 남에게 드러내지 않기 때문에 하얀 것이라고 했다. 그가 조씨 일가의 마지막 적수인 조상을 굴복시키면서 그가 조조에게서 배운 하얀 맨발의 철학을 들려주었다. 자기는 조조에게 배운 바대로 속마음과 실력을 깊숙이 감추어 놓고 인내하면서 때를 기다린 것이 그대의 등을 하얀 맨발로 짓밟고 자신이 승리할 수 있었노라고 했다.

둘째, 유비 역시 참고 기다리는데 대가라고 할 수 있다. 그는 공명을 만나기 전까지 각종 전투에서 변변한 승리를 거두어본 적이 없다. 주로 남(원소, 조조, 유표)에게 의탁하거나, 군사를 빌려 잠시 성을 차지하였다가도 빼앗기고 천하를 떠돌이로 살았다. 형주에서 서원직을 만나기 전까지는 주군이라는 칭호에 어울리지 않는 삶을 살았으나 공명을 만나고부터 그리고 형주를 차지한 후부터 실질적인 영웅의 반열에 들어설 수 있었다. 거의 삼십년 가까운 세월을 떠돌이 생활을 하면서도 한조 부흥의 원대한 꿈과 비전을 가슴에 안고 참고 노력하며 세월을 기다린 것이다.

셋째, 대원군 이하응은 왕실의 탕아인 궁도령宮道令이라고 놀림을 당하면서 자신을 철저하게 숨기며 안동김씨 세력으로부터 스스로를 보호하기 위하여 구차하게 살았다. 안동김씨 세력들이 당시 촉망받던 이하전李夏銓이 방심한 틈을 타서 조대비에게 접근하여 후사가 없는 철종의 후계자로 자신의 둘째 아들 이명복李命福을 옹립하는데 성공한다. 이하응은 둘째 아들을 고종으로 옹립시킨 후 섭정을 하면서 감추어 두었던 칼을 꺼내어 안동김씨 세력을 대거 숙청하면서 개혁을 주도하였다.

## (7) 후흑의 진정한 경지

후흑으로 동지를 만드는 것은 신의 경지다. 이종오는 후흑의 최고의 경지는 후흑을 사용함을 모르게 하는 것이라고 했다. 그러나 후흑에 당하고 나서 원수를 만드는 것은 진정한 후흑의 고수가 아니다. 후흑을 통해서 진정한 동지와 친구를 만들고 그것을 통해서 목적하는 바를 이루거나 승리를 쟁취하는 것이다. 그 대표적인 인물로서 소하와 저우언라이를 들 수 있다.

첫째, 소하와 범증은 여러 가지로 대비된다. 소하는 유방과 같은 고향 패현에서 지방관리를 하고 있었다. 유방이 단지 변방의 정장을 하고 있을 때 소하는 그의 상관으로서 유방이 모시고 있던 상급관리였다. 그러나 유방이 장정들을 데리고 기한 내에 공사장에 도착하지 못하게 되자 벌을 받을 것이 두려워 반란을 일으켜 패현을 공격하였을 때 유방의 편에 서서 유방을 지지하였고 도왔다. 그 이후 유방이 계속 세력을 넓혀가는 과정에서 과거 유방이 학식이나 출신 그리고 경력이나 자질 등에서 소하보다 훨씬 못한 위치에 있었으나 유방의 자질 즉 사람들을 모으고, 친구와 동료들을 규합하며 의리와 의협심으로 그가 난세에는 본인보다 유리한 자질을 가지고 있다고 판단하고 스스로 그의 수하가 되어 일편단심으로 유방을 도와 패업을 이루었다.

그는 후방에서 전선의 물자와 식량 및 병력을 보충하는 일을 도맡아 하면서 한치의 실수도 없이 일을 완수해냈다. 또한 후방에서 본인은 편하게 자식들과 지내고 있으면 전선에 있는 유방과 그의 수하들에게 오해를 받을까 두려워하여 그의 자식들도 전선에 보내서 유방의 측근에서 전장에서 돕도록 하는 등의 치밀한 행동을 보였다. 유방 사후 여태후의 서슬 퍼런 무자비한 숙청에도 그만은 살아남아서 천수를 누리다가 죽었다.

둘째, 항우는 범증을 수양 아버지로 모시면서 극진하게 모셨다. 범증은 미심米心이라는 청년을 데려와 초회왕楚懷王에 오르게 함으로써 항우에게 정통성을 만들어 주었고 진나라를 평정하는데 다양한 군사적 전략을 개발하여 진의 멸망에 일등공신이 된다. 그 이후 초나라로 수도를 옮기려는 항우를 말려 진의 수도 함양에서 진제국의 정통성을 승계함으로써 초제국의 건설이라는 웅대한 방책을 내놓음에도 불구하고 항우는 진의 아방궁을 비롯한 함양성을 다 불태우고 진과 전국의 백성으로부터 원망을 산다. 범증은 유방을 죽여 후환을 없애야 한다는 계책을 항우에게 권했으나 항우는 이를 듣지 않고 결국 형양성 전투에서 진평의 반간계에 항우는 속아 넘어가고 만다. 귀가 얇았던 항우는 자신의 수양아버지이자 전략가인 범증을 의심했고, 이를 알아차린 범증은 항우와 결별하고 고향으로 가는 중 등창으로 병사하고 만다. 소하와 비교해 볼 때, 소하는 부하이자 신하로서 몸을 최대한 낮추며 충성을 다했고, 유방의 모든 비위를 맞추는 데 힘썼다. 그 결과 마침내 한나라 건국의 일등공신이 되었다.

그러나 범증은 비록 그의 비전이 웅대하고 전략이 섬세하며 미래를 보는 안목이 출중했으나 자존심과 오기로 항우를 섬기기보다 가르치려 하였고 적에게는 후흑을 사용하려 했으나 본인 자신은 박백을 더욱 중시함으로 항우와 같은 인물에게는 맞지 않아 버림받고 길거리에서 병사한다. 여기서 알 수 있듯 소하야 말로 후흑의 최고의 경지 즉 후흑을 쓰지 않는 것처럼 하면서도 결국은 후흑을 통하여 최고의 이익과 가치를 얻게 되었다.

셋째, 저우언라이는 프랑스 유학 출신으로 초창기 중국공산당 내에서의 위치는 마오보다 위였다. 초창기 중국공산당은 소련의 지시에 따랐기에 그는 중국공산당을 움직인 국제파의 거두로서 마오쩌둥보다 높은 지위에 있었다. 그러나 국민당의 공산당 섬멸작전으로 인해 대장정을 시작한 이후, 귀주성 준의遵義에서 열린 준의 회의를 통해 마오쩌둥을 중심으로 한 공산당 지도 체제가 수립되었다. 그 후로는 마오쩌둥에게 절대적인 충성을 다하게 되었다. 그는 연안에서 매일 저녁 마오쩌둥 사상학습에서 제일 앞줄에 앉아 마오쩌둥의 담화나 전략을 일일이 노트에 메모하며 이를 숙지하였고 마오쩌둥 사상의 전파에 솔선수범하였다. 이로써 마오쩌둥을 중심으로 하는 중국공산당 일당체제를 공고히 함으로써 마침내 중국대륙에 공산정권이 수립되는데 결정적인 공헌을 하였다.

그 후 마오쩌둥의 혁명적 사회주의 현대화정책이 실패를 거듭했을 때 펑더하이 같은 노장들은 마오쩌둥의 혁명적 사회주의현대화를 비판하고 이의 수정을 요구하다가 실각되었고 덩샤오핑과 류사오치도 마오쩌둥 정책을 수정하려 하다가 문화대혁명에서 비판을 받고 숙청을 당하였다. 그럼에도 불구하고 그는 꾸준하게 마오쩌둥에 대한 지지와 혁명적 현대화정책을 계속 보좌함으로써 실각을 면할 수 있었고 이를 통하여 한편으로는 중국사회주의를 계속 유지할 수 있었고 또 다른 한편으로는 덩샤오핑을 비롯한 마오쩌둥 사후의 차세대 지도자들을 보호함으로써 중국 사회주의의 개혁과 개방을 가능케 만들었다. 공산당과 맞서 싸운 타이완의 국민당 지도자들도 적수였던 저우언라이에게 만은 존경을 표하였고 그는 죽은 후에도 타이완과 중국 본토의 모든 인민들에게 존경을 받는 인물이 되었다. 이것이 바로 2인자 리더십의 정수이면서 동시에 그를 통하여 개인의 목적달성은 물론 시대적 환경에서 그들의 청치적 목적을 충분하게 성취할 수 있었던 후흑의 극치라고 할 수 있다.

소하와 저우언라이의 후흑술의 공통점은 먼저 자기를 낮추고 철저하게 2인자 내지는 추종자로 자리매김하면서 유방과 마오쩌둥을 진심으로 도와 천하를 평정하였으며 그 후에도 모반이나 역심을 품지 않고 치세를 훌륭하게 이끌고 죽을 때에 적을 거의 만들지 않고 훗날 대부분의 사람들에게 칭송과 존경을 받았다는 점에서 후흑의 극치라고 할 수 있다.


# 6. 자연을 통해서 본 후흑의 교훈

일체개고一切皆苦, 붓다는 일체는 모두 괴로움(duhkha)이라 했다. 중국에서는 두카를 '고苦'로 번역했다. 결코 만족스럽지 않은 번역이다. 두카는 자신의 의지와 상관없이 인간으로서 느끼는 불안이다. 생로병사生老病死, 애별리고愛別離苦, 원증회고怨憎會苦, 구부득고求不得苦, 오음성고五陰盛苦는 불교에서 말하는 여덟가지 대표적인 고통의 다양한 형태를 나타내는 말이다. 나고, 늙고, 병들고, 죽는 것, 사랑하는 사람과는 헤어지고, 싫어하는 사람과는 만나고, 구하려고 해도 구할 수 없을 때의 좌절과 불만, 오온五蘊인 우리의 존재를 구성하는 색色, 수受, 상想, 행行, 식識이라는 다섯 가지 집착의 쌓임이 모두 고통이라는 뜻이다. 이를 통해 우리 존재의 고통을 설명하려 한다. 이는 마음과 물질의 모든 작용에서 비롯된 괴로움을 말한다. 나의 의지와 상관없이 내 뜻대로 되지 않기에 생기는 괴로움이다. 이들은 붓다의 사성제 중 첫 번째 진리인 고성제에서 중요하게 다루어진다.

남방불교와 북방불교의 공통점은 동일한 사성제다. 이 중 고성제가 단연 가장 먼저 나온다. 이것은 법의 근거다. 누구도 두카를 원하지 않는다. 하지만 생명을 가진 모든 존재는 두카를 겪는다. 고통의 원인을 알면 제거가 가능하다고 보는 게 불교다. 백세 인생 무상함은 인간의 특징이다. 인생 전체를 살펴보면 무상하고 괴로운 것이다. 괴롭다는 것은 불안정하다는 의미다. 해탈의 출발은 무상에서 시작한다. 무상은 부서진다는 뜻이다. 다이아몬드도 결국 파괴되고 부서진다. 무상을 구체적으로 설명하면 최종적으로 우리는 찰나적 존재라는 의미다. 무상으로 출발하지 않으면 괴로움과 무아에 대한 깊은 통찰이 나오지 않는다. 무상. 붓다는 인생을 부정적으로 보았다. 불교에서는 무상을 깨닫는 것이 중요한 이유다. 인생 백 년을 보아도, 50년을 나누어 보아도, 1년을 나누어 보아도, 하루를 나누어 보아도 이리 보아도, 저리 보아도, 무상하다. 변화한다. 쏜 화살처럼 인생 백년이 눈 깜박하는 사이에 지나고 만다. 인생 백년을 시간적으로 잘게 쪼개서 관찰하면, 무상, 고, 무아가 확실히 드러난다. 무상은 무슨 뜻에서 무상인가. 부서진다는 뜻에서 무상이다. 무상은 두려움을 가져온다. 두렵다는 뜻에서 괴로움이다. 두렵다는 것을 공포를 주기 때문이다. 나쁜 게 좋은 것으로 바뀌면 얼마나 즐거운가. 그러나 좋은 것은 마침내 부서진다. 무상은 결국 괴로움으로 귀결될 수밖에 없다. 백번 좋다가도 한 번은 나빠지게 마련이다. 모든 물질이 괴로움이듯이 실체가 없다. 고갱이가 없다. 단단한 부분이 없다. 파초와 같고 야자수 같다. 잘라보면 텅텅 비어있다. 고갱이가, 실체가 없다는 뜻에서 불교는 무아다. 조건 따라 일어나고 부서지기 마련이다. 사랑을 하는데서 미움이 생기는 것이 아니라 사랑을 받으려고 하는 데서 온다. 도움을 청할수록 존재감이 낮아지고, 도움을 줄수록 존재감이 높아진다. 붓다와 다윈은 닮았다. 모든 것을 무상으로 보기 때문이다. 무상은 곧 변화다. 이처럼 붓다는 일체가 괴롭다는 일체개고로, 맑스는 계급투쟁으로, 다윈은 생존투쟁(struggle for existence) 개념으로 자신의 사상을 전개했다. 흔히들 '생존경쟁'이라고 번역하였지만, 이는 정확한 표현은 아니다. '생존투쟁'이 정확한 번역이다. 투쟁과 경쟁은 엄연히 다르다.

자연계는 적자생존의 법칙이 치열하게 작용하면서 자연계의 진화를 만들어내는 생존투쟁의 장이다. 생존하고, 잡아먹고 먹히면서, 결국은 번성함으로써 자신의 DNA를 후대에 남기면서 생물적 역사성을 우주적 역사성으로 연결시켜 주는 우주적 법칙의 지구적 현상이다. 인간은 자연에서의 수렵생활에서 다른 동물들과 경쟁하면서 직립보행, 불과 도구의 사용, 언어 등을 발전시키면서 만물의 영장이 되었다. 그러나 인간의 DNA에는 동물의 DNA와 거의 일치하며 차이는 불과 5-10% 정도이다. 꿈을 연구하는 학자에 따르면 인간은 꿈에서 자주 달아나는 꿈을 꾸는데 이는 수렵생활에서 동물에게 쫓겨 다니던 원시시대의 유전인자가 남아있기 때문이라고 했다. 따라서 인간과 동물은 생존방식에서 유사한 면이 있다고 할 수 있으며 동물의 후흑은 오늘날 인간의 후흑의 원형이고 인간의 후흑은 동물 후흑의 종합판이라고 할 수 있다. 이른바 진화정치학이다.

첫째, 대형초식동물이 떼를 지어 다니기 때문에 이를 잡아먹는 포식자들도 무리를 지어 사냥할 수밖에 없었다. 공진화의 결과다. 다른 고양이과는 홀로 다닌다. 먹이의 대상이 다르기 때문이다. 같은 육식동물인 표범이나, 치타, 호랑이도 홀로 사냥을 하는데 힘이 센 사자들은 떼 지어 다니면서 강한 힘을 모두 통합시킴으로써 사자보다 덩치가 큰 물소나 심지어 코끼리까지도 사냥이 가능하다. 사자 중에서도 수컷 사자는 후흑의 최고의 경지에 올라 있다. 사냥은 주로 암컷 무리에게 시키고

160

암컷들이 사냥에 성공하면 지켜보고 있다가 힘으로 먹이를 먼저 차지하는 것이다. 간혹 하이에나 무리를 쫓아주기도 하지만 그것도 수컷 사자가 먼저 먹이를 독차지하기 위한 목적에서 하는 것이다. 거기에다 다른 수컷 사자새끼들은 물어 죽임으로써 동족살해의 잔인한 카니발리즘을 보여주는 동물이다. 그럼에도 백수의 왕으로서 그 위용을 떨치며 아프리카를 호령하고 있다.

둘째, 후흑의 희생 동물은 단연 치타라고 할 수 있다. 치타를 보라. 육상에서 시속 120Km의 속도로 가장 빨리 질주하는 동물이다. 먹이를 쫓을 때의 그 우아한 몸집과 자태는 경탄을 자아낸다. 그러나 치타는 현재 멸종위기에 처해있다. 가장 큰 이유는 고생해서 잡은 먹이를 사자나, 표범, 하이에나 등에게 자주 빼앗기기 때문이다. 사냥에서 먹이를 잡을 확률도 낮은데다 먹이사냥에 성공한다 해도 시속 120Km로 전력질주를 했던 까닭에 숨을 골라야 하는데 그때 기다리고 있던 다른 힘센 포식자들에게 빼앗기기 때문에 항상 굶주려 있고, 이 때문에 새끼들이 아사하는 것이 다반사다. 그렇다고 하이에나처럼 썩은 고기는 먹지 못하는 고고한 식성으로 인하여 그들의 굶주림은 생존투쟁에서 서서히 도태되어가고 있는 것이다.

셋째, 따라서 우리 후흑도들은 하이에나로부터 배워야 한다. 하이에나는 살아있는 동물을 사냥하는 포식자이면서 죽은 동물의 시체도 마다 않고 처리하며, 동물의 뼈까지도 으깨 먹으면서 위장에서 분비되는 강한 산은 모든 것을 소화한다. 연구결과에 따르면 하이에나가 죽은 동물의 사체를 먹는 것 보다 사냥으로 잡아먹는 동물이 70%를 차지하는데 이는 사자의 사냥성공률보다 높으며 오히려 사자는 다른 동물 특히 표범이나 치타로부터 빼앗아 먹는 비율이 50%이상을 차지한다는 것이다. 거기에 하이에나는 사자 다음으로 강한 턱뼈와 이빨로 무장하고 있고,

떼를 지어 다니면서 사냥하며 숫적으로 유리할 때는 사자와 맞서서 먹이를 차지한다. 청년후흑도의 거울이다. 무엇이든 다 먹을 수 있어야한다. 즉 무엇이든 할 수 있는 일은 다해야한다. 그리고 하는 일에 있어서 하이에나의 소화력처럼 강한 용기와 지혜와 열정으로 소화시켜내야 하는 것이다. 하이에나가 뼈도 먹듯이 때로는 남이 꺼려하는 일도 마다하지 않고 맡아하면서 그 안에서 스스로의 철리를 깨우치는 것이다.

넷째, 아직 사회에 나가서 성공하지 않았기 때문에 남에 의지해서 일을 찾기도 하고 다른 사람이 물려준 허드렛일도 마다하지 않고, 그 안에서 다른 사람이 놓친 기회를 포착하는 것이다. 그러다가 각고의 노력 끝에 차지한 인생의 기회를 갑이 나타나서 빼앗으려고 한다면 다른 동료들을 규합하여 무리의 힘으로 대항해서 지켜야 한다. 법으로 대항하는 것은 소용이 없다. 앞서 말했듯이 갑의 위치에 있는 사자들은 돈과 권력을 통하여 법을 그들에게 유리하게 적용되도록 하는 장치를 다 가지고 있기 때문이다. 그러나 먹이를 빼앗기지 않으려고 죽음을 선택하지는 마라. 젊은 그대들에게 아직도 살아야할 날과 그래서 더욱 찬란하게 남아 있는 희망이 너무나 눈부시다는 사실을 잊지 마라. 하이에나는 자기들이 사냥한 먹이라도 사자들이 우세한 숫자로 달려들면 포기하고 다른 사냥감을 찾아 나선다. 어쩔 수 없으면 포기하고 다른 기회를 모색하는 것이다. '아니면 말고'다.

자연계의 생존 방식 중에서 특히 약자로서 먹이사슬의 하위에 위치하며, 포식자의 위협 속에서 살아가는 동물들의 사례를 중심으로 살펴보자. 같은 입이라 하더라도, 이들은 죽음을 앞두고 고통 속에서 입을 벌리며 필사적으로 몸부림친다. 마지막 순간까지도 생존을 위해 포식자를 물어보지만, 그러한 행동은 오히려 포식자의 공격성을 더욱 자극할 뿐, 생존에 실질적인 도움을 주지 못한다는 사실을 발견할 수 있다.

162

킹코브라는 동족 뱀들을 주식으로 잡아먹는다. 킹코브라가 뱀을 물어 독을 주입하는 동안 잡아먹히는 뱀 역시 이빨로 온 힘을 다해서 킹코브라를 물어보지만 결국 먹히고 만다. 같은 뱀의 입과 이빨인데 이토록 차이가 난다. 악어의 입은 동물들을 갈기갈기 찢어서 먹지만 부화한 자신의 새끼들을 그 험상궂은 입으로 물어서 물가로 이동시킨다. 동물을 사냥하는 사자의 이빨은 어린 새끼들을 혀로 핥아주는 용도로도 요긴하게 쓰인다. 같은 입과 이빨인데 이토록 그 쓰임새가 다르다.

마치 포식당하는 동물이 마지막 절규 속에 고통스럽게 벌리는 입처럼, 인간이 그 고통의 입으로 말하고, 먹고, 마시는 비극은 무엇보다 우선적으로 방지되어야 한다. 사회의 강자들에게 당하면서 고통의 입으로 고래고래 소리치며 술 취해 쓰러져 자포자기하면서 사회와 강자를 원망하는 입으로는 후흑을 실천할 수 없다. 강자들은 힘을 이용하여 기회를 틈타 사냥에 성공하면 그만이지만 약자는 생존을 위하여 다양한 후흑의 생존 기술을 터득한 것이다. 다음은 자연계의 생존을 위한 자기방어의 후흑이라고 할 수 있다.

### (1) 황금 갈기를 두른 고독한 권력

사자는 호랑이와 달리 협동을 통해서 동물들을 사냥한다. 그런데 동물학자들의 관찰과 연구에 따르면 사자는 사냥을 통해서 먹이를 획득하는 비율보다는 치타, 표범, 하이에나가 사냥한 먹이를 가로채는 비율이 훨씬 높다는 점이다. 사자의 눈으로 보면 이는 보다 경제적이며, 강자가 누릴 당연한 권리이며, 방법의 정당성보다는 강자의 능력을 통하여 당연히 얻을 수 있는 권리라고 할 수 있다. 강자는 무엇을 해도 치졸하지 않고 강하기 때문에 용서가 되고 이해가 될 수 있다는 유리한 조건을 지니고 있을 뿐이다. 강자의 무기는 필요할 때 언제든지 동원될 수 있고, 목적을 달성하는 순간 강자이기 때문에 용서할 수 있고, 영웅이 될 수도 있다. 1명을 죽이면 살인자가 되지만 100명을 죽이면 영웅이 되는 법이다.

"세계가 돌아가는 방식에서 보듯이, 정의란 권력이 대등한 이들 사이에서나 문제가 될 뿐이다. 강자는 할 수 있는 것을 하고, 약자는 당해야 할 것을 당한다." 강자와 약자의 관계다. 투키디데스(Thucydides)의 『펠로폰네소스 전쟁사』 제17장에 나오는 그 유명한 멜로스 대화(Melian Dialogue)다. 아테네가 멜로스를 공격하면서 멜로스인과 나눈 대화로, 현실주의 정치철학의 핵심을 담고 있다. 정의는 대체로 힘이 비슷한 세력들 사이에서만 의미를 가진다. 이는 힘이 균형을 이룬 경우에만 협상과 규칙이 제대로 작동할 수 있음을 의미한다. 이 표현은 고대 그리스라는 시간을 넘어, 현대 국제정치학에서 여전히 논의되는 주제다.

다리가 짧은 물오리는 깊은 물속에서 주둥이에 맞는 크기의 물고기를 사냥하며 생존한다. 반면, 긴 다리를 가진 학이나 도요새는 우아한 자태로 얕은 물가를 거닐며 송사리나 피라미 같은 작은 물고기를 잡아먹으며 살아간다. 안전이 보장되고 우아한 자태에 먹이로부터 공격당할 일이 없는 먹이활동의 결과이다. 펠리컨과 가마우지는 짧은 다리로 인해 어딘가 우스꽝스러워 보이고, 걷는 모습도 뒤뚱거리며 몸집도 크지 않다. 그러나 이들은 바다에서 깊은 물속으로 잠수하며 큰 물고기만을 사냥한다. 단 몇 마리의 사냥감만으로도 배를 채울 수 있다. 긴 다리를 가진 새들이 얕은 물가에서 먹이를 찾는 것과 달리, 짧은 다리는 오히려 바다에서 잠수하며 생존하는 데 최적화되어 있다.

나폴레옹과 덩샤오핑을 보자. 그들의 작은 키는 오히려 위대한 정치가로 거듭나는 원동력이 되었다. 덩샤오핑은 자신의 작은 키에 대해 성장기 동안 제대로 먹지 못했기 때문이라고 설명했다. 그러나 프랑스 유학 시절, 그는 어린 나이와 작은 체구를 극복하기 위해 이론과 논쟁보다는 실질적인 행동으로 승부를 걸었다. 그 결과, 프랑스의 공산주의 청년 운동에서 인정받을 수 있었다.

이러한 경험은 그가 마오쩌둥처럼 철저한 사회주의 혁명 노선을 고수하기보다는 실용주의적 사고를 바탕으로 개혁·개방을 주창하고 추진하는 데 밑바탕이 되었다. 덩샤오핑의 선택은 결국 오늘날 중국을 G2의 반열에 올려놓는 기초가 되었다.

인간은 작고 왜소한 육체와 제한된 정신적 자원을 가졌음에도 불구하고, 능력과 지혜를 단순한 양적 확장이 아닌 질적으로 집약하고 압축함으로써 더욱 뛰어난 자질을 발휘할 가능성을 품고 있다. 이는 인간이 타고난 약점을 어떻게 극복할 것인가, 나아가 그 약점을 어떻게 강점으로 승화시킬 수 있는가에 대한 깊은 통찰을 제시한다. 결국, 약점의 역전은 인간의 창조성과 적응력을 증명하는 과정이라 할 수 있다.


일시적인 성공에 우쭐대다 실패한 사람은 너무나 많다. 때로는 우연치 않은 성공을 이루기도 한다. 문제는 성공과 실패가 교차되는 삶에서 어쩌다 찾아온 성공에 우쭐대는 인간의 성공은 길지 못하다. 그리고 많은 실패 속에서 얻게 된 경험이나 지혜를 무시하는 것 역시 다시 성공해도 또 다른 실패로 연결되기 쉽다. 우연한 성공이 실패로 돌아가는 많은 이유 중의 하나는 오랜 준비를 통해 이루어진 성공이 아니기 때문에 성공 후에 실패에 대한 대비가 없기 때문이고, 또 다른 하나는 성격이나 근본이 천박하여 성공의 고귀함을 잘 모르거나, 너무나 쉽게 이루어진 성공이라 그리고 실패의 경험이 별로 없이 이루어진 성공이라 성공이 너무나 당연한 줄 안다. 그러나 위기의 때가 닥치면 그동안 자기를 먹여 살려주었던 비즈니스 아이템이나 공장의 직원들이 소중했던 자산이었음을 느끼고 후회할 때, 이때는 이미 늦은 것이다. 사슴뿔에 도취된 인간들은 이미 패망이 코앞에 닥쳐 회복할 수 없는 파산에 이를 때에야 그 심각성을 느끼고 후회한다. 가끔씩 남은 인정해주지 않고 크게 내세울 것이 없는 것들, 노래 솜씨, 분위기를 맞추고 사람을 즐겁게 만드는 유머, 요리 솜씨, 친구들 간에 화해시키는 화해역할 등을 소중하게 생각해야한다, 자신의 처지를 성공가도를 달리는 사람들과 비교하면서 남들이 지닌 뿔 즉 탁월한 성적, 영어능력, 훌륭한 부모, 고급 승용차 등을 부러워해보아야 헛된 일이다.

사슴뿔과 대왕 코브라의 독은 비슷한 느낌을 전달한다. 핵심은 그것들이 동족 내에서 강력한 무기이지만, 그 대상은 같은 동족을 경쟁으로 한다는 점이다. 사슴뿔은 특히 다른 포식자들에게는 강력한 무기가 되지도 못하면서 짝짓기를 위한 같은 수컷들을 물리치기 위한 무기로만 동원되기 때문에 킹코브라의 독과 사슴뿔이야말로 졸렬한 후흑의 표본이다.

## (2) 도마뱀 꼬리 자르기

주로 뒷골목 건달들이 쓰는 수법으로서 지위가 낮은 건달에게 죄를 뒤집어씌우는 것이다. 후흑의 본질은 잘린 꼬리가 아니라 스스로가 위기에 처했을 때 꼬리를 자를 수 있어야 한다. 잘못의 일부를 인정함으로써 나머지 잘못에 대해서 면죄부를 받는 것이다. 후흑의 핵심은 어설픈 희생으로 가망 없는 미래를 도모하는 것이 아니라 잘린 도마뱀의 꼬리가 되지 않음으로써 일단 같은 도마뱀의 몸통에 붙어서 다시 꼬리가 자라기를 기다리는 것이다. 법률용어에 '플리바겐'이라는 용어가 있다. 자신의 죄를 일부 인정함으로써 다른 큰 죄로부터 감형을 받는 것이다. 또는 공동범죄에서 타인의 죄를 입증해주거나 증언을 해 줌으로써 자신의 죄를 경감시키는 것이다. 즉 "전부全部가 아니면 전무全無"다가 아니라 "전무가 될 바에 일부 유를 선택하는 것"이다. 약자의 최대의 무기는 일단 생존하는 것이다. 그리고나서 때를 기다리는 것이다.

### (3) 뿔 도마뱀의 눈에서 나는 피

코요테 등이 뿔도마뱀을 먹을 수 있는지 건드려 보면 처음에는 죽은 척 하다가 그래도 여의치 않으면 한 순간에 눈에서 역한 냄새를 풍기는 핏빛 액체를 코요테의 얼굴에 뿌림으로써 위기를 모면한다. 인생의 최대의 위기에 봉착했을 때 그리고 자신을 그 위기에 빠트린 사람이나 혹은 자신을 유일하게 위기에서 구해줄 수 있는 사람을 향해서 최후로 할 수 있는 것은 무엇인가, 피눈물을 쏟으면서 진정을 호소하고, 눈물로서 도움을 요청하며, 피를 토하는 심정으로 간절하게 설명하고, 도움을 요청하는 것이다.

뿔도마뱀이 마지막에, 그리고 그동안 저장해 놓은 핏빛 액체를 한순간에 쏘아버리는 것처럼 폭포처럼 그리고 물 흐르듯이 눈의 핏물을 뿜는 심정으로 간절하게 바라고 원하고 용서를 빌고 도움을 요청하라. 청년 후흑도들은 아직 젊다. 누구에게 무엇를 바라고 요청하며 도움을 구하는 것이 결코 부끄럽거나 수치스러운 일이 아니다. 아직 남에게 도움을 줄 처지가 도래하지 못하였기 때문에 그리고 앞으로 더욱 발전해야 하기 때문에 그리고 주위에 도와줄 사람이 거의 없기 때문에 도움을 요청할 때 잘못을 빌 때 아니면 자신의 정당함을 주장할 때 뿔도마뱀의 핏빛 물줄기를 쏘는 것이다. 강하게 강렬하게 그리고 최후의 필살기로서 사용하는 것이다.

### (4) 위기속 탈출

날다람쥐는 순식간에 날아서 위기를 모면한다. 새도 아니면서 위기의 순간에 다리 사이의 막을 이용해서 다른 나무로 비행을 함으로써 위기를 모면하는 것이다. 책임의 현장이나, 곤혹스러운 자리 아니면 위험한 환경에 직면하게 되는 경우 즉시 날아서 환경을 바꾸는 것이다. 이는 현재 하는 일이 여의치 않거나 어떤 희망도 없을 때 아니면 잠시 생각할 여유를 가지고자 할 때 현장 또는 그동안의 삶의 행태에서 벗어나는 것이다. 탈북자들이나 외국으로 이민을 가는 경우가 그 대표적인 경우다. 아울러 많은 돈을 들여서 떠나는 해외 배낭여행만이 능사가 아니라 동해안이나 제주도의 올레길을 여행하면서 사고를 다시 정리하는 것이다. 지난 세월과 앞으로 가야할 길에 대한 반성과 반추 등이 그것이다.

그도 아니면 사람의 도움을 간절하게 원하는 처절하게 살아가는 사람들에 대한 자원봉사를 하면서 자기의 삶을 다시 돌아보는 것이다. 임종을 앞둔 암환자 호스피스, 노숙자, 농어촌 청소년 대상 재능 기부 등에 참여해 보는 것이다. 그런 방면으로 훌쩍 날아가 다른 나무나 땅에서 다시 정착하거나 다른 기회를 보거나 아니면 거기서 재기하여 더 높은 곳으로 비상하는 것이다.

### (5) 거북이의 은둔과 반격

거북이는 죽은 척하여 위기를 모면한다. 이종오는 말한다. 소은小隱은 죽림칠현처럼 산이나 숲속에 은거하며 도인을 자처하며 독야청청하고, 중은中隱은 적당하게 몸을 굽혀서 자기의 목적을 달성하는 것이며 대은大隱은 빛을 부드럽게 하여 속인들과 더불어 사는 것의 세 가지가 있다. 죽은 척 하는 것은 일단 강자를 만나서 목숨을 보호하기 위한 것에서 시작한다. 죽은 척 하는 동물의 양태는 다양한데 공통점은 즉시 죽은 척 한다는 것과 그 방법은 다양하다는 것이다. 일단은 죽은 척 하되 주위의 모양에 따라 같이 색이 변하는 보호색으로 무장한 다음에 죽은척 하는 것이 더욱 안전하다.

거북이는 일단 스스로의 갑옷을 가지고 있고 그 안에 사지를 모두 거두어들임으로써 하나의 껍데기만 남은 것처럼 보이는 것이다. 청년 후흑도에게 있어서 죽은 척 하는 경우는 무엇인가. 하나는 모든 것이 실패와 좌절로 돌아갔을 때 숨을 고르기 위해 사지를 모두 껍데기 안으로 불러들이고 집안에 틀어박혀 손님을 일체 사절하는 두문사객杜門謝客이 그것이다. 핸드폰과 이메일도 끄고 잠적하는 것이다. 또 다른 하나는 한 번의 승부를 걸기 위해 죽은 척 지내면 데뷔의 날짜와 시기를 기다리는 것이다. 아프리카의 개구리는 건기에는 땅 속 깊숙한 곳에서 잠을 자다가 우기에 비가 내리면 잠깐 동안 땅 밖으로 나와서 번식을 하고 올챙이를 돌보고 올챙이가 독립할 수 잇을 정도가 되면 다시 땅속으로 들어가 다음 우기를 기다린다. 죽은 척 하며 우기가 되기를 기다리는 것이다. 사막의 선인장도 마찬가지다. 단 한번에 기회를 봐서 꽃을 피운다.

## (6) 위장의 대가

문어의 화려한 위장술이다. 주변 색깔에 맞추어 변신하는 위장술의 대가는 단연 문어다. 기본적으로 4가지 색깔을 가지고 주위 환경에 맞는 색깔로 변장하여 먹이를 노리거나 포식자의 위험으로부터 벗어난다. 문어의 위장술은 주로 자기 방어를 위한 경우가 많다. 가장 잘 알려진 카멜레온은 위장을 통해서 안정을 도모함과 동시에 먹이가 눈치채지 못하도록 하는 것이 위장의 주목적이다. 위장술은 자기보호와 먹이사냥을 위한 위장으로 구분된다. 보호와 사냥이 위장술을 통해 동시에 이루어진다는 사실은 시사해주는 바가 많다. 먼저 생존을 위한 보호로서 위장이 행해지는 것이다.

## (7) 위장과 교란

스텔스 기능과 재밍jamming을 이용하는 동물도 있다. 예컨대 박쥐의 초음파를 교란시키는 나방이 있다. 박쥐는 초음파를 발사해서 피포식자의 물체를 파악하고 공격해서 잡아먹는다. 박쥐의 먹이는 날아다니는 곤충이 주요 먹이다. 그런데 나방의 한 종류는 박쥐가 그 나방을 대상으로 초음파를 쏘면 그것을 교란시켜 날아와서 덮치는 방향을 계속 빗나가게 함으로써 잡아먹히지 않는 생존기법을 진화시켰다. 사회생활에서 박쥐의 초음파와 같은 수법을 사용하는 이들은 먼 거리에서 은밀하고 장기적으로 자신들의 목적을 달성하려는 사람들이다. 이들은 법이나 돈을 이용해 타인을 원격으로 조종하거나, 법의 허점을 교묘히 파고들어 남의 이익을 갈취하려는 경우가 많다. 이러한 사기꾼들의 계략에 빠지지 않으려면 그들의 수법을 꿰뚫어 볼 수 있는 방어법을 익히고, 법을 자신의 이익 도구로 삼으려는 이들에 대해 경계심을 늦추지 말아야 한다.

## (8) 독의 철학

작은 동물은 자신을 지키기 위하여 독을 지니고 그것을 무기로 사용한다. 아나콘다는 크기와 힘에서 뱀들의 왕이다. 때로는 카이만과 같은 악어 몸을 조여서 잡아먹는다. 따라서 독을 지닐 필요가 없다. 또한 아프리카 비단뱀 역시 독이 없이 카피바라나 중간 크기의 흑멧돼지 등을 사냥한다. 이들이 독 없이 커다란 몸집으로 사냥하는 모습은 마치 전쟁터에서 전면전으로 강한 힘으로 적을 토벌하는 장군의 모습을 연상시킨다. 독을 가진 뱀 중에서도 비교적 큰 덩치를 자랑하는 킹코브라는 주로 같은 동족을 사냥하여 살아간다. 이는 독을 사용하여 동족을 잡아먹는 카니발리즘의 대표적인 예다. 이는 일제강점기에 일제에 빌붙어서 일본 경찰과 헌병의 힘을 빌어 같은 동포를 탄압하고 독립군 토벌에 앞장섰던 친일분자들이 여기에 속한다. 킹코브라를 제외하면 독을 가진 뱀들은 모두 사이즈가 작은 뱀들이다. 그들의 사이즈에 적합한 동물을 죽이기에 알맞은 독을 가지고 있다.

독의 용도는 먹이 사냥용과 자기 방어용의 두 가지가 있다. 그중에서도 먹이 사냥용보다 자기방어용 독이 더욱 강하다. 아프리카나 남미의 독 개구리들이 그렇다. 작은 몸집에 밝은 색깔을 가지고 포식자를 향해 경고하는 것이다. 이는 아이러니 하게도 생존을 위해서는 먼저 먹이를 사냥하는 독이 가장 센 독성이여야 하는데 오히려 목숨을 지키는 독이 더욱 강하다는 것을 자연계가 보여 주는 것이다. 청년 후흑이 해당하는 독은 적어도 약한 동물을 잡아먹는 독을 지니기 보다는 일단 자기를 보호하고 방어하는 독을 지녀야 한다. 사회경제적으로 약자의 위치에서 적어도 갑에게 나는 당신을 공격할 힘은 없지만 만약 나를 건드리면 당신은 무사하지 못할 것이라는 경고의 메시지 내지는 그것을 인식하는 독을 지녀야 한다. 그 독은 때로는 법을 벗어난 강력한 저항이요, 정의와 억울함과 부조리에 대항하는 폭력이요, 단체나 집단적 행동을 통한 세의 과시오, 언론에 제보하여 대중의 공분을 일으키게 하는 폭로다.

## (9) 화려함 속의 후흑

버려진 흰개미집에서 애벌레로 지내며 화려한 변화를 기다리는 반딧불이 있다. 흰개미 집에 굴을 파고 밤에 화려한 빛을 발하면 암컷과의 교미를 준비하거나 교미에 실패하고 낙오한 수컷 흰개미들이 그 화려한 불빛을 보고 달려들면 그때에 잡아먹는 것이다. 적을 치기 위해서 허허실실이 아니라 화려한 미끼를 준비하여 적이나 상대가 접근했을 때 이를 격파하거나 파멸시킴으로써 목표를 달성한다. 흔히 사회에서 이른바 '꽃뱀'이라 불리는 여성들이 사용하는 수법으로, 이를 보다 교묘하고 계산적인 방식으로 발전시킬 필요가 있다.

## (10) 메기의 생존법

    유럽의 강 전역에 서식하고 있는 거대 메기는 그 거대한 크기에 비해 생태계를 교란시키지 않는 종으로 알려져 있다. 한국의 생태계를 위협하는 큰입배스, 붉은귀거북, 황소개구리와는 달리 민물 생태계를 교란시키지 않으면서 먹는 먹이의 양도 적다. 대형 메기의 피부는 오염물질로 덮여 있고, 고기에는 각종 중금속이 포함되어 있어 식용으로 적합하지 않다. 그래서 낚시를 하더라도 잡은 고기를 먹지 않고, 그대로 놓아주곤 한다. 그럼에도 불구하고 이 거대한 물고기는 낚시를 할 때 짜릿한 손맛을 선사하며, 더 큰 고기를 낚아보려는 욕망이 더해져 인기를 끌고 있다. 이는 마치 장자의 필요 없음의 필요함 즉 무용의 용無用之用을 떠 올리게 한다. 거대하면서도 해를 끼치지 않고 잡아먹히지는 않으면서도 남들의 즐거움이 되고 자신은 그만큼 더욱 번성하면서 몸뚱이는 더욱 키울 수 있는 유럽 대형 메기(CAT FISH)의 생존과 번영철학을 참고해야할 것이다.

## (11) 괴로움 속의 기회

    하마와 강을 공유하는 악어들이다. 하마는 초식동물이고 악어는 육식동물인데 악어는 하마의 덩치와 이빨에 눌려 하마들의 눈치를 보며 강물을 공유하고 있다. 그들은 하마의 괄시를 받으면서도 하마와 근거리에서 생활하면서 하마들의 횡포를 참고 견디며 생활한다. 그러다가 일단 하마가 병이 들어 죽거나 자기들끼리 영역다툼으로 죽으면 그때 커다란 하마의 사체는 근처에 살던 악어들의 잔칫밥이 된다. 이처럼 일단은 덩치나 규모가 큰 대상들의 근처에서 놀아야 한다. 비록 그들에게 괄시를 받고 다양한 어려움을 겪게 되지만, 일단 그들이 마음을 열거나 그들이 감당하지 못할 일들이 발생하면 결국 이쪽을 찾게 된다. 일제시대 일본사람의 공장이나 회사에서 일하다가 일본인 주인들이 패망해서 일본으로 돌아갈 때 공장이나 회사 또는 집을 한국사람에게 남겨주고 떠나게 되어 예상치 못한 재산을 소유하게 된 경우도 많이 있다.

후흑의 철학은 위에서 나열한 다양한 동물들의 행태와 유사한 경향을 띄지만, 그 핵심은 약자로서 먼저 생존을 위하여 생래적으로 가진 본능을 최대한 활용하였다. 후흑은 도마뱀의 꼬리, 날다람쥐의 날개, 내가 살기 위해서 남을 죽여야 하는 정당방위 등에서 찾아볼 수 있다. 여기에 후흑 철학의 핵심이 있다. 후흑은 약자의 입장에서 생존을 위해서 발휘하는 능력이며, 발전을 위해서 행사하는 약자의 의무다. 동물들이 우리에게 말해주는 바는 후흑은 통제가능한 수단이 아니라 그 나름대로 우주와 대자연의 법칙에 따른 작용이며 그것이 한편으로는 진화에 관한 교훈을 이야기 하며, 다른 한편으로는 만물의 영장인 인간에 대하여 동물과 다름이 없어도 또 다른 측면이 있다. 그것이 후흑이다. 물론 동물은 후흑을 알 리 없다. 그렇다고 박백은 아니다. 생존과 번식을 위한 가치중립적 전략일 뿐이다.

# 제5장

청년 후흑학

모든 인간은 본질적으로 불완전한 존재다. 이는 우리 몸이 자연스러운 생리적 과정을 통해 불필요한 것을 배출해야 한다는 점에서도 드러난다. 다만, 배출되었는가 혹은 아직 내부에 남아 있는가의 차이가 있을 뿐이다. 이러한 사실을 부정하고 자신을 순수하거나 결백하다고 주장하는 이들의 세계는 위선으로 가득 차 있다. 이 세계는 순수와 불순, 결백과 유죄, 청결과 불결 같은 이분법으로 환원되지 않는다. 실상은 시비의 저편, 선악의 저편, 그리고 미추의 저편에 존재하는 것이다. 물론 후흑이 지배적인 태도로 자리 잡은 개인이나 집단, 나아가 사회 전체는 건강한 환경을 유지하기 어렵다는 사실은 자명하다. 적어도 인류 사회의 의식과 양심은 지속적으로 개명되어 왔으며, 왕정에서 공화정으로, 독재에서 민주로 보다 합리적인 사회로 나아가면서 후흑의 존재 공간은 점차 좁아져 갔다. 이러한 변화 속에서 후안무치한 태도나 부정직함이 설 자리는 점차 줄어들고 있다.


## 1. 후흑의 현실과 그 실천을 위한 전제조건들

### (1) 후흑의 현실

정치학에서는 이익을 드러난 이익과 감춰진 이익으로 설명한다는 것은 앞에서 언급한 바 있다. 후흑도 마찬가지다. 드러난 후흑을 노골적 후흑이라고 하고 감춰진 후흑은 은닉된 후흑이라고 할 수 있다. 노골적 후흑의 대표적인 인물을 하나 꼽으라면 이승만 전 대통령을 꼽을 수 있다. 대한민국에 민주주의의 가치와 제도를 심어주었고, 한국전쟁에서 북한에 의한 적화통일을 막아내었으며, 미국을 한국이 우방으로 삼아 오늘날의 안보와 경제를 공고하게 만든 공로에도 불구하고 그가 걸어온

길 특히 독립운동 과정에서 권력을 위하여 그가 벌인 일은 후흑의 치부라고 할 수 있다. 김구를 비롯한 상하이 임시정부는 암살의 위협과 피난을 무릅쓰고 중국 국민당과 함께 항일 무장투쟁의 최전선에 섰다. 반면 그는 미국에서 아무런 위험도 없이 외교라는 이름의 독립운동을 내세우며 교민들의 성금을 사적으로 유용했고, 일본의 패전을 감지하자 미국의 후광을 업고 해방 후 남한의 정권을 거머쥐었다. 그 이후에도 그가 정권을 장악·유지하기 위하여 벌인 일은 이루 다 열거하기도 힘들 정도다. 이에 비하여 김구와 같은 민족주의자는 북한을 방문하여 민족의 분단을 막아보려고 노력하다가 암살당하였지만, 이승만은 하와이에서 쓸쓸한 생을 마감하였다. 김구의 삶과 비교해볼 때 후흑으로 사는 삶이 결국 성공을 가져온다는 사실이 명확해지는 것이다. 그러나 이는 국가와 민족을 위한 후흑이 아니라 자신의 권력과 영달을 위한 후흑이었다는 점에서 저급한 후흑이라고 할 수 있다.

미국 민주당 전 텍사스 주 상원의원인 웬디 데이비스(Wendy Davis)는 10대에 아이를 낳아 싱글맘으로 트레일러의 이동식 주택에 살면서 홀로 아이를 키우고 허드렛일을 하면서 하버드 대학의 로스쿨을 졸업했다는 입지전적인 인물로 알려져 제2의 힐러리 클린턴으로 장래가 촉망되는 여성정치인이었다. 그러나 실제로는 그의 두 번째 남편이 모든 학비와 생활비를 부담하였고 아이 양육도 도맡아 하였다. 웬디가 엘리트 변호사로서 시의원에 출마할 때부터 두 번째 남편은 헌신적으로 그녀를 도왔으나 그녀가 간통을 저질러 이혼에 이르렀다. 두 번째 남편이 웬디의 학자금 대출과 이자를 다 갚은 날 이혼과 더불어 그를 떠나간 것이다. 두 아이의 양육도 두 번째 남편에게 떠넘기면서 민주당 주지사 후보로 출세를 향해 달려가는 그녀의 모습에서 서양식 후흑을 보게 된다.

이것은 점잖은 후흑이다. 한국의 사회 역시 이와 대동소이한 인물들로 신문과 TV 및 인터넷을 달구는 일이 자주 일어난다. 국회의원들이나 고위 공직자 그리고 부유한 재벌들이 검찰에 소환되는 뉴스를 우리는 자주 본다. 그들은 가진 것이 없어서 그리고 무엇이 부족해서 아니면 어쩔 수 없어서 그렇게 된 것인가? 아니다. 그들은 후흑을 제대로 이해하지 못하고 후흑을 쓰지 말아야할 시간과 장소에 후흑의 도를 저버리고 후흑술을 남용한 대가를 치르는 것이다. 이들은 드러난 빙산의 일각에 불과하다.

정부 고위 공직자들의 임명을 위한 국회 청문회에서 한 점 부끄럼 없이 흠결 없는 평가를 받은 공직자가 과연 얼마나 될까? 가진 자가 더 가지려고 하고, 있는 자들이 더 권력과 재산을 불리고 채우기 위하여 갖은 불법과 탈법을 자행함으로써 낙마한 사람은 또 얼마나 많은가? 그들은 후흑을 개인의 영달을 위하여 양심을 저버리고 법의 테두리를 마음대로 벗어나면서 가진 자들의 이너써클에서 기득권자들끼리 정보를 주고받으며 개인과 집단의 기득권을 지키기 위하여 후흑의 부정적인 측면을 동원한 것이다. 전관예우의 경우를 보면 더욱 확연히 알 수 있다.

성공한 집단의 구성원들은 서로를 챙겨주면서 정년이 끝나도 현직에 버금가는 각종 특혜를 누린다. 일단 국가의 중책을 맡을 정도의 지위나 명성에 올랐다는 것은 그만큼 그들이 성공적인 삶을 살아왔다는 말이다. 그러나 뒤집어 보면 정직하고 깨끗하게 양심적으로 살아가는 사람들에게는 이러한 출세나 성공이 지극히 어렵다는 것을 보여주는 것이기도 하다. 왜냐하면 그들이 한국 지성과 권력과 부의 최고를 달리는 대표적 인물들인데 그들을 통해서 표본적으로 나타난 현상은 한국사회는 지극히 양심적으로는 후안무치하고 정신적으로는 이기적이며, 사회적으로는 법을 무시하고 법의 위에서 법을 농락하는 자들에 의해서 움직여지고 있다고 봐야 할 것이다.

이것은 나타난 현상이라고 하지만 숨겨진 사실은 이를 더 확실하게 증명해준다. 대통령이 정부 주요 직을 부탁하면 고사하는 사람들이 더 많다. 이미 청문회에서 비판을 받은 사람은 드러난 후흑의 상징적 인물들이라고 한다면 그들의 부정과 부패와 탈법과 비양심이 청문회를 통해서 낱낱이 공개되는 것이 두려워 요직을 거부하는 자들이 더 많다는 사실을 알아야 한다. 이처럼 드러난 인물들의 배후와 과정에 도사리고 있는 후흑의 실체들과 요직을 거부함으로써 드러나지 않는 사회의 성공한 인물들을 종합해 보면 이 사회는 후흑적인 인물들이어야 성공할 수 있고, 또한 그러한 인물들에 의해서 유지되고 지배되는 사회인가에 대한 암담한 현실에 분노를 일으키게 된다.

이 뿐만이 아니다. 사회 곳곳에 뿌리내리고 있는 사회적 병리 현상들 가운데 가장 깨끗하다고 해야 할 종교사회는 더 추악하다. 불교계의 간음, 술자리, 횡령, 노름판 등 잡범 수준급으로 계와 율을 파하는 것은 이루 형용할 수 없는 수준이며, 종단 내 집단 분규 사태가 발생하면 승려들이 편을 나누어 대웅전 기왓장을 빼서 집단 폭행을 벌인다. 기독교계도 오십보백보다. 각종 금품선거나 교회세습 등 형언하기 어려울 지경에 이르렀다. 문제는 바로 그러한 사람들이 후흑을 통해 현재의 지위에 오른 인물들이라는 점이다. 이제 그들은 후흑을 보다 크고 올바른 일에 활용해야 할 책무를 지니고 있음에도 불구하고, 오히려 자신들을 키워준 후흑의 방식으로 기존의 기득권을 더욱 공고히 하는 데 몰두하고 있다. 그 과정에서 후흑은 발전의 도구가 아닌, 권력을 유지하기 위한 수단으로 전락하고 만다.

교회는 서로 분열되어 성직자들끼리 싸우며 고소하고, 교사는 자신의 안일을 우선 목표로 삼기에 학생들에 대한 관심과 사랑의 정도를 차별화하고, 군대에서나 회사에서는 돈과 연줄이 되지 않으면 승진이 어려우며, 부정한 방법으로 승리를 거머쥐어야 개인의 능력으로 인정되고, 양심적이고 법과 실력과 정의를 믿는 순진한 낙오자들은 술잔을 기울이며 화를 풀다가 급기야는 가정에서조차 버림받을 위기에 처하게 되는 상황이다.

후흑의 현실은 이렇다. 드러난 것은 빙산의 일각이며 드러나지 않은 후흑이 보다 보편적이며 일상적이며 사람의 행위 전반을 지배하고 있다. 이것을 이종오가 간파함으로써 감춰진 후흑이 비로소 역사와 사회 전면에 나타나게 된 것이다. 따라서 후흑의 본질과 실천은 드러나지 않은 후흑이 그 대상이라고 해야 할 것이다.

## (2) 세상을 비판하고 삐딱하게 봐야

세상을 부정적으로 보아야 후흑의 실천이 동력을 얻는다. 사회적으로 안정된 환경, 특히 OECD 회원국 수준의 경제적 안정성을 갖춘 사회에 사는 사람들은 그 나라 고유의 문화적 전통을 기반으로 세계화된 표준들 속에서 살아가고 있다. 이는 교육 수준, 전문 기술, 유산의 혜택, 정부 정책의 지원, 국제 교류를 통한 문화·경제·정보의 상호작용, IT 기술의 세계화, 금융의 국제화 등을 포함한다. 이러한 환경 속에서 젊은 세대는 비슷한 생각과 발상 아래, 정형화된 경로를 목표로 준비하며 부단히 노력하고 있다. 보다 안정된 사회라면 문화와 스포츠의 발전이 더해져 그 활동 범위는 한층 넓어질 것이다. 그러나 이처럼 국제적으로 표준화되어가는 사회에서 기존의 성공 법칙과 문화에 익숙해지고 이를 먼저 익힌 선두주자를 뒤따라가는 것만으로는 미래에 희망을 찾을 수 없다. 안정된 사회는 이미 모든 것이 포화상태에 이르렀으며, 그 안에는 기득권으로 단단히 무장한 세력이 자리 잡고 있어 양보하지 않기 때문이다.

이러한 잘 짜여진 제도나 경제사회 및 정치체제는 후발주자들인 청년 후흑도들에게는 다람쥐 쳇바퀴 돌리는 인생 악순환의 굴레 속에서 헤어 나지 못하고 영화의 주인공을 꿈꾸며, 기적같이 일어나는 신화를 마치 나에게도 금방 일어날 것 같은 착각에 오늘도 부지런히 로또를 구입하 면서 매주 당첨번호 발표를 기다리며 사는 것이다. 어떻게 이것을 타파 할 것인가? 세상을 일반적인 눈으로 보지 말고 다르게 보아라. 같은 사 물과 사회현상 그리고 정밀하게 움직여가는 사회현상을 이미 모든 것을 가진 기득권자나 승리를 만끽하는 자들과 같은 눈으로 보지마라. 미술 가의 특징은 같은 대상이라도 그것을 다르게 보면서 그것을 자기만의 세계로 표현해 내는 사람들이다.

자기의 귀를 자른 비극의 화가 반 고흐처럼 그는 자연과 사물을 다르 게 보면서 그렸다. 바로 후기 인상파 작가들이 여기에 해당된다. 역사상 최고의 무용가로 평가받는 이사도라 던컨도 프랑스로 이민을 가서 틈만 나면 루브르 박물관에 가서 미술품들을 보면서 그 안에서 자기의 춤을 만들어 냈다. 같은 세계를 다르게 보고 이를 걸작으로 표현해 내는 미술 가와 그것을 통해서 자기만의 춤을 만들어 내는 이러한 모든 예술의 밑바탕에는 모든 것을 있는 그대로 보지 않는 그리고 자기만의 시각과 세계로 보는 스스로의 눈으로 다시 모든 것을 보아야 한다. 다시 말해 주류의 세계를 보지 말고 비주류의 눈으로 세계를 바라보라. 삐딱하게 보라는 것이다. 후흑의 눈으로 보라는 것이다.

## (3) 기득권 사회를 동경하지 마라

삐딱하게 보는 것은 먼저 주류 기득권 사회를 동경하지 말라는 의미 다. 그렇다고 주류 기득권 사회를 거부하라는 말은 아니다. 동경하지 않는 것과 거부하는 것은 별개의 문제다. 앞에서 보았듯이 주류사회는 이미 더러운 방법으로 기득권의 보호막과 그것들을 가진 자들의 연합된 힘으로 뭉친 가진 자들의 무대가 되어있다. 한국전쟁의 폐허 위에 다시 재건되기 시작하던 1960년대의 사회는 비교적 모든 사람들에게 기회가 공평하게 주어져 상당 부분 같은 출발선에서 마라톤을 시작했다. 때로는 개천에서 용이 나기도 했으나 이제는 모든 것이 갖추어진 사회다. 1978년 11기 3중전회에서 개혁개방 노선을 천명한 이래 중국의 국가 경제성장률이 거의 40년간 9.8%를 유지하였고, 이제는 5%대의 성장을 기록하지만, 한국을 비롯하여 경제성장이 포화상태에 이른 국가들 즉 OECD 국가들의 평균 경제성장율은 3%를 넘기가 어렵다. 이는 이미 모든 사회가 안정된 사회라고 할 수 있으나, 이를 달리 표현하면 평등한 라인에서 출발하기에는 애당초 비집고 들어갈 틈이 없다는 이야기다.

설령 누가 간신히 주류사회의 트랙에 올라탔다고 하더라도 그가 할 수 있는 것은 주류사회의 핵심 인물들의 기득권을 유지시켜주기 위한 부속품에 불과할 뿐이다. 명예퇴직한 뒤의 삶에서 가족들을 위해서 희생하였노라고 말하는 세대들이 아니다. 자동차의 부품이 되어 폐차가 되는 소모품이 되기를 거부하고 자기만의 자전거로 세상을 누비자는 것이다. 여기에 청년 후흑학의 존재가 제기되는 것이다.

중국의 어부가 가마우지의 목에 줄을 묶고, 강과 호수의 물속으로 잠수시켜 물고기를 사냥하게 한 뒤, 가마우지가 물고기를 물고 올라오면 이를 빼내어 어망에 넣는 모습을 본 적이 있는가? 목에 줄이 매어서 달아나지도 못하고 또한 물고기를 잡아도 삼킬 수 없도록 함으로써, 가마우지는 잡은 물고기를 먹지도 못하고 계속 물속으로 잠수해서 또 다른 사냥을 해야 한다. 귀족 노동계급들을 제외하면 대기업의 사원이나 공장 노동자들은 회사를 위하여 죽도록 일을 하지만 생계를 유지하기에도 벅찬 임금만을 받고 일을 하면서 그것도 명퇴를 당하면 그때부터는 그와 그의 가족들은 더욱 비참한 삶의 나락으로 떨어지게 된다. 대기업을 갑

甲으로 둔 을乙은 갑의 횡포를 당해도 정부와 법이 보호해주지 않아 더욱 불공정한 게임에 고통당하고 있다. 불공정한 계약이라는 목에 메인 줄 때문에 간신히 잡은 고기도 갑에게 빼앗겨야하며 계약을 포기함으로써 달아나려고 해도 목에 메인 끈이 여러 가지 보상과 책임을 전가하는 바람에 도망도 못가면서 오늘도 을은 열심히 벌어서 밤새 고생해서 잡은 물고기를 갑에게 빼앗기며 갑이 베풀어 주는 조그마한 보상으로 연명하고 있을 뿐이다. 아니나 다를까 을(乙)은 새라는 뜻도 있다. 마치 가마우지처럼.

이종오는 말한다. 세계를 온통 다 뒤져 보아도 '공평한 것'을 찾아낼 수 없다. 흔히 말하는 공평하다는 것은 범위가 그어져 있는 것으로, 범위 이내의 사람들은 공평하다고 말하고 범위 밖의 사람들은 여전히 이기적이라고 말한다. 불리한 출발선에서 마라톤을 시작한 청년 후흑도들은, 공정한 사회를 말하는 이들을 오히려 이기적이라고 비난하는 입장에 처해 있다. 그들은 범위 밖에 있으면서도 범위 안을 향해 비판의 화살을 겨누는 존재들이다.

따라서 범위의 밖에 있는 사람에게 민주주의는 기회의 균등이라는 말에서는 정당하지만 현실적 민주주의는 결코 민주주의가 아니라 정치적 분봉체제와 경제적 봉건체제와 사회적 귀족체제라고 할 수 있다. 즉 사회 구석구석에서 기득권을 가지고 그것을 자손 대대로 유지하고 누리려는 사람들에 의해서 정치적으로는 지역의 맹주들에 의해서 지역정치와 중앙정치가 나누어져 있어 그렇지 못한 서민 대중들은 단지 투표 당일만의 자유민 그리고 여론조사의 대상일 뿐이다. 경제는 산업화시대에서 창업을 하거나 거대 그룹의 틈바구니에서 스스로의 입지를 구축한 자본가들에 의해서 자본과 시장이 이미 짜여져 있다. 서민 대중들은 자영업에 내몰리면서 한편으로는 대기업의 횡포에서 을의 비애를 느끼며 살아가야하고 중소기업은 대기업으로 발전할 희망이 없다.

과거 무에서 유를 창조하는 신화를 만들어내어 대기업의 반열에 올랐던 정문술, 서상목과 상고를 졸업하고 평사원으로 시작해서 STX를 창업하여 조선업계에서 샐러리맨 창업신화를 썼던 강덕수 회장 등이 그들이다. 이처럼 무에서 시작하여 거대 기업을 창업하였던 거인들은 그 구조적인 한계로 인하여 이미 물러났고 경제는 전통적 재벌들의 후손들이 차지하고 있으며 그들이 한국경제를 주무르고 있다. 그들은 그들의 선친들이 한국경제의 신화를 창조한데, 반하여 삼성이나 LG, 현대자동차 등 몇 개를 제외하면 국내에서 골목상권이나 잠식하고 동네 먹거리시장을 독점하면서 자기들만의 배만 불리고 있다. 그만큼의 자본력과 인적 자원을 보유하고 있으면 당연히 그들의 경쟁대상은 세계가 되어야하는데 재래시장을 갉아먹고 동네 빵집을 문 닫게 하는 등의 더러운 후흑을 일삼고 있는 것이다.

노동계급은 또 어떤가? 같은 노동자이면서도 비정규직 노동자를 차별하면서 노동자 중에서도 귀족 대우를 받고 다른 노동자를 차별하면서 스스로의 기득권만을 강하게 움켜쥐고 있는 귀족 노동지도자들 역시 노동계의 먹이사슬의 최상층에 있는 자들이다. 주위를 둘러보아도 유토피아는 보이지 않고, 권력과 경제력을 이용한 기득권자들에 사회가 구성되고 움직이고 있다.

여기서 이제 출발하려는 청년들 그리고 출발이 늦은 청년들은 이들 주류사회에 뛰어들어 언제 어떻게 주류사회에 진입할 것인가? 그 답은 주류사회를 거부하라 그리하면 그대가 주류사회의 주인공이 될 수 있을 것이다.

중국 공산당에 뛰어든 대부분의 지식인과 군사전략가들은 당시의 기득권세력이었던 장제스의 국민당을 거부하고 스스로 험난한 길을 선택한 진정한 혁명가들이었다. 그러나 이 시대는 혁명의 시대가 아니다. 혁명과 개혁은 시대를 앞선 사상가들이나 민족주의자들의 시대적 사명의 산물이다. 특히 오늘날 다양하게 등장하는 개혁은 정치 지도자들이나 기득권을 장악한 자들이 그들의 기득권을 더욱 확고히 하고자 과거의 미진한 부분을 고치고 미래지향적으로 구조를 바꾸면서 보다 발전적인 생존을 도모하는 가진 자들의 일이다. 그대들은 혁명과 개혁과는 상관이 없다. 수동적으로 혁명과 개혁의 수동자가 될 뿐 그것들을 위해서 그대들이 할 수 있는 것은 없다. 단지 작은 후흑으로 먼저 그대들의 삶을 변혁시키고 개혁에 도전하라는 것이다. "만약 여러분이 혁명을 감행한다면, 나는 지지할 것이다. 그렇지 않다면, 그냥 일상으로 돌아가라." 도날드 트럼프가 한 말이다. "인생에서 부당한 일들을 많이 경험하게 될 것이다. 그 중 일부는 예상치 못하게 다가올 것이다. 하지만 고개를 숙이고 싸워야 한다. 결코 포기하지 마라. 일이 잘 풀릴 것이다." 트럼프는 입만 열면 거짓말하고, 약자의 아픔에 공감할 수 있는 사람이 아니다. 그는 마키아벨리즘, 나르시시즘, 소시오패스라는 소위 말하는 다크 트라이어드(dark triad)를 모두 갖추고 있는 인물로 정치를 해서는 안되는 사람이다. 하지만 이 발언에서 민중 정치인이 되기 위해 필요한 정신과 의지를 알 수 있다. 민중주의에는 부정적인 의미가 담겨 있지만, 혁명의 기초는 민중주의이며, 혁명의 목적은 현 상태를 변화시키는 것이다. 역사적으로 예외는 없었다.

### (4) 그래서 반란을 꿈꾸고 반란을 시작하라

우리가 할 수 있는 최대의 일은 단지 반란을 꿈꾸고 반란을 시작하는 일이다. 그러기 위해서는 먼저 스스로의 고정관념이나 여태껏 그대들을 실패로 이끈 증명되지 않은 가치관 그리고 실패를 거듭하게 만든 삶의 계획 등에서부터 반란을 시작해야 한다. 정치학적으로 폭동은 부족한 부분 또는 반란을 일으키게 한 필요와 욕구를 만족시켜줌으로써 진압이 된다. 폭동은 한 순간의 분노이고 생존의 벼랑 끝에서 폭력적으로 선택하게 된 무력이다. 그러나 반란은 보다 철학적이며 여럿이 같이 해야하며 기득권에 대한 도전으로 시작되며 그것은 성공할 수도 실패할 수도 있는 모험이기도 하다.

사회는 이미 무엇이든 온갖 종류의 가진 자들에 의해 점령되어 있다. 공부를 잘하는 어떤 법칙을 일찍이 깨달은 머리 좋은 자들에 의해서, 그리고 출세의 길을 스스로 깨닫고 그것을 위해서 모든 것을 희생하면서 성공에 이른 사람들, 물려받은 부의 원천으로 인하여 버스나 지하철 요금, 라면 값을 알 필요가 없거나, 전기나 가스요금 고지서를 받아볼 필요가 없는 자들에 의해 이 사회는 이미 성곽을 쌓았다. 제도와 법률과 관습, 그리고 학교와 출신이라는 문지기들이 동서남북의 모든 문에서 지키고 있어 어느 하나라도 소홀하면 그 성에 들어갈 수가 없다. 욕하고 소리치며 한탄해도 성안에 있는 사람들에게는 들리지 않는다. 단지 광야에서 슬피 우는 패배자들의 울부짖음이나 한숨에 불과하다.

① 다음은 반란을 위한 전제조건들이다.

첫째, 먼저 전체적인 사회정의와 개인의 생존과 발전을 위하여 후흑을 사용하는 것은 불가피한 일이다. 이는 정의나 윤리 및 도덕과는 별개의 문제로서 정당방위를 위해서 먼저 자신을 지켜야 한다. 카슬리 리어돈(Kathleen K. Reardon)이라는 정치학자는 정치학의 기본이라는 책에서 "선임 간부들의 비위를 맞춘다는 이유로 '정치적인 동물'이라는 비난을 받더라도 정치적 자살을 하느니 차라리 정치적 동물이 되는 것이 낫다"고 지적했다. 박백을 행하려다 아니 후흑을 행하지 않으려다 최악

186

의 상황을 맞이하게 되느니 먼저 후흑을 실행하는 것이 낫다는 의미다. 회사를 위해서 또는 윗사람을 위해서 죽도록 충성을 다하고 자신과 가족까지 희생시키면서 원칙을 지켰는데 마지막에는 꼬리 자르기에 당해 모두에게 버림받는 경우는 너무나 비일비재하다.

둘째, 먼저 후흑을 실천하기 위한 전제조건으로서 자질을 갖추어야 하고 그것을 실천하게 되는 상황이 존재해야 한다. 즉 후흑 실행의 자질과 그것을 실천에 옮겨야 하는 상황의 조건이 구비되었을 때만이 후흑은 그 효과가 극대화될 수 있고 그에 따른 도덕적 정당성을 확보할 수 있다. 이를 위해서는 먼저 자기 자신을 냉철하게 분석해야 한다. 손자병법에서 말한 바대로 자신을 모르는 데 어떻게 남을 알고, 세상을 알며, 그에 따라 대응하여 승리를 거머쥘 수 있겠는가? 냉철한 자신에 대한 판단이 선행되어야 한다. 소크라테스의 말처럼 "너 자신을 알라"다. 후흑에서 보면 "먼저 너 자신이 후흑을 박백으로 만들 수 있는 자질과 능력을 지닌 인물인 가를 잘 알라"가 그 답이다.

셋째, 몇 가지의 필요충분조건이 있어야 한다. 필요조건 중 가장 중요한 자질의 하나는 수평적 사고다. 이는 수직적 사고와 대비되는 개념으로, 보다 탄력적이고 유연한 사고방식을 의미한다.

『삼국지연의』의 「적벽편」을 보면, 제갈공명은 주유와의 기싸움에서 단 3일 만에 화살 10만 개를 마련하겠다고 장담한다. 수직적 사고에 갇혀 있던 주유는 이에 맞서 부하들에게 명령을 내려 제갈공명이 어떠한 지원도 받지 못하도록 막는다. 그러나 제갈공명은 안개가 짙은 날을 잡아 조조의 진영으로 돌진하여 꽹과리와 북소리로 조조군을 유도하여 짚으로 만든 배에 화살을 쏘게하여 화살 10만개를 만들어 온다. 또 다른 하나는 변학도가 춘향이에게 수청을 들게 하기 위하여 내기를 한다. 상자 속에 검정 콩을 두 개 집어 놓고 춘향이에게 말한다. 만약 춘향이 노란 콩을 꺼내면 수청을 면하고 검정 콩을 꺼내면 수청을 들어야 한다고 일방적으로 게임의 규칙을 정한다. 춘향이로서는 두 개다 검정 콩인 것을 알고 있다. 이때 춘향은 콩을 꺼내자마자 입에 넣고 먹어 버린다. 그리고 말한다. "사또님 제가 먹은 것이 검정 콩이면 노란 콩이 남아 있을 것이고, 노랑 콩이었다면 검정콩이 남아 있을 것입니다. 남아 있는 콩을 확인해 주옵소서" 결과는 상자에 당연히 검정 콩이 남아 있어 수청을 면할 수 있었다는 야사의 일부분이다.

넷째, 충분조건이다. 올바른 방향 설정, 끊임없는 노력, 남이 인정하는 실력의 구비 등이 그것이다. 문제는 오늘날 대부분의 청년들은 부지런히 공부하고 자격증도 여러 개 따면서 사회에 진입하려고 해도 기회가 주어지지 않는다. 그래서 충분조건이 필요하다. 훌륭한 부모님, 그대들의 실패를 보충해서 재기의 발판을 도울 수 있거나 조금의 보탬으로 그대들의 성공을 추진시킬 수 있는 처와 처갓집 또는 진정으로 인생을 같이 하면서 동지적으로 뭉쳐서 직접 반란에 동참하거나 반란의 작은 실패에도 끝까지 격려해주는 친구가 필요하다. 후흑학은 어떻게 하면 필요조건만으로도 성공할 수 있고 필요조건 내에 충분조건을 동시에 통합하면서 그것을 뛰어넘는 조건을 스스로 창출하느냐의 철학의 문제이자 방법의 문제라고 할 수 있다.

다섯째, 실용적이 되라. 옛날에 어느 선비가 나룻배를 타고 강을 건너고 있었다. 선비는 사공과 단둘이 있어 무료함을 느낀 나머지 선비의 유식함을 자랑하기 위하여 사공에게 말을 걸었다. "사공은 논어를 아느뇨?" 사공은 대답하기를 "공자님의 책이라는 것은 알지만 소인네는 글을 알지 못해서 읽어보지 못했습니다" 이에 사공이 다시 묻는다. "그러면 맹자는 들어 보았는가?" 사공은 더욱 황송하게 대답한다. "공자님 말씀도 제대로 모르는데 어떻게 맹자님의 말씀을 읽어볼 수 있겠습니까” 이에 선비는 한심하다는 듯이 혀를 끌끌차며 “인륜지대사人倫之大事의 가장 기본이며 충효의 근본을 가르치는 논어와 맹자도 모른다니 그게 어디 사람이라고 할 수 있겠는가? 짐승과 다를 바 없지”. 잠시 침묵이 흐른 후 배가 강의 중간에 이르자 사공이 겸손하게 선비에게 묻는다. “선비님 지금 배가 뒤집히면 선비님을 살 수 있겠습니까?” 선비가 놀라면서 “배가 뒤집히면 큰일 나네. 나는 수영을 못하네.”이에 사공이 한 마디 던진다 “선비님 저는 논어와 맹자는 몰라도 지금 당장 배가 뒤집히면 제 목숨 하나는 건질 수 있습니다. 논어와 맹자를 아무리 많이 읽어본들 수영하나 못해서 제 목숨도 못 지킨다면 논어와 맹자는 배워서 어디에 쓰는 겁니까?”

이종오는 조그마한 몇 개의 현에서 현령을 지낸 적이 있는 그의 나이 많은 제자가 은퇴 후에 식당을 개업하여 지인들을 초대하여 간 적이 있었다. 어느 날 제자의 초대로 집에 들렀더니, 방 안 가득 『자치통감』을 비롯한 책들을 베껴 쓴 원고들이 쌓여 있었다. 그는 대부분의 책을 손수 필사하며 내용을 숙지하고 있다며 자랑스러워했다. 그에 이종오는 후흑철학으로 훈계를 했다. 고금을 통틀어 고전을 베껴 쓰면서 공맹의 도를 닦으려는 사람은 세상에 차고도 넘치는데 왜 제자의 주특기인 요리사를 그만두고 쓸데없는 것으로 이미 세상에 가득차 넘치는 사람들과 승부를 겨루느냐는 것이었다.

대한민국이야말로 모두가 선비가 되지 못해서 안달이 난 사회다. 한국의 교육열은 세계에서 가장 높은 것으로 유명하다. 과외는 물론 입시학원이 커다란 기업으로 자리 잡은 나라는 우리가 단연 최고다. 바로 한국인에게 뼛 속 깊이 들어 있는 교육 DNA가 그렇게 하도록 병적으로 부추기고 있다. 그러다 보니 인생에 한번 써볼까 말까 하는 미적분을 배워야 하고, 외국 사람을 만날 일이 없는 공무원이 되려고 토플, 토익,

영어 회화반에 다녀야 하고 심지어는 체력으로 뽑는 청소부가 되려는 대학생이 늘어나고 있는 현실이다. 공무원이나 검판사가 되려고 고시에 인생을 건 젊은이들이 얼마나 많은가? 전 복싱 세계챔피언이었던 염동균은 잽으로 세계를 제패했다고 말한 적이 있다. 그의 잽은 사자의 발톱이요, 토끼의 뒷다리며, 독수리의 부리며, 악어의 이빨이었다. 이처럼 먼저 각자의 필살기를 가지고 다듬어라. 그래서 적어도 자기 몸 하나부터 지킬 수 있고 가정 내지는 자기를 낳아준 부모와 형제들에게 기쁨을 줄 수 있는 사공을 선택하라. 모두가 재상을 하려니 누가 농부나 어부가 되려고 하겠는가. 먼저 현실적으로 생각하고 발을 먼저 땅에 딛고 나서 선비의 길을 가는 것이 중요하다. 따라서 사공으로서 가장 자신 있는 분야를 현실적으로 선택하라.

여섯째, 반드시 끝을 보아야 한다. 소위 "가다가 중지하면 아니 감만 못하니라"라 그것이다. 이종오는 말한다. "구멍이 있으면 반드시 비집고 들어가고, 구멍이 없어도 뚫고 들어가야 한다. 구멍이 있는 자들은 그것을 확대시키고, 구멍이 없는 자는 송곳을 꺼내 새로 구멍을 뚫어야 하는 법이다"라고 했다. 즉 모든 것은 궁극의 결말을 보아야 한다. 기다리는 결말이 아니라 노력하고 창조하여 이루어 내는 결말을 주동적으로 이루어내야 한다. 여기서 중요한 것은 최선을 다했는가가 아니라 그 방향이 옳은 가이다. 따라서 끊임없이 지금 극을 향해 달리고 노력하는 이것이 과연 올바른 방향인가를 점검해야 한다. 아무리 좋은 차를 가지고 기름을 가득 채우고, 날씨도 좋아 목적지를 향해 가는데 방향이나 잘못된 길로 달리면 헛수고요 모든 것을 낭비하는 것이다. 금수저들에게는 좋은 경험이 될 수 있다. 후흑도들에게는 그렇게 사치를 부릴 만한 여유가 없는 절박한 입장에 있다.

일곱째, 결론적으로 어떻게 할 것인가? "실패하느니 반란을 꿈꿔라"

다. 기득권이 뱀처럼 똬리를 틀고 둥지와 굴을 확고하게 차지하고 있는 한국적 상황에서 더욱 맞는 말이다. 그렇다고 이제 막 시작한 중국이나 소용돌이치는 아프리카 사회처럼 변동 과정에 있는 사회라서 기회가 널려있는 사회도 아닌 한국에서 기득권을 타파하고 그 틈을 비집고 성공하기 보다는 거기에 억눌리고 시달려서 절대다수 90% 이상의 실패가 예정된 자들이라고 할 수 있다. 그들에게 기득권에 들어가려는 노력에 좌절해서 점차적으로 패배의 나락으로 빠져 들어가면서 신데렐라나 호동왕자의 신화를 꿈꾸며 그 끄트머리의 그림자를 부여잡고 갖은 고생을 하며 실패와 실수가 관성화되어 스스로를 갉아먹는 그대들이 할 수 있는 최후의 길은 반란을 도모하는 것이다. 먼저 자신의 자존감으로 깨우치고 분연히 일어나는 것이다. 그리고나서 다른 사람들을 일으켜 외로운 반란의 동지들을 규합해야 한다. 반란의 성공은 처절한 절박성, 모든 것을 거는 모험적 승부, 쪽수들의 힘, 하늘의 도움을 필요로 한다.

② 반란의 실천이다.

후흑은 도마뱀의 꼬리요, 날다람쥐의 날개며, 자기보호를 위하여 남을 죽여야 하는 독이빨이다. 이를 통해서 반란을 도모하고 실천에 옮겨야 한다.

첫째, 후흑의 핵심은 용광로가 되는 것이다. 수많은 지식과 경험, 철학 등을 용광로에 녹여서 필요한 철을 생산해 내는 것이다. 그러자면 스스로가 용광로가 되어야 한다. 모든 철을 받아들여 녹여야 하고 필요한 철만을 용도에 따라 뽑아내야 한다. 따라서 후흑청년의 좌표는 일단 스스로가 용광로가 되어야 한다. 중국의 대약진 운동 당시의 모토는 7영 15미다. 7년 만에 영국을 추월하고, 15년 만에 미국을 추월한다는 야심찬 운동이 대약진 운동이었다. 영국을 따라잡자는 전국적인 운동으로 인하여 집에 있는 숟가락까지 녹여서 철을 생산했으나 인프라가 발달되지 않아 수송을 할 수 없어서 녹슨 채로 버려지고 말았다. 오히려 용광로를 때우겠다고 산의 나무만 엄청나게 벌목하여 지금도 중국의 산은 나무 부족으로 고통을 받고 있다. 그런 무지의 용광로, 즉 이념에만 치우쳐 그리고 열정에만 매몰되어 그 방향성이 맞지 않는 용광로가 되어서는 안된다. 용광로가 되는 것도 중요하지만 어떤 용광로가 되느냐가 더욱 중요하다. 후흑의 본질을 터득한 자만이 후자의 용광로가 될 수 있다. 그렇지 않으면 이솝우화에서처럼 같은 물을 마셔도 독을 만드는 독사가 될 뿐이다. 후흑의 본질은 독과 젖을 수시로 만들어 낼 수 있어야 하고, 상황과 환경 및 목적에 따라 독과 젖을 자유자재로 동원하여 결국 박백을 위한 승리로 귀결시키는 능력이라고 할 수 있다.

둘째, 후흑학은 가치중립에서부터 시작된다. 고정된 가치관념에 얽매이면 기본적으로 탄성이 떨어져 전략적인 운용에서 제약을 받으며 청년기에 확립된 가치는 세월이 지나면서 변화를 겪는 것이 불가피하기 때문에 특정한 가치를 종교적으로 신봉해서는 안된다. 물론 도덕성, 휴머니즘, 가족애, 인류애, 이타주의 등등 인류사회의 발전을 이끌어 오고 인간을 동물과 구분하게 만들고 보다 진보된 선진사회를 만드는데 공통으로 기여한 보편적이고도 인류의 미래를 담보하는 가치들을 도외시하자는 것은 아니다. 이종오의 중심철학의 하나로서 기존의 성공한 사람들이 강조하는 인의와 도덕, 충성과 자비 등 우리의 DNA에 뿌리깊게 박혀있는 유가적 가치를 절대적으로 신봉하지 말고 자기의 중심에서 사회적 가치를 재점검해야한다. 그리고 이를 자신만의 철학과 도덕으로 내재화해야 한다.

셋째, 후흑학은 방법 내지는 전략을 의미하기도 한다. 전략은 목적을 달성하기 위하여 가장 효율적인 방법을 동원하여 보다 경제적인 방법으로 목표를 달성하는 것이다. 여기서 전략의 중요성과 개념이 등장한다. 후흑학의 전략은 다른 전략과는 몇 가지 점에서 차별적이다. 목적을 달성하기 위하여 절대적인 도덕률이나 양심적 판단이나 사회의 기존가치에서 벗어나도 무방하다는 전략적 도덕과 양심 및 가치관을 필요로 한다는 점이다. 그리고 그러한 것은 적어도 보다 커다란 가치에 위배 되지 않으면서 개인, 가족, 집단, 공동체, 국가 등의 전체적인 이익과 안녕을 위하여 때로는 몰가치적 전략이 용인될 수도 있다는 전제에서 출발한다.

넷째, 후흑학은 실패를 두려워하지 않는 데서 출발한다. 아직 성공하지 않았거나 잦은 실패로 더는 잃을 것이 없는데 또 무엇을 두려워한단 말인가. 이미 비에 젖은 사람은 소나기를 두려워해서는 안된다. 최악의 경우 실패를 통해서 삶과 인생의 교훈과 사회의 구조 및 스스로에게 어떤 철학적 무게를 가져다 줄 것이다.

다섯째, 마지막으로 후흑은 항상 준비하고 때를 기다리는 것이다. 이미 언급한 바 있듯이 한신과 태공망太公望 즉 강태공은 때를 기다리며 준비를 게을리하지 않았다. 한신은 동네에서 밥을 빌어먹고 모욕을 당하면서 그 나머지 시간에는 무얼 하고 있었을까? 바로 진의 멸망과 그에 따른 전국의 혼란을 예상하면서 전국의 혼란 시 어떻게 그만의 군사적인 전략을 구사하여 전쟁에서 승리를 이끌 수 있을 것인가에 대한 끊임없는 탐구와 도상실험 등을 했던 것이다. 비록 현실에서는 그는 비참하고 비루하고 구걸하면서 동정을 받으며 살았지만 그는 끊임없이 노력하면서 미래를 준비하였다. 그리고 유방에게 발탁되면서 그가 준비해 왔던 노력들이 실력으로 나타날 수 있었던 것이다.

80세에 주문왕周文王에 의해 발탁되어 능력을 발휘한 강태공姜太公 역시 마찬가지다. 강태공은 그의 아내가 떠나갈 만큼의 처절한 경제적 어려움에도 불구하고 낚시를 즐기면서, 그것도 미끼가 없는 낚시를 즐긴 이유가 무엇인가? 바로 그도 한신처럼 매일 강에서 낚시를 통한 병법의 연구에 몰두했다. 당시 전국의 분열과 시대의 혼란을 꿰뚫은 그는 그가 언젠가는 중용될 것이라고 믿고 끊임없이 그만의 병법을 연구했다. 주문왕은 오랫동안 기다리던 그러한 사람을 드디어 만나게 되었다고 그를 극찬하면서 그를 오랫동안 기다려 왔던 태공太公이라는 뜻의 '태공망太公望'이라는 이름을 붙여주었다. 그의 전국을 읽는 안목, 병법의 운용, 치도의 책략 등을 종합적으로 들은 문왕이 그의 등용을 결정하여 그것을 현실에 적용함으로써 마침내 전국을 통일하게 되었다. 훗날 강에서의 낚시의 경험을 통해서 그가 수립한 병법이 바로 태공망의 전국책戰國策, 육도삼략六韜三略이 그것이다.

③ 결국은 오아시스를 발견하고 청량한 샘물을 마시게 될 운명이라고 생각해야 한다. 부정적으로 생각하면 그에 따라 사태가 부정적으로 흘러갈 확률이 높고 보다 긍정적인 마음을 가지고 행동하고 노력하면 결과도 그렇게 될 가능성이 높아진다는 것이 일반적인 인식이다. 지금 우리는 메마른 사막을 맨몸으로 건너고 있다. 목은 타들어가고 고통은 깊지만, 언젠가는 반드시 오아시스를 만날 것이다. 결국 우리는 물을 마시게 될 것이며, 지금의 갈증은 그 순간을 견디기 위한 시험일 뿐이다. 우리는 영화를 보면서 주인공이 위기에 빠졌을 때 마치 우리의 위기처럼 그것을 마음조리며 보며 영화를 감상한다. 소설을 끝까지 읽기 전에는 결말을 모르기 때문에 주인공의 고통에 동참하면서 결말을 향해 같이 달려가는 것이다. 그러나 우리는 알고 있다. 인질로 잡힌 아이를 구출하고, 실패로 끝날 것 같은 어려운 임무도 반전을 통해서 결국은 성공으로 끝나며, 처음에는 서로 미워하지만 마지막에는 사랑이 이루어진다는 것을. 영화나 소설 등은 결말이 해피엔딩으로 끝날 것을 아는

것처럼 우리의 삶도 그리고 지금의 고통과 아픔도 결국은 해피엔딩으로 귀결될 것이라는 것을 믿고 고통과 불안과 초조함으로 시달리는 현재를 참고 기다리자. 윈-윈의 결과가 남아 있을 것이기 때문에 현재의 아픔은 단지 지나가는 과정에 불과하다는 믿음을 가지고 기다리며 노력해야한다.


## 2. 후흑전략 20계명과 그 실천

다음에 제시할 20가지 후흑학의 전략은 삶의 과정 속에서 그 유용성이 어느 정도 입증된, 작지만 실용적인 지혜들로부터 출발한다. 이는 단순한 요령을 넘어, 성공에 이르는 데 도움이 되는 내면화가 가능한 삶의 규율까지 포괄하는 내용이다.

음에 제시할 20가지 후흑학의 전략은 기본적으로 삶의 과정에서 이제껏 증명된 삶의 방식 가운데서 일단은 성공에 유용한 것을 어느 정도 입증된 작은 지혜에서 시작하여 내면화시킬 수 있는 어떤 규율까지를 망라하여 제시한다. 이는 지켜야할 규율이 아니라 이것을 내재화시킬 수 있는 능력을 지닌 자에게는 유용한 지침이 될 것이고 이를 인식하고 그것을 실천하려는 자들에게는 훌륭한 도구가 된다.


### (1) 잔도棧道를 불태워라

유비의 삼고초려를 다른 각도에서 보면 유비가 그만큼 절박해서 이루어진 일이다. 전장에서 패배만 하다가 유표의 식객으로 신야성에서 머물다가 우연히 서서徐庶를 만나 조조군을 상대로 최초의 승리를 거둔다. 그러나 기쁨도 잠시, 조조가 서서의 어머니를 볼모로 잡자 서서는 어쩔 수 없이 유비를 떠나게 된다. 그가 떠나며 추천한 인물인 제갈공명을 초빙하기 위해 유비는 세 차례나 그의 초가를 찾아 나서고, 마침내 천신만고 끝에 공명을 만나게 된다. 이 만남을 통해 유비는 천하 삼분지계의 큰 뜻을 품고, 삼국 통일과 한 왕조의 부흥을 꿈꾸게 된다. 유비가 세 번이나 찾아간 것은 그만큼 절박함 심정에서 찾아가고 기다리고 간절하게 바랐던 것이다.

첫째, 중국에는 돌아올 길을 불태워 다시는 되돌아가지 않겠다는 결의를 상징하는 '잔도棧道를 불태우다'라는 고사가 있다. 청년 후흑도들은 더 이상 잃을 것이 없는 자들이다. 그렇기 때문에 절박한 만큼 성공의 확률도 높아진다. 절박하지 않아도 성공하는 사람들은 조직체계에서 집단의 힘으로 승부하는 고위직들이다. 치고 올라가려는 젊은이들에게 남아 있는 것은 이것을 하지 않으면 죽음만이 있을 뿐이라는 절박함이 전부이어야 한다. 가질 것이 있는 사람들은 절박하지 않다. 잃을 것이 있는 사람들은 기왕에 가진 것을 지키기 위하여 사력을 다하지 않을 수 있다. 따라서 절박해지려면 먼저 가진 것이 없어야 한다. 즉 잃을 것이 없어야 한다. 이것이 아니면 결국 죽음 밖에 남아 있지 않는 절박한 환경이거나 그렇게 시작해야만 성공에 가까워질 수 있다. 이미 비에 젖은 사람은 소나기를 두려워하지 않는다.

둘째, 간절하게 바라는 것이다. 아니 절박하게 바라는 것이다. 불경에는 이런 우화가 전해진다. 어느 날, 한 나무꾼이 산에서 나무를 하던 중 사나운 맹수에게 쫓기게 되었다. 그는 필사적으로 도망치다가 그만 깊은 함정에 빠질 위기에 처한다. 그 순간, 곁에 있던 나뭇가지에서 뻗은 줄기를 붙잡아 가까스로 목숨을 건질 수 있었다. 그런데 나무 밑에는 자기를 쫓아온 맹수가 으르렁 대고 함정 밑에는 이미 함정에 빠진 호랑이가 밑에서 사냥꾼이 떨어지기를 기다리는 상황에 놓여 있었다. 그 나

196

뭇가지를 놓는 순간 그리고 나무에서 내려오는 순간 그 나무꾼의 목숨은 죽은 목숨이다. 바로 그런 나뭇가지를 움켜잡는 심정으로 수행에 정진하라는 비유다. 그 나무꾼은 살기 위하여 간절하게 아니 절박하게 그 나뭇가지를 움켜 잡고 살기를 바랐을 것이다. 소리를 치면서 살려달라고 구원을 청하면서 두려움과 공포에 떨면서 나뭇가지를 더욱 꽉 움켜 잡고 버둥거리며 살기를 희망했을 것이다.

러시아의 대문호 도스토옙스키의 대작 『죄와 벌』 역시, 출판사로부터 선불로 받은 원고료를 도박 빚으로 탕진한 뒤, 그 빚을 갚아야 하는 절박한 상황 속에서 단숨에 써낸 걸작이다. 그는 이 작품을 통해 인간 내면에 내재된 신과 인간의 문제를 깊숙이 파고들었다고 한다. 그러한 위대한 문호의 작품도 어떤 현실적 절박성에서 비롯되었다는 사실이 시사해주는 바는 적지 않다.

셋째, 이토록 치열한 경쟁 사회에서 남의 실패가 나의 성공이요, 동지를 제거해야 내가 살아남는 비열한 전장에서 그리고 인생의 전쟁터에서 한발 자국 잘못 디디면 낙오의 길로 떨어진다. 패자부활전이 없어진지는 오래되었다. 약자에게는 부활전이 없다. 토너먼트만이 허용될 뿐이다. 승자들만이 리그전을 치를 수 있다. 승자 간의 싸움에서 진 패자만이 다시 기회를 엿볼 수 있다. 정치판에서 정치생명이 완전히 끝났다고 생각되던 사람들이 다시 재기하는 것을 종종 볼 수 있다. 그래서 생긴 말이 "꺼진 불도 다시보자"였다. 이는 승자의 게임 속에 들어가 있는 자들에게 해당되는 말이다. 청년 후흑도들에게는 토너먼트의 냉혹함과 한 번의 실수가 돌이킬 수 없는 낙오의 길로 밀어 넣는 비정한 사회 속에서 생존의 나뭇가지를 잡고 살기 위해 몸부림 치고 있다는 사실이다. 문제는 무슨 가지를 잡고 있는 것인가이다. 아울러 그것을 얼마나 간절하고 절실하게 움켜잡고 살기 위해 몸부림치고 있는 가의 문제다.

넷째, 확실히 살아있는 나뭇가지라야 하고 그것이 그대들을 살릴 수 있는 나뭇가지라야 한다. 승자와 기득권자들은 쫓겨서 나뭇가지로 올라갈 일이 없다. 상황에 몰리고 선택의 여지가 없어 도망쳐야 했던 약자들에게 선택의 여지가 없이 잡게 된 그 무엇을 보다 확실하게 잡고 간절하게 살기를 바라는 것이다.

성경에는 떡을 달라는데 돌을 주는 부모가 어디에 있느냐고 말한다. 불경에도 붓다는 제자들을 세상으로 내보내면서 중생을 위하여 유익한 일을 할 것을 당부하였다. 이처럼 신은 기본적으로 축복과 행운을 주기를 원한다. 그러나 축복과 행운을 타고난 극소수의 사람들, 즉 대통령이나 장·차관 및 재벌 및 검·판사의 자식으로 태어난 팔자가 아닌 대다수의 청년 후흑도들이 할 수 있는 것은 우선 간절하게 원하고 먼저 자신을 위해서 기도하고 절해야 한다. 새벽의 맑은 공기를 마시며 교회에서 하나님과 교감하면서 기도하는 과정에서 신의 마음을 움직이고 스스로 확신을 가지면서 한 걸음씩 앞으로 걸어가야 한다. 가까운 약수터에 가서 역기를 들고 체조를 하는 것도 좋지만 조용한 절에서 끊임없이 기도하면서 불교의 겸손한 마음인 하심下心을 가지고 한편으로는 부처님께 모든 것을 맡기고 또 다른 한편으로는 그를 통해서 현재의 스스로의 위치와 현실 그리고 가고자 하는 길에 관하여 스스로를 되돌아보면서 깨달아 가는 것이다.

다섯째, 간절히 바라고 기도하며 절한다고 다 되는 것인가? 이솝 우화에 이런 이야기가 있다. 어느 마부가 당나귀가 끄는 수레를 끌고 산길을 가다가 수레가 진흙에 빠져 오도 가도 못하게 되었다. 그 마부는 그 자리에서 무릎을 꿇고 이 수레를 수렁에서 끄집어내 달라고 제우스에게 간절한 기도를 올렸다. 그러자 제우스가 마부에게 응답했다. "너는 일어나서 어깨를 수레의 뒤에 대고, 있는 힘껏 밀면서 나에게 기도를 해야 내가 너를 도와줄 수 있지 않겠느냐. 그냥 무릎만 꿇고 기도만 하면 어떻게 도와줄 수 있겠느냐, 먼저 너의 어깨를 수레에 대고 힘껏 밀어라"였다. 무소의 뿔처럼 혼자서 가는 것이다. 그러기 위해서는 그에 따른 노력을 하는 것이다.

여섯째, 노력은 어느 정도 해야 하는가? 거기에는 필요조건과 충분조건을 동시에 필요로 한다. 필요조건은 일단 자신을 어떤 목적 또는 이루고자 하는 대상을 위한 숙주로 삼아야 한다. 즉 기생충은 다음의 숙주로 옮겨가기 위하여 중간 숙주를 조종한다. 대표적인 것으로 연가시, 좀비 달팽이, 고양이 오줌이 그것이다. 이를 노력에 견주해 보면 잘하는 분야를 통해서 궁극의 경지에 이르려면 궁극의 경지에 이르게 할 그 무엇, 즉 하나의 정신이나 목적 또는 무엇과도 바꿀 수 없는 어떤 열정들이 한 인간의 정신을 지배한다. 예를 들면 운동, 수학, 어학, 컴퓨터, 음악, 글쓰기, 정치활동 등등이 인간의 정신에 기생하여 한 인간의 몸과 정신을 조종할 정도로 노력하고 몰입하는 것이다.

충분조건은 그러한 노력을 통하여 어느 분야에 정통하게 되는 것이다. 즉 해당 분야에 일인자가 되어야 한다. 무당은 춤을 추면서 입신을 경험하고 그를 통해서 신을 불러들인다. 그러한 신을 내 안에 불러들여야 한다. 즉 잘할 수 있다고 생각하는 분야, 또는 스스로가 재능이 있다고 확신하는 활동, 또는 모든 것을 포기해도 이것으로 승부를 걸어보겠다고 결심한 것들을 신으로 불러들여 신들린 상태에서 무엇에 집중하고 열과 성의를 다하는 것이 이루어져야 한다.

일곱째, 생물의 숙주와 인간의 숙주가 차이가 있는 것은 생물은 원하지 않는데 찾아온 것이고 찾아와도 모르지만, 인간은 감추어진 능력과 재능을 극대화시키기 위하여 숙주화됨을 선택할 수 있다. 생물은 숙주가 된 후의 행동에 대하여 알지 못하지만 인간은 그를 통하여 더욱 발전할 수 있고, 생물은 숙주 기생충이 다른 숙주로 옮겨 가면 죽음에 이르지만 인간은 계속 그것을 통해서 무한히 발전할 수 있다는 점이 다르다. 즉 열정을 불러일으키고 영감을 받기 위해서는 숙주에 감염된 것 같이 미친 듯이 그 분야의 일인자가 되어야 한다.

여덟째, 하버드 대학교의 B학점을 다루는 미국 사회의 태도를 알 수 있다. 미국의 공공기관이나 회사 및 다양한 단체에서 하버드 대학 출신자들의 성적을 채용의 기준으로 삼을 때 A학점과 C학점은 인정하지만 B학점은 인정하지 않는다. A학점은 열심히 공부를 한 결과이니 우수한 학생으로 객관적인 평가를 받는 것은 당연하다. C학점은 다른 학생들이 A학점을 받을때 공부 대신 무언가 독특한 일 또는 학생이 좋아하거나 자신 있는 일을 하기 위해서 공부를 소홀히 한 결과라고 인정하는 것이다. 마치 빌 게이츠가 소프트웨어를 개발하기 위하여 정규교육에 관심이 없었던 것을 인정하는 것이다. 문제는 B학점을 받는 학생이다. B학점 학생은 공부를 열심히 한 것도 아니고 그렇다고 공부 대신 다른 어떤 공부보다 가치 있는 것에 전력을 다한 것이 아니라 어중간한 노력과 삶의 태도에 문제가 있다고 보는 것이다. 공부하는 A를 선택하거나, 혹은 C를 받아들이며 그 시간을 다른 가치 있는 일에 투자해야 한다. 그러나 어중간한 B는 결코 인생에 도움이 되지 않는다.

## (2) 낭만주의자가 되라

마오쩌둥은 에드가 스노우와의 대담에서 합리주의자는 혁명가가 될 수 없다고 했다. 결국 낭만주의적 성향을 지닌 사람만이 혁명가가 될 수 있다. 인간의 감정, 상상력, 자연에 대한 경외, 그리고 개인의 주관적 경험을 낭만주의는 강조한다.

첫째, 세상은 합리주의자들의 세상이고 그것이 개인과 사회와 국가 및 세계를 움직이는 바탕을 이루고 있는 것이 현실이다. 즉 박백이 주류사회를 움직이는 기본 원리로 이루어진 사회라는 것이다. 합리주의를 바탕으로 하여 합리적인 제도와 사회구조 및 시장과 법률 그리고 학문과 정치 등이 합리적으로 움직여 가는 정치경제가 현실이다. 합리주의적 변설은 경제학에서 이익을 놓고 저울질 하는 셈법을 말한다. 즉 손해를 줄이고 이익을 극대화시키는 인간 지성의 합리성을 말하는 것이다. 이는 주류사회의 열매를 따먹고 그 기득권에 만족하며 세상은 살만한 가치가 있는 것이라는 변설을 늘어놓는 배부른 자들의 합리화이다. 절대다수의 청년 후흑도들에게는 낙오와 실패에 대한 조롱이자 간접적인 비난의 소리로 들리는 것이 마땅하다.

둘째, 따라서 청년 후흑도들은 낭만주의자가 되어야 한다. 마오쩌둥이 말한 바는 이것이다. 혁명의 과정에서 수많은 위험에 직면하고 때로는 대장정의 와중에 일개 소대가 늪에서 사라지기도 하고 국민당과 일본군의 포격에 중대가 몰살당하는 전쟁을 겪으면서 끝까지 공산주의 이념을 지키고 마침내 혁명을 성공시킨 자들은 합리주의자가 아니라 낭만주의자였기에 가능했다. 합리적인 생각을 가진 사람들은 언제 끝날지 모르는 혁명의 과정에서 전쟁의 공포와 죽음의 위협을 목격하면서 공산주의 이념 자체에 회의를 가지기도 하고 따라서 아예 공산주의자임을 포기하거나 대열에서 이탈하거나 국민당으로 전향하였다.

이는 마치 일제강점기에 일본이 진주만 폭격을 일으키고 동남아 전역을 찬탈하는 것을 보고 일본의 승승장구가 영원할 것이라 판단한 최남선, 이광수, 모윤숙 등은 그들의 합리적이고 기회주의적인 판단으로 친일로 돌아선 변절자로 전락한 것과 마찬가지다. 이에 반하여 낭만주의자들은 전쟁의 승패와 상관없이 머리보다는 가슴으로 사물과 현실을 이해하면서 절망 속에서도 희망을 버리지 않고 계속 이상을 추구한다.

그야말로 "내 어머니가 문둥이일지라도 세계 최고의 미인 클레오파트라와 바꾸지 않겠다"는 그런 인물들이다. 합리적인 인물들은 기득권을 포기하지 않는다. 기득권을 포기한 댓가가 얼마나 고통스럽고 참혹하고 슬픈 것인가를 잘 알기 때문이다.

셋째, 가슴으로 합리성을 이해하고 더 큰 대의와 명분에 목숨을 걸며 희생이 결코 실패가 아니라 더 큰 승리를 위한 거름이 된다는 것을 합리주의를 뛰어넘는 낭만주의자들에 의해 인류는 한 걸음씩 진보해 왔다. 우리 근대사 역시 그러하다. 일제의 압박에 맞서 모든 재산을 처분하고 가족과 친척들을 이끌고 만주로 떠나 독립운동에 헌신한 이회영 일가, 그리고 자신의 목숨을 내던져 하얼빈에서 이토 히로부미를 저격한 안중근을 떠올려 보라. 그들은 철저히 계산하는 합리주의자가 아니라, 이상과 신념에 따라 행동한 진정한 낭만주의자들이었다.

넷째, 슬픔을 낭만적 매저키즘으로 치환하고, 실패에 괴로워하기보다는 삶의 한 과정으로 받아들이는 것이다. 배신과 음모를 마주할 때는 성악설적 인간관을 떠올리며 씁쓸하게 웃어넘기고, 내일이 버거울지라도 밝은 달을 보며 위로받고 시 한 수를 읊어보는 것이다.

순간순간의 고통을 철학으로 승화시키며, 분노하기보다는 부조리한 사회를 용서하고, 모든 이들을 포용하며 아직 살아 있음에 스스로 감동하는 것. 그리고 오래전에 읽었던 소설책과 시집을 다시 꺼내어 음미하는 것이다. 나도 어려운데 더욱 어려운 자들을 도와준 댓가가 나의 고통으로 다가오는 현실 앞에서 사회와 국가를 원망하여 촛불집회에 뛰어들어 흥분에 찬 목소리로 부조리를 규탄하기 보다는 멀리서 관조하면서 가슴으로 이 사회를 바라보며 스스로의 무기력에 슬퍼하면서도 내면의 용기를 가지고 다시 준비하는 것이다. 밤새 괴로워하며 술을 마시고 친구에게 삶을 하소연하며 삶과 죽음의 경계에서 내일은 없을 것 같이

하다가도 아침에 깨어나 다시 구두끈을 질끈 동여 매고 넥타이를 다시 반듯하게 고쳐 매고 문을 박차고 나가는 것이다. 밤에 꾼 꿈을 아침에 기억하면서 그것이 곧 현실이 될 것이라는 막연한 기대 속에서 낙관주의자로 사는 것이다. 아직은 밤마다 왕이 되는 꿈을 꾸며 살아가는 거지일지라도 그것이 단지 일장춘몽일지라도 한 순간의 꿈일지라도 행복했노라고 스스로를 위안하면서 단지 희망이 그 시작이라는 믿음으로 살아가는 낭만주의자를 말하는 것이다.

그렇기에 낭만주의자들에게 절망은 없다. 단지 시련이 있을 뿐이며, 고통은 없다. 고난이 있을 뿐이다. 겨울의 삭풍 속에서 봄꽃을 노래하고 여름의 무더위 속에서 겨울의 눈 내린 들판을 걷는 것을 상상하면서 가슴으로 대자연을 느낀다.

## (3) 깨진 창문의 법칙

청년들이 지닌 실력과 능력과 장점이라는 내적인 상품은 근본이지만 그것을 포장하는 외적인 포장도 중요하다. 음식의 재료를 아무리 훌륭한 것을 쓰더라도 국물 맛을 내거나 찌개에 마지막으로 첨가하는 조미료의 소량에 의해 음식 맛이 살거나 죽기도 한다. 핵심도 중요하지만 그것을 더욱 빛나게 하는 아주 자그마한 것, 그런 것들이 때로는 핵심을 좌우하기도 한다. 깨진 유리창 법칙이 있다. 주민들의 절반쯤 이사간 아파트에 창문이 깨져있는 아파트가 있으면 더 돌을 던져 완전히 깨질 때까지 파괴한다. 아직 주류사회의 근처에 접근도 하지 못한 청년 후흑도들에게 깨진 유리창은 시사해주는 바가 많다.

한 번의 실수나 잘못으로 계속 불리한 낙인이 찍힐 수도 있다. 사회는 약자라고 생각되면 여지없이 그리고 한없이 짓밟아 버리는 수가 있다. 그것은 주로 같은 약자들이 행하는 테러나 린치로서 오히려 강자에 대한 분노를 같은 동료인 약자에게 가하는 것이다. 강자들은 약자에 대하여 근본적으로 관심이 없다. 그들은 더욱 강해지고 부유해져야 하기에 약자에는 관심이 없다. 무엇이라도 공조하고 도움을 주고받음으로써 더욱 승리의 길로 가야하기에도 바쁜 사람들이다. 따라서 그대들의 육체나 정신이나 인격이 한번이라도 또는 작은 손상이라도 입게 되면 수많은 약자들이 돌을 던져 그 유리창을 무참하게 깨트려버린다,

따라서 창을 스스로 깨트리지 말라. 그리고 누구도 창에 돌을 던지도록 허용하지 마라. 약자이기 때문에 더욱 그렇다. 복장이 격에 맞지 않거나, 계절에 맞지 않는다거나, 친한 사이라고 대충 걸친 옷 등에서 이미 그대들의 인격과 삶에서 유리창이 깨져간다. 진짜 명품이라도 노숙자가 차고 있으면 가짜가 되고, 유명 연예인이나 저명한 사람이 차고 있으면 가짜도 진짜로 여기는 선입견들이 있다. 스스로의 외모부터 관리하고 지식과 정신의 내용물에 걸맞는 외적 유리창을 항상 관리하고 수리하고 보수·유지하라. 그러나 내적 충실성이 없이 유리창만 관리하는 것이 바로 사기꾼이나 제비족이나 하는 수법들이다. 적어도 내면의 관리만큼이나 외모의 관리도 중요하다. 낙오자 같은 복장과 말투와 어조를 보이는 자들에게 누구도 도움의 손길을 내밀지 않는다. 누구도 같이 일을 도모하자고 제의하지 않고 오히려 손해나 피해를 보지 않을까 두려워하고 경계한다. 자신의 관리에는 이처럼 외모에 대한 관리도 필요하다.

## (4) 탄력성을 가져라

첫째, 시경詩經에 이르길 물이 맑으면 갓끈을 씻고 물이 탁하면 발을 씻는다고 했다. 물의 상태에 따라 탄력적으로 사용한다는 중국의 오랜 철학이다. 대만의 타이베이 101층 빌딩의 맨 꼭대기에는 커다란 추가

달려 있어서 지진과 태풍에도 끄떡없이 견딘다. 이는 그러한 균형추 없이 건물만 견고하게 세우면 외부 충격을 흡수할 수가 없어 붕괴하게 된다. 뉴욕의 마천루도 역시 맨 꼭대기는 좌우로 1m정도의 폭을 두고 좌우로 흔들린다. 바다 속 생물의 세계를 보면 오징어와 문어와 같은 유연한 연체동물들이 주로 사냥하는 먹이는 바다가재나 게 등이다. 부드러운 것이 강한 것을 제압하여 먹이로 삼는다. 이것이 탄력성의 본질이다.

둘째, 대자연의 법칙도 탄력성을 통해서 유지된다, 중국 사천성에 흐르는 금사강金沙江은 우기 때에는 누런 황토물로 변한다. 금사강에 서식하는 열목어과의 물고기는 원래 은빛 비늘을 가지고 있는데 금사강의 물이 누렇게 변하면 그 물고기 비늘도 누런색으로 덮여 있다가 우기가 지나면 다시 원래의 색깔로 돌아온다. 보호색을 위해서 그렇다고도 하고 황토 흙을 피할 수 없어서 황토 색깔이 배어서 그렇다는 이야기가 나뉘어 있지만, 그 물고기는 금사강의 물이 황토색이면 누런 금색으로 맑은 물이면 은색으로 변신하면서 살아가고 있다. 더욱 열악한 환경일수록 탄력성으로 생존하고 발전한다.

셋째, 식물의 삶에도 두 가지 방식이 있다. 불상화佛桑花처럼 꽃은 예쁘게 피어도 열매를 맺지 못한 채 떨어지고 마는 것이 있는 반면, 무화과처럼 눈에 잘 띄지는 않지만 남모르는 곳에서 살며시 열매를 맺는 것이 있다. 또 저마다 꽃피는 시기가 다르다. 때로는 속으로만 꽃필 수도 있다. 꽃도 한 철이고 사람도 한 인생이다. 꽃은 봐줄 사람이 있어도 죽고, 없어도 죽는다. 시절만 잘 만나면 천출도 고관대작이 될 수 있다. 하지만 안 되면 또 어떤가. 저마다 꽃피는 시기가 다를 뿐이다. 꽃이 먼저 피면 진달래고, 잎이 먼저 피면 철쭉이다. 진달래는 먹을 수 있고, 철쭉은 먹지 못한다.

어떤 꽃은 단번에 개화를 끝낸다. 겨울을 모르는 풀과 꽃도 있다. 그들의 생장은 봄, 여름, 가을에 끝낸다.

티베트 고산지대에 짧은 여름 동안 잠시 꽃을 피우는 식물들은 평소에 수분을 머금고 있다가 저녁에 기온이 급강하할 경우 체내의 수분을 배출한다. 수분으로 세포가 얼게 되면 다 죽기 때문에 미리 수분을 배출한다. 그러면 그 수분은 잎사귀에서 얼음으로 얼어붙어 있다가 낮에 태양이 뜨면 녹으면서 그 고산식물은 이를 다시 흡수해서 생장을 한다. 고산지대에서 수분이 있어야 살 수 있는 식물들도 아처럼 주변의 환경에 따라 탄력적으로 대응한다. 탄성은 환경이 그 결정권을 갖지만, 그것을 어떻게 대응하느냐에 따라 그 안에서 강한 생명력으로 번성하려는 대자연 또는 인간의 탄성적 능력이 더욱 소중해질 것이다. 불행한 환경일수록 더욱 탁월한 탄성을 요구한다. 노자 도덕경에 추수편이 있다. 나무도 월동 준비를 하느라 겨울이 오기 전에 뿌리에 가두고 있던 물을 조금씩 내놓는다. 이른바 가을물 추수秋水다. 추수만큼 깨끗한 물은 없다.

넷째, 탄력성의 기본은 환경과의 상호작용이다. 환경은 독립변수이고 그에 맞추어 반응하는 객체는 종속변수이다. 환경에 따라 적절하게 대응하는 것이 탄력성의 원칙이다. 따라서 탄력성은 한 가지 원칙, 또는 신념, 불변의 가치 등을 논하지 않는다. 전략, 적응, 변용, 응용, 임기응변 등 다양한 단어로 설명될 수 있다. 탄력성은 목적과 수단을 효율적으로 연결해주는 자동차의 기어와 같은 것이다. 속도에 맞춰 기어를 조정하고, 다시 그에 맞춰 속도를 조절하며 가속과 감속을 반복하면서 목적지까지 나아가는 것이다. 탄력성을 갖추기 위해서는 다음 세 가지 자질이 필요하다. 즉 ①열린 마음, ②다양성의 인정, 그리고 ③실천에 있어서는 순발력에서 그 진정한 가치가 있다. ④아울러 수평적 사고방식을 지녀야 한다. 그러기 위해서는 먼저 감정으로 일을 처리하면 안된다. 냉정한 이성으로 대처해야 한다. 머리는 냉정하게 마음은 뜨겁게 그러나 생각은 유연하게 조화를 이루어야 한다.

다섯째, 한신이 제나라를 정복한 뒤, 제를 안정시키기 위해 자신이 임시 왕假王이 되어야 한다고 유방에게 요청하자, 유방은 화를 내며 말했다. "내가 어려울 때는 돕지 않더니, 이제 와서 제나라의 왕이 되겠다고 하느냐?" 그때 장량이 눈짓으로 말리자 갑자기 태도를 바꾸어 더 큰 소리로 화를 내면서 제나라를 공략하는 것이 얼마나 대단한 공이냐고 치켜세운다. 한신이 고작 가왕을 요청해서 화가 난 것이었다고 하면서 가왕이 아니라 진짜 제왕으로 봉한다. 즉 어차피 그렇게 될 수밖에 없는 일에 대해서는 감정적인 대응을 삼가고 훗날을 기약하면서 일단 후퇴하는 것이다.

삼국지에 노숙과 손권이 그러한 탄력성의 적절한 예를 보여주었다. 적벽대전에서 조조를 물리치면 그 댓가로 형주를 넘기기로 하였으나 유비는 조조를 물리친 후에도 형주를 넘겨주지 않고 이런저런 핑계를 대면서 돌려주지 않고 있었다. 이에 어차피 형주를 돌려받기는 글렀다고 판단한 노숙과 손권은 유비를 안심시켜 방심한 틈을 노려 힘으로 빼앗기로 방침을 정하고는 황제에게 유비를 형주목에 제수해줄 것을 요청하여 오히려 유비를 정식으로 형주목으로 책봉토록 한다.

여기에서 보듯이 상황이 불리할 때에도 감정과 가치관으로 대응하는 것이 아니라 그에 따라 적절하고도 효율적인 방법을 동원하는데 이것이 바로 탄력성의 비밀이다. 강한 쇠가 부러지고 모난 돌이 정 맞는다. 나무가 곧으면 곧 베임을 당하고 샘물이 달면 금세 마른다. 노자는 말한다. 진정으로 맑은 물은 탁하게 보이고 진정으로 현명한 사람은 어리숙하게 보인다고. 단순한 사고에 머물거나 감정적으로 대응하지 말고, 한 발 물러서서 상황을 관조하라. 무엇을 줄 것인지, 무엇을 포기할 것인지, 무엇을 지킬 것인지, 그리고 무엇을 양보할 것인지에 대해 냉철히 판단해야 한다. 그렇게 함으로써 비록 지금은 패배자처럼 보일지라도, 장기적으로 승리자가 될 수 있는 유연하고 전략적인 사고를 갖춰야 한다. 먼저 중용의 자세에서 양극을 동시에 보면서 허허실실로써 순간과 상황 및 위기에 대응하는 것이다.

## (5) 차라리 실패를 택하라

심리학자들이 말하길, 남자는 하지 못한 것을 후회하고 여자는 한 것을 후회한다고 했다. 무엇이든 저지르고 보아야 한다. 실천에 옮기고 보아야 한다. 그래야 실패가 성공의 자산이 될 수 있다. 우유부단으로 인한 실패는 회복할 수 없다. 그러나 소신을 가지고 일을 추진하다가 결과된 실패는 상황과 환경이 바뀌게 되면 그 실패가 성공적 요인으로 전환될 수 있을 것이기 때문에 철학과 주관이 있는 실패를 택하라.

첫째, 우유부단은 기본적으로 성격에 기인한다. 정치 리더십 이론에 따르면 리더십의 성격 또는 리더십 스타일을 결정하는 것은 그 사람의 타고난 개성(personality)에서 비롯되는 경향이 강하다. 삼국지에 보면 원소가 그 대표적인 인물이다. 관도대전官途大戰에서 숫적으로 우세한 병력을 셋으로 나누어 하나는 조조의 주성인 허창을 치고 다른 하나는 곡식창고를 공격하여 불사르고 주력부대는 전면전으로 조조를 공격하여 일시에 허물어버리자는 허유의 계책을 따르지 않고 머뭇거리다 중원을 통일할 수 있는 결정적인 기회를 놓치고, 패퇴 도중에 홧병으로 죽는다. 그는 명문 귀족의 촉망받는 자제로서 잘생긴 외모와 풍부한 재정적·인맥적 자산을 구비하였음에도 불구하고 극도의 엘리트주의에 매몰되어 죽고 만다. 이 모두 고통과 절망을 겪어 보지 않았기에 그리고 왕조 부흥에 대한 원대한 비전도 없이 일신을 위한 보신주의로 머뭇거리고 주저하면서 우유부단하게 대처한 결과 병력과 지형 및 전세의 절대적인 우세함에도 불구하고 역사의 무대에서 사라졌다.

둘째, 한신이 그렇다. 위에서 설명한 바와 같이 그는 제나라를 쳐서 제왕이 되었다. 그는 제왕이 됨으로써 한漢의 유방, 초楚의 항우, 그리고 제의 한신, 이렇게 진秦의 멸망 이후 최초의 삼국시대를 정립하여 천하 쟁패의 역사적 기회를 맞이하였음에도 불구하고 주저하다가 결국 기회를 놓치고, 마지막에는 유방의 부인 여태후에게 모함을 받아 죽임을 당한다. 그의 책사 괴철蒯徹이 유방을 버리고 제齊의 실질적인 왕이 되어 삼국 정립의 시대를 열라고 간언을 하였음에도, 한신은 과거 유방이 자기의 옷을 벗어 주고 먹을 것을 같이 나누어 주었으며, 인간적으로 대해 준 은혜를 배반할 수 없다고 하면서 이를 거절한다. 그는 허울뿐인 회흠후에 봉해진 후 모함을 받아 결국 죽음을 맞게 된다.

한신은 과하지욕袴下之辱과 걸식표모乞食漂母의 주인공이다. 제후가 되어 고향에 금의환향한 후 과거 시장터에서 가랑이 밑을 기라고 굴욕을 안겨 주었던 동네 불량배를 찾아내 그를 성의 치안책인 중위에 임명하였고, 빨래터에 밥을 얻어먹을 때마다 나중에 이 은혜를 갚겠다고 약속한 아낙을 찾아내 1,000금으로 보답한다. 한신은 통 크고 중후한 인간미를 가졌다. 배수진을 개발하여 인간도 궁지에 몰리면 사력을 다해 초인적인 힘을 발휘한다는 통찰력을 가지고 병법에도 없는 전술을 만들어 낸 그, 그 모든 장점에도 불구하고 결국은 단지 우유부단함으로 인하여 토사구팽의 본보기가 되었다. 따라서 오자吳子, 吳起는 말한다. "용병상의 가장 큰 해악은 장수가 급박한 상황에서 우유부단함으로 인해, 결심을 못하고 시간만 끄는 것이며, 군대의 재앙은 바로 의심이 많은 장수의 과단성이 결핍된 데에서 비롯될 수 있다"고 지적한다.

셋째, 우유부단함은 네 가지 특성을 지니고 있다. ①기회주의에서 기인한다. ②모순의 문제를 처리함에 있어서 분명한 철학이 없기 때문에 발생한다. ③적과 동지를 구분하지 못해서 일어난다. ④소탐대실의 원인이 된다. 이러한 네 가지를 어떻게 잘 처리하느냐에 따라 우유부단이 아니라, 보다 과단성 있고 효율적으로 매사를 처리하고 그를 통하여 생산적인 결과를 만들어낼 수 있다.

우유부단은 탄력성과 유사한 면이 있으나 그 결과는 천양지차다. 과단성 있는 결단으로 추진하던 일이 비록 실패하더라도 그것이 자산이 되어 나중에는 성공할 수 있다. 왜냐하면 실패는 상황이 바뀌면 그로 인해 다시 성공할 수 있는 기회가 다시 올 수 있기 때문이다. 그러나 우유부단함은 적과 동지와 참호와 함정을 구분하지 못하고 기회주의적인 태도를 취하다가 당하는 낭패의 주요 원인이 된다.

## (6) 자신이 있으면 비굴해져도 좋다

후흑학에서 자주 언급되는 한신의 과하지욕袴下之辱의 고사는 바짓가랑이 밑을 기어가는 치욕을 뜻하는 고사성어로, 큰 뜻을 지닌 사람은 쓸데없는 일로 남들과 옥신각신 다투지 않음을 빗대는 말이다. 이 사건은 항우와 그의 부하 장수들로부터 끊임없이 조롱의 대상이 되었고, 한신은 그들의 비웃음에도 불구하고 이를 무시하고 끝내 큰 성과를 이루었다. 그는 이와 같은 겸손과 자존심을 버린 행동을 통해, 비생산적이고 쓸모없는 자존심을 내려놓고 더 큰 미래를 위한 준비를 할 수 있었다. 사소한 시비로 싸움질하거나, 조금만 문제가 생기면 송사를 벌이는 사람들은 후흑을 잘 활용할 수 없다. 후흑은 단순한 경쟁에서의 승리가 아니라, 더 큰 목표를 위해 순간의 패배를 감수할 수 있는 넓은 시야와 인내를 요구하기 때문이다. 후흑은 생산적이고 발전적인 것을 위해서 냉정하게 동원하는 자본이자 자산이지 사사로운 감정이나 소모적인 자아를 내세우는 것으로는 결코 후흑이 실패를 성공으로 이끌어주지 못한다. 하늘에 대고 주먹질해서는 얻을 수 있는 것은 아무것도 없다. 하늘은 간절하게 비는 대상이다.

잘 알려진 와신상담의 사례에서, 구천은 오왕에게 자신의 애첩을 바치고, 삼 년 동안 마구간에서 말의 똥을 치우며 스스로를 낮추고 비굴한 삶을 견뎠다. 그러나 그의 초인적인 복수심은 그 모든 굴욕을 감내하게 만들었다. 그에게 중요한 것은 오직 복수의 성공이었으며, 사사로운 자존심 따위는 문제가 되지 않았다. 복수를 이룰 수만 있다면 목숨을 버리는 것조차 서슴지 않을 경지에 도달한 것이다. 이와 유사하게, 조조 또한 서량의 마초와 싸우던 중 죽을 고비를 넘기며, 수염을 깎고 여자의 옷을 입고 구사일생으로 살아난 경험이 있다. 천하의 조조도 때로는 자존심을 꺾으며 목숨을 부지했다. 자존심의 대가는 관우다. 유비 외에는 누구도 인정하지 않았다. 손권이 그의 아들과 관우 딸의 혼사를 제의하자, 관우는 호랑이의 자식을 개에게 줄 수 없다는 모욕적인 말을 한다. 결국 관우는 괄목상대刮目相對의 주인공 여몽에게 죽임을 당한다.

나의 스승이 겪은 일화다. 노트북이 고장 나 수리점에 갔을 때다. 마침 중년의 남자 손님과 그보다는 조금 더 젊어 보이는 가게 주인이 실랑이를 벌이고 있었다. 컴퓨터 수리를 맡긴 손님이 수리된 컴퓨터를 찾으러 왔을 때 공교롭게도 그 옆에 있던 중고 컴퓨터를 보고 그것을 사겠다고 흥정을 시작했다. 가격이 정해졌고, 그때 손님은 새로 사는 컴퓨터에 대해선 가격을 흥정하면서, 수리를 맡긴 본인의 컴퓨터 수리비는 받지 말고 그냥 달라고 요구했다. 그러나 주인은 수리비는 따로 지불해야 한다고 말했다. 손님은 부품 교체 없이 단지 접촉 불량만 수리한 것인데, 비싼 물건을 사는 김에 수리한 컴퓨터는 그냥 주지 않겠냐고 했다. 이에 주인은 화를 내며, "당신에게 물건을 팔지 않겠으니 수리한 컴퓨터는 그냥 가져가라"고 말했다. 결국 손님은 수리한 컴퓨터만을 들고 가게문을 나갔다.

내 스승은 그 상황을 지켜보다가, 주인에게 수리비가 얼마였는지 물었다. 주인은 6만원이라고 답했다. 그럼에도 불구하고, 스승은 주인에게 "수리하느라 고생했는데, 비록 부품이 들어가지 않았어도 시간과 노력이 들어갔으니, 만원이라도 더 요구하지 그랬냐"고 물었다. 주인은 "마치 호떡 열 개를 사면 하나 더 달라는 것처럼, 자존심이 상해서 그냥 가져가라고 한 것"이라고 설명했다.

여기서 세 가지 문제가 도출된다. 먼저 주인은 조그마한 자존심과 불끈한 성격으로 시간과 기술을 들여 자신이 고친 수리비용을 받지 못해서 손해고, 다음으로 손님은 후흑을 이용하여 그렇다면 당신이 그냥 가져가라고 했으니 나는 당신 말대로 나도 성질이 있는데 그냥 가져간다는 입장으로 가져간 것이다. 마지막으로 주인이나 손님이 3만원에서 서로 합의를 할 여지가 있었는데 주인이 그러한 협상의 여지를 애초에 없애 버린 것이다. 협상에서 감정적 대응은 금물이다. 유연한 태도를 견지하고, 오기와 자존심이 아니라 부드럽게 그리고 합리적으로 먼저 생각하는 습관이 중요하다. 습관을 고친다고 하루아침에 될 리 없겠지만, 따지고 보면 모든 죄의 근원은 참지 못함에서 생긴다.

## (7) 성질보다는 오기를 가져라

오기를 가지고 저항해야 한다. 심리학 전기가 말해주는 바는 인간의 성격이 그 사람의 운명 내지는 리더십 특성을 결정해 준다는 이론이다. 성격을 고치는 것은 어렵지만 성질을 고치는 것은 가능하다. 성격은 선천적인 것이지만 성질은 후천적일 수 있기 때문이다. 성질은 때로 어떤 목적을 추구함에 있어 어떤 원동력 내지는 근원적인 에너지로 기능하기도 한다. 그러나 성질이 내면화되어 에너지로 가능화되면 바랄 나위 없지만, 일반적으로 성질은 일을 그르치며 홧김에 불을 지른다는 것처럼 부정적인 결과를 가져오기 쉽다. 화를 참는 것과 화를 소화하는 것은 다르다. 모든 우울증의 시작은 화를 참는데서 시작되지만 화를 승화하는 것은 그 사람의 능력과 철학에 달려 있다. 홧김에 불을 지르면 그동안 쌓아놓은 것이 하루아침에 무너진다. 그동안의 경험을 통해서 보더라도 일단 "웃는 얼굴에 침 뱉지 않고" "말 한마디에 천냥 빚을 갚으며" "사냥꾼도 내 품에 들어온 노루새끼는 죽이지 않는 법"이다. 모든 것을 부드럽고 유연하게 처리하며 말과 행동도 그러한 것이 일단은 유리하다.

두 가지를 상반된 경우를 예로 들 수 있다. 마오쩌둥은 덩샤오핑을 평하기를 "솜 안에 송곳을 지닌 사람"이라고 하였다. 덩샤오핑은 항상 유머를 잃지 않으면서 웃는 낯으로 사람을 대했다. 그는 세 번 실각하고 세 번 올라서는 삼하삼상三下三上의 과정을 겪는다. 실각하고 미래가 보이지 않고, 암울한 환경에도 낙관적인 생각으로 유머를 잃지 않았다.

율리아나 파라치라는 이탈리아 기자와의 대담에서 기자가 어떻게 삼하삼상을 이겨낼 수 있었느냐고 물었을 때 그에 대한 답으로서 두 가지를 들었다. 하나는 정치는 파도를 타는 배와 같아서 배가 파도 위에 있을 수도 있고 파도 밑에 있을 수도 있다는 사실을 알고 파도 밑에 있더라도 파도 위로 다시 올라갈 것을 알고 기다렸다는 것이다. 또 다른 하나는 파도 밑에 있을 때에도 본인을 지켜준 것은 자신이 지극한 낙관주의자였기 때문에 유머를 통해 자기를 지킬 수 있었다고 답했다.

모세는 이집트로부터 유대인 백성을 구출해 내어 신으로부터 십계명을 받아 그들을 가나안땅으로 인도한 영웅이다. 리더십 교재의 바이블로 읽히는 프로이드의 저서 『모세와 유일신(Moses and Monotheism)』에 보면 모세는 이스라엘 백성들에게 최초로 여호와라는 유일신의 개념을 가르쳐 주면서 그와 그들의 신의 계시를 통하여 이스라엘 백성들을 가나안으로 이끌면서 40년 동안을 광야에서 보냈다. 그러나 그는 그의 백성들이 유일신에 실망하여 금송아지 등 이집트에서 숭배했던 우상들을 숭배하자 이에 실망하고 분노하여 신의 징표인 십계를 내동댕이쳐 깨트림으로써 결국 그는 신의 미움을 사서 가나안 입성을 눈앞에 두고 여호수아에게 그 임무와 영광을 맡기고 죽는다. 동족을 괴롭히는 이집트의 학정에 이집트 관리를 칼로 베는 그의 정의감과 격한 성격은 온갖 고난과 방해 속에서 유대민족을 이집트로부터 구해 내는 원동력이 될 수 있었다. 그러나 그의 그러한 성격이 결국 신의 계시와 징표와 약속을 홧김에 땅에 내동댕이침으로써 가나안을 눈앞에 두고 죽음을 맞이할 수밖에 없었다.

영화 『벤허』에는 이런 장면이 나온다. 벤허는 노예로 끌려가 갤리선의 노잡이가 된다. 노를 저으며 끌려가는 가운데, 막시무스 장군은 노예들의 훈련을 지휘하며 속도를 내기 위해 채찍질을 가한다. 다른 노예들은 채찍에 맞고 더욱 분발해 노를 젓지만, 벤허는 채찍에 맞자마자 분노에 찬 얼굴로 막시무스를 노려본다. 그러자 장군은 사람을 보내 벤허에게 그를 찾아오도록 만든다. 벤허가 찾아오자 두 사람의 대화에서 벤허의 분노와 오기가 벤허를 지금까지 목숨을 지탱하도록 만들었다고 말한다. 그렇다. 사회의 부조리에 채찍질 당하고 기득권자들의 횡포에 주먹과 발길질을 당하고, 강자의 편에 있는 법의 잣대에 소리 한번 지르지 못하고, 조그마한 마중물이 없어 인간으로서 해야 하는 기본적인 도리도 못하는 경제적 폭력 앞에 무기력하게 무릎을 꿇고 있는 청년 후흑도들이 해야 할 일은 오기를 가지고 거대한 불평등 구조와 결코 호락호락하지 않은 기득권세력을 향해 거칠게 반항해야 한다.

간디와 만델라 같은 비폭력 이상주의자들도 저항으로 그들의 이상을 실천했다. 그들은 개인적 수치심과 민족의 수치심을 동일시했고 개인과 민족이 당하는 억울함과 차별을 인간의 보편적 차별과 불평등으로 승화시켰다. 그 내면에는 그런 것에 대한 분노와 그러한 분노를 일으킨 오기가 자리잡고 있었다. 노예만이 오기가 없다. 노예의 평화주의자로 살기보다는 반항하는 반동주의자로 살아야 한다. 서양윤리학의 정의론(Justice)은 '복수'와 '불평등'에서 그 논의를 시작한다. 특히 합법적인 불평등, 기회의 평등이라는 교과서적 이론이 다루지 않는 권력과 부가 집중적으로 그리고 세습적으로 관행화되어 있는 현대판 봉건적 불평등에 분노하지 않고 현실에 만족하는 평화주의자가 되라는 말인가?

부조리에 분노할 줄 모르는 인간은 후흑을 논할 자격도 없다. 보다 거대한 담론으로 할 수만 있다면 국가를 위하여 후흑을 동원할 정도의 정의감과 지혜를 지니고 그것을 후흑을 통해서 실현시키려는 자들이 먼저 사회에 분노하지 않는다면 이미 모든 것을 가진 기득권자들이다. 오히려 분노하는 자들을 적으로 보는 출세한 기성세대일 뿐이다. 어느 소설에서처럼 성난 얼굴로 돌아보아야 한다.

## (8) 남의 비난을 두려워 마라

일을 할 때 비난이 따르기 마련이다. 누구든 100%의 칭찬이나 지지를 받지는 않는다. 우리가 아는 세상은 생각보다 삐딱한 인간들이 많다. 누가 보아도 좋은 일에도 시비를 걸면서 트집을 잡는 이들도 있다. 하물며 타인의 쉬운 표적이 되기 쉽고, 매우 취약한 입장에 놓인 젊은이들에게는 더욱 그러하다. 그러나 무엇을 시도하려 할 때, 타인의 비난을 먼저 걱정하며 주저하지 말라. 반드시 해야 할 일이라면 두려움을 떨치고 과감히 실행하라. 예수, 석가, 공자와 같은 성인들조차도 남들의 비난에서 자유롭지 못했다. 가령 예수는 바리새인들의 고소로 인해 본디오 빌라도의 법정에 서게 되었다. 당시 유월절의 관례에 따라, 빌라도는 죄수한 명을 석방하려 하며 예수를 풀어주고자 했으나, 이스라엘 백성은 예수 대신 바라바의 석방을 요구했다. 본래 선지자는 고향에서 핍박받기 마련이다. 결국, 민중의 요구에 따라 예수는 십자가형에 처해졌다. 석가모니도 예외는 아니었다. 6년간의 고행 끝에 그는 오직 고행만으로는 깨달음에 도달할 수 없다고 여겨 고행을 멈추고 보리수 아래에 앉아 깊은 명상에 잠겼다. 마침내 새벽별을 바라보며 깨달음을 얻었으나, 이를 본 함께 고행하던 수행자들은 그가 고행을 포기했다며 비겁자라 손가락질하며 비난하기 시작했다. 공자 역시 비슷한 운명을 겪었다. 그는 열국을 떠돌며 군주에게 인정받고자 여러 왕을 알현하려 했지만, 왕의 총애를 받으면 자신들의 지위가 위태로워질까 두려워한 관료들의 방해로 번번이 좌절을 겪었다. 길을 떠나는 도중 만난 농부들에게는 비웃음과 조롱을 받기도 했으며, "안 될 줄 알면서 쓸데없는 일을 하는 사람"이라는 평가를 감수해야 했다. 그럼에도 공자는 자신의 길을 굳건히 걸으며 이상을 포기하지 않았다. 이러한 성인들도 비난과 조롱을 받았는데 그대들이야말로 가장 쉬운 조롱의 대상이다. 그러나 개의치 말라. 그대의 길을 끝까지 가라.

  남의 비난은 곧 잊힌다. 영어 속담에 "눈에서 멀어지면, 마음에서도 멀어진다(Out Of Sight, Out Of Mind)"는 말이 있다. 물리적으로 떨어져 있거나 더 직접 접촉할 수 없는 상황에서는 그 대상에 대한 감정이나 관심이 자연스럽게 줄어들거나 사라진다는 의미다. 한국의 정치를 그토록 쥐고 흔들었던 3김 정치도 그들이 사망함으로써 국민들의 머릿 속에서 거의 잊혀졌다. 그토록 인기를 끌었던 영화배우나 TV 탤런트들도 인기를 끌지 못하면 국민들은 그들이 어디서 무엇을 하고 있는지 크게 관심을 두지 않는다. 하물며 우리 보통사람들은 더 그러하다. 누구도 우리에게 지대한 관심을 가져주지 않는다. 단지 주변에 우리와 가까이 지내던 분과 한 줌의 지인들 뿐이다.

따라서 반드시 해야만 하는 일, 그렇지 않으면 스스로 숨이 막히고 고통에 빠질 것 같은 일을 마주했을 때는, 세상의 비난을 두려워하지 말고 과감히 실행에 옮겨야 한다. 아무것도 시도하지 않아 실패하는 것보다는, 무언가를 시도하다 실패하며 배우는 진보적 실패의 길을 택하는 편이 더 낫다.

## (9) 반전을 꾀하라

후흑학에서는 같은 물로 독을 품은 독사와 생명을 살리는 젖을 내는 양을 이분법적으로 나누지 않는다. 독사라 해도 그 독이 때로는 상처를 치유하거나 생명을 구하는 약재로 활용될 수 있다는 사실을 알기 때문이다. 그렇기에 도덕적 기준에 따라 단순히 사람을 이롭게 하는 젖을 내는 양에만 주목하지 않는다. 오히려 해로운 독을 유익하게 사용할 방법을 모색하며, 독을 찾고 그 가치를 새롭게 발견하기 위해 독사의 존재를 중시하기도 한다. 이는 독이라는 개념을 이분법적으로 단순히 해로운 것으로 치부하지 않고, 창조적으로 응용하려는 사고의 전환을 보여준다.

구더기를 예로 들 수 있다. 구더기는 더럽고 불결한 환경에서 자라는 파리의 유충으로, 일반적으로 징그럽고 불쾌한 생물로 여겨지지만, 당뇨병 환자들이 발가락을 절단해야 하는 상황에서 유용하게 사용된다. 구더기는 괴사된 살을 먹어 치우고 건강한 조직만 남겨 두어, 발가락 절단을 막을 수 있도록 돕는다. 또한, 피를 빨아먹는 거머리는 손가락이나 발가락과 같은 절단 부위를 봉합할 때 사용되기도 한다. 거머리는 피를 순환시켜 혈관을 살려주어 봉합수술이 성공적으로 이루어지도록 돕는다. 이처럼, 기생충들은 현대 의학에서 대체요법으로 활용되기도 한다. 만성 천식이나 알레르기 같은 질환을 치료하기 위해 기생충을 몸에 주입하는 방법이 약물 요법으로 해결되지 않는 경우 대체치료법으로 사용된다. 이러한 징그럽고 혐오스러운 기생충들이 때로는 치료적 역할을 하여, 의학의 새로운 가능성을 열어준다.

미국의 한 고교의 여자 교장은 남편의 외도를 참지 못해 살인을 저지르고 무기수로 감옥생활을 하게 되었다. 그는 감옥에서 주변의 죄수들에게 인생상담을 해 줌으로써 자신의 가치를 입증할 수 있었고 그것을 바탕으로 책을 저술하여 단번에 미국에서 유명인사가 되었다. 전화위복의 역사를 만든 것이다. 한국의 영화 '도가니'의 모태가 되었던 그 장애인 학교는 완전히 탈바꿈하여 장애학생들의 인권을 보장해주고 그것을 예방하는데 선도적 역할을 하는 학교로 변신했다. 부러진 뼈는 다시 붙으면 더욱 단단해 지고 비가 온 뒤 땅이 더욱 굳어지는 법이다. 단점을 장점으로 둔갑시켜라. 주홍글씨를 보라. 간통의 약자인 'A'가 겸손으로 자신의 잘못을 인정하며 이를 통하여 이웃을 위하여 헌신하고 봉사하는 사랑의 'A'로 타인에게 각인된 것이다. 치욕의 상징이 사랑과 봉사 및 희생의 마크로 자리매김하게 된 것이다.

## (10) 제3자의 눈을 가져라

2010년 『제3의 눈으로 본 중국第三只眼看中国』이라는 책이 출간되자, 중국 내에서 높은 관심과 독자들의 호평을 받은 바가 있다. 객관적으로 중국을 보자는 이야기였는데 결국 중국은 미국만큼 발전할 수 있을 것이라는 중국민족주의를 부추긴 책이어서 제목만큼이나 내용이 그에 부합되지 않는 것이었다. 아무튼 제3자의 눈은 곧 훈수를 두는 것이다. 흔히들 바둑에서는 훈수를 둘 경우 실제보다 급수가 두급은 더 올라간다고 한다. 이는 제3자의 눈으로 객관적으로 보기 때문이다. 남에 대해서는 객관적일 수 있다. 그러나 그 자신은 남의 문제에 있어서 그리고 자기와 상관없는 일에 있어서는 자기의 문제이기 때문에 그렇지 못한 것이 사실이다.

스스로 제3자의 눈으로 볼 수 있어야 한다. 자신을 객관화시켜서 보아야 한다. 바로 진정한 후흑을 위해서 객관적으로 자신을 바라보는 제3의 눈을 가져야 한다. 후흑을 동원하려면 먼저 제3자가 되어야 하고 그후에 그 후흑의 동원을 판단하고 실천해야 한다. 여지껏 모든 것은 일인칭에서 출발하고, 극히 드물게 상대방의 입장에서서 생각하는 2인칭에 있어 보지만 제3인칭의 입장에서 모든 것을 판단하고 행동하는 인물들은 너무나 극소수다. 스스로를 3인칭으로 보는 제3자의 눈으로 보라.

친구들과 술을 마시면서 많은 말을 배설하고 있는 그 순간 자신의 모습을 상대방 친구들의 눈으로 자기 자신을 바라보라. 어느 정도 취기가 오른 상태에서 제스추어는 어떻게 쓰며 같은 말을 반복하면서 혼자만의 말을 배설하고 있는 모습을 친구의 눈이 아닌 자기의 눈으로 바라보라. 상사의 앞에서 설명하고 있는 자신의 모습과 말투와 태도를 상사의 눈이 아닌 자신의 눈으로 자신을 보아야 한다. 스스로 걸어가고 있는 자신의 모습을 자신이 제3자가 되어 타자로 바라보면서 타인에게는 자신이 어떤 모습으로 비쳐질까를 끊임없이 생각해보는 자세가 필요하다.

## (11) 먼저 믿지 마라. 드물게 믿어라. 그리고 알고 속아라

조조는 "내가 천하 사람들을 저버릴지언정, 천하 사람들이 나를 저버리게 하지는 않을 것이다(寧敎我負天下人, 休敎天下人負我)"라는 유명한 말을 남겼다. 이는 결국 누구도 믿지 않겠다는 그의 결연한 다짐이었다. 하지만 조조와 같은 인물이 살아가야 했던 시대는 배신과 전쟁이 끊지 않는 혼란의 시기였기에, 그러한 생존 전략 또한 충분히 이해할 수 있다.

비록 조조와는 그 정도와 시대적 상황 및 문화가 다를지라도 오늘날 한국에서 사회에서 출세했거나 높은 공직에 있는 사람들을 만나보면 공통점을 발견할 수 있다. 쉽게 남을 믿지 않는다는 점이다. 출세와 성공의 과정에서 먼저 그들은 많은 속임을 당해 왔기 때문에 그들이 접하는 인간들은 극히 극소수를 제외하고는 자기들을 속이고 이득을 편취하거나 때로는 낭패와 파멸에까지 이르도록 할 수 있다는 사실을 뼛속 깊이 체득하고 있기 때문이다. 반대로 그들도 남을 속일 필요가 있을 때에는 속임으로써 개인의 성공과 발전을 이룩할 수 있었던 것이다.

따라서 남을 속이라는 의미가 아니라 먼저 남을 믿지 말라는 것이다. 누구를 믿을 수 있고 믿는다면 어디까지 믿어야 하는가? IMF 금융 위기 당시, 국민이 마지막 희망처럼 믿었던 국가는 오히려 무능과 무책임으로 죄 없는 시민들을 절망의 나락으로 몰아넣었다. 저축은행에 평생 모은 돈을 믿고 맡긴 이들은 하루아침에 전 재산을 잃었고, 은행 부도 앞에서 속수무책으로 무너진 이들 가운데는 삶을 등진 이들까지 속출했다. 국가는 책임지지 않았고, 고통은 오롯이 국민의 몫이었다. 결코 배신하지 않고 든든하게 지켜줄 것이라고 믿었던 국가와 기관도 이럴진데 하물며 개인을 어떻게 믿을 수 있겠는가? 심지어 부모조차도 믿을 수 없다. 중국의 무협영화를 보면 자식을 교육시키면서 남을 믿지 말라는 교육이 자주 등장한다. 자식을 지붕에 올려놓고 아버지가 받아 준다고 뛰어 내리라고 재촉하는데 아들이 아버지를 믿고 주저하다가 막상 뛰어 내리면 받아주지 않고 아이가 다치도록 내버려 두면서 혹독한 교훈의 말을 남긴다. 세상의 그 누구도 믿지 말아야 한다. 심지어 아버지도 믿지 말아야한다는 것이다.

중국인들이 의심이 많다는 것은 매우 합리적이다. 그들은 고향 사람이나 같은 동향이 아니면 일단 의심하고 본다. 그리고 오랜 경험을 통해서 어느 정도 신뢰할 수 있다고 결론이 나면 그때부터 진정한 친구가 된다. 따라서 사람을 만날 때는 그들의 말이나 행동이 검증되지 않은 경우 쉽게 믿지 않는 것이 중요하다. 무턱대고 믿고 겪는 괴로움이나 실패보다는, 신중하게 객관적으로 검증하는 과정이 훨씬 유리하며, 결국 성공할 확률을 높일 수 있다.

## (12) 150명을 넘어설 수 있을까

인간은 혼자 살 수 없는 동물이다. 그래서 아리스토텔레스는 인간을 정치적 동물(zoon politikon)이라고 했다. 그는 벌이 벌집을 짓듯이, 우리 인간은 폴리스라는 공동체를 떠나서 살 수 없는 존재라고 보았다. 산다는 것은 정치공동체에서 인적관계를 맺지 않을 수 없으며 요즈음 TV프로그램에서 방영하는 '나는 자연인이다'처럼 살 수 없다.

던바의 수(Dunbar's number)라는 게 있다. 한 개인이 사회적 관계를 안정적으로 유지할 수 있는 사람의 수는 대략 100명에서 230명 사이이며, 일상적으로 150명 전후다. 이 값은 지능에 따라 달라지며, 고릴라의 던바의 수는 50 정도다. 휴대폰에 몇천 명의 지인 이름이 들어가 있지만, 자신이 확실히 인지하는 인물은 그렇게 많지 않다. 이는 뇌 크기와 관계있다. 우리 뇌의 용량이 그렇게 크지 못하다. 마치 286 컴퓨터에 2TB 가량 되는 용량을 적재할 수 없는 것과 같다. 무릇 깡패 조직도 100명이 넘으면 대부분 쪼개진다. 그럼에도 불구하고 승패를 가를 때는 숫자로 승부를 봐야 한다. 즉, 나만의 세력을 만들거나, 아니면 그 세력에 속해야 한다. 독불장군獨不將軍, 유아독존唯我獨尊은 일반인에게는 어렵다. 세속사회에서는 혼자서는 장군이 될 수가 없는 법이며, 오직 나만이 존귀하다고 주장하다가는 정신병원에 가야한다. 백수의 왕이라 불리는 사자나, 바다의 절대 강자인 범고래도 무리를 이루어 사냥을 한다. 하이에나, 늑대, 아프리카 들개와 같은 포식자들도 협동하여 무리지어 사냥하고 생존한다. 반대로, 그들에게 먹히는 동물들도 무리 지어생활하며, 단합된 힘으로 포식자를 피하고 있다. 자연에서의 먹고 먹히는 게임은 톰과 제리처럼 계속 이어지고, 무리를 떠나면 대부분 죽음을맞이한다. 사자 역시 무리에서 떨어져 나가면 하이에나나 물소 떼에 의해 처참히 당할 수밖에 없다. 이는 자연의 법칙이다. 정어리같은 물고기는 거대한 무리를 형성하면서 무리를 커다란 몸집으로 만들어서 다른포식자들이 감히 접근하지 못하도록 하는 전략을 쓴다. 약자의 입장에서는 숫자로 승부해야 된다. 개미가 그렇고 벌이 그러하듯이 인간의 노동조합도 그렇다. 약자의 무기는 단결이며 모여 있어야 한다.

그렇기에 주류사회의 진입로에서 좌절하는 젊은이들은 일단은 무리속으로 들어가야 한다. 동창회에 부지런히 참가하여 수다를 떨고 우정을 확인하고, 동아리나 동아리 선후배와의 만남에 가서 주변의 취미에대한 정보가 무엇인가 비지니스로 연결될 수 있을 것인가를 탐색하고, 교회나 절, 또는 성당에 시간을 정해놓고 다니면서 마음의 정화를 얻고삶을 반추하며 그리고 스님이나 목사, 신부들을 통하여 다른 사람들과의 만남을 넓혀 나가면서 인간관계의 동심원을 넓혀 나가야 한다.

한국인의 개인 관계지수는 2.5인이다. 즉 2사람 반만 거치면 누구와도 연관되는 이 사회에서 부지런히 인맥을 쌓아라. 찾아다니고 만나고이야기하고 탐색하고 알리고 주문하면서 기회를 포착하라. 물리에서도운동이 일을 만든다고 했다. 그 모든 것의 핵심은 쪽수와의 대결이며나는 쪽수가 얼마나 되는 집단에 속해있는 가와 그 쪽수를 가진 집단은얼마나 힘이 있는 가이다. 그래서 노조에 가입하고 노조의 힘을 개인의힘으로 전환시키려는 아니면 개인의 힘을 노조의 힘과 동일시하려는 운동과 활동이 일어나는 것이다. 니체는 『짜라투스트라는 이렇게 말했다』에서 성자와 숫사자는 떼지어 다니지 않는다고 했다. 그대들은 성자도 숫사자도 아니다. 따라서 홀로 킬리만자로를 올라가는 표범이 되어서는 안 된다. 개미나 벌로 있다가, 적어도 늑대나 하이에나 무리로 편입되었다가 마지막에는 사자의 무리로 합류하는 것이다. 물론 이는 세속의 이치다. 진제眞諦의 세계는 이와 반대다. 벗은 수보다 그 깊이가 중요하다. 진정한 친구가 단 한 명이라도 있다면 성공한 인생이다. 그래서 붓다는 말한다. 무소의 뿔처럼 혼자서 가라.

## (13) 끊임없이 비교하라

'행복론'에는 비교하지 말라고 한다. 비교가 그대를 슬프게 만들기 때문이다. 그래서 안분지족安分知足의 현명한 삶을 살라고 약자나 패배자를 위로한다. 라즈니쉬도 말한다. 그대의 초가집이 그대를 불행하게 만드는 게 아니라 그대가 초가집에서 궁전을 생각할 때 불행은 시작되는 것이라고 했다. 이는 불행은 비교에서 오고 행복은 비교하지 않고 주어진 현재에 만족할 때 오는 것이라는 궤변에 불과하다. 이는 계급적으로 말하자면 프롤레타리아의 처지에서 부르주아지들과 비교하지 말고 프롤레타리아의 계급적 위치에 만족하라는 말이나 다름없다. 장자는 말한다. 행복을 느끼려면 발에 맞지 않는 신발을 신고 하루 종일 다니다가 저녁에 집에 돌아와 신을 벗고 따뜻한 물에 발을 담그면 그때 참으로 행복을 느낄 것이라고 했다. 그래서 그는 허리가 혁대에 꼭 맞으면 허리를 잊어버린다고 했다. 비교에는 세 가지가 있다. 열등비교, 동등비교, 우등비교가 그것이다.

청년 후흑도들에게 비교는 먼저 열등 비교에서 시작해야 된다. 인생이 최악이라고 생각할 때 그리고 자살밖에는 이제 남아 있는 선택의 여지가 없을 때 공동묘지를 둘러보라. 살아서 그토록 유명하고 돈과 권세를 지녔던 사람들도 죽으니 아무것도 아니다. 아직 인생의 2막이 시작되려는 청년의 삶에 죽은 자의 무덤을 보면서 삶의 희망을 불태워보라. 병원에 가보라. 단지 손가락하나 제대로 움직이는 것이 인생의 소원이라고 매일 손가락 움직이는 재활훈련을 한다. 걷는 것이 밥먹는 것보다 쉬운 우리와는 달리 걷기 위해서 매일 약물을 투여하고 고통을 참으며 조금씩 걷는 사람들을 보라. 그냥 걸을 수 있는 자체가 얼마나 행복한 것인가. 시한부 선고를 받고 암투병 중인 환자들을 보라. 그들의 삶은 더 이상 과거에 머물지 않고, 미래를 향해 나아가지도 않는다. 그들에게 있어 삶은 바로 지금, 눈앞에 있는 순간들이다. 교통사고로 처참한 상태가 되어버린 친구를 보거나, 사기를 당해 슬퍼하는 이들을 목격하며, 연인과 헤어져 괴로워하는 모습을 보면서도, 여전히 사지가 멀쩡하고 희망을 품을 수 있는 나이가 있음에 감사하는 것이다. 그런 이들을 보면 절망에 빠질 틈이 없다. 그들의 모습은 아직 한없이 젊고, 많은 가능성을 품고 있다. 어떤 변수가 발생하고, 시대와 상황이 어떻게 변할지 예측할 수 없기에, 그들은 그럼에도 불구하고 미래에 대한 투자와 희망을 이어가고 있는 것이다.

동등비교는 비슷한 또래의 정도와 비교함으로써 행복을 느끼는 것이다. 성적도 우수하고 집안도 좋은데 운동을 못하는 친구를 보고 자기의 운동신경을 감사하는 것이다. 고관대작의 딸로서 부러울 것이 없이 생활하는 친구의 불행한 가정생활을 보면서 가난하고 단칸방에서 서로 부딪혀 살면서 때로는 갈등과 충돌도 있지만, 오손도손 살아가고 있는 자기의 가정을 생각할 때 즐거움을 느끼는 것이다. 비싼 명품을 몸에 두르고 돈을 물 쓰듯 하면서 언제나 돈을 과시하는 친구가 뒤로는 얼마나 많은 빚을 지고 있으며 부모로부터 돈을 타내기 위해서 갖은 수단을 동원하는 것을 보면서 항상 돈이 없다가도 조금 생기면 가까운 친구들과 자장면을 같이 먹고 포장마차에서 떡볶기에 소주 한 잔을 걸치면서 우정과 사랑과 미래를 이야기하는 그런 비교를 말한다.

우등비교는 못 올라갈 나무를 쳐다보는 것이 아니라 나무를 쳐다보면서 올라갈 궁리를 하는 것이다. 친하던 친구가 고시를 붙어 앞길의 전도가 양양하다면 당신은 최고의 요리사 자격증에 도전하여 다른 분야에서 그와 경쟁하는 것이다. 부유한 집안의 동창이 외국 유학을 간다면 당신은 국내에서 다른 언어를 독학으로 공부하여 유학파들보다 더 나은 실력을 갖추는 것이다. 대기업에 합격하여 출근을 준비하는 친구의 소식을 듣고 나는 중소기업에 들어가 친구가 대기업에서 거대기업의 부속품이 되어 한창 바쁠 때 나는 중소기업의 살림을 도맡아 하면서 무역, 재정, 관리 등 일만 있으면 부딪혀서 해결하면서 언젠가는 창업할 나만의 회사를 꿈꾸는 것이다. 좋은 스포츠카를 산 친구를 보면서 자전거를 타고 하이킹을 하면서 강변을 달리면서 젊음과 건강함을 느끼며 그것도 스포츠카에 탄 서너명과 즐기는 것이 아니라 동호인들과 맘이 맞는 친구들과 같이 하는 자전거 하이킹에서 삶의 행복을 느끼는 것이다.

## (14) 타인의 실패에서 배우라

이종오도 말한다. 문장을 베껴 쓰는 자들은 모두 과거에 급제한 문장만 베끼길 좋아하지 마땅히 낙제한 사람들의 답안지도 베껴볼 필요가 있다는 사실을 전혀 모른다고 했다. 성공한 사람들의 스토리는 이미 증명이 된 것이어서 매우 설득력이 있어 보인다. 그러나 거기에는 함정이 있다. 첫째, 성공의 확률을 극히 희박하고 따라서 성공한 사람들의 케이스 역시 매우 드물다. 따라서 그것을 각 개인에게 적용하기에는 너무나 검증이 어렵다. 그리고 객관적이지 못하다.

둘째, 실패한 사람의 숫자와 경우가 성공한 사람들의 숫자를 완전히 압도하기 때문에 실패의 경우는 더욱 알기 쉽다. 그리고 실패의 경우가 훨씬 보편적이기 때문에 먼저 실패의 경우를 살펴보아야 한다.

셋째, 각기 처한 상황이 다르기 때문에 그리고 환경과 시대는 자꾸 변하는 데 과거의 성공한 경험으로 새로워진 상황에 적용시키기에는 개인의 능력과 시대가 모두 맞지 않기 때문에 참고자료로서 감동을 받기에는 좋으나 실제로 응용하기에는 한계가 있다.

넷째, 먼저 실패에서 배워야 성공을 기약할 수 있다. 많은 실패를 통해 이룩한 성공은 그 기초가 든든하고 쉽게 무너지지 않는다. 왜냐하면 이미 실패가 무엇인지를 알고 또 실패의 경우를 많이 보아 왔기 때문에 예방할 수 있다. 성공하기는 어려워도 실패를 예방하기는 쉽다. 실패를 알고 그를 예방했음에도 불구하고 성공이 무너졌다면 이는 시대와 환경의 도움을 받지 못했거나 운명이 그러하다고 보아야 한다.

결론적으로 박백으로 성공한 극소수의 인물에서 배우기보다 박백을 통해서 실패한 자들의 경우를 관찰해야 하고, 후흑으로 성공한 자들의 경우를 참고해야 한다. 박백으로 성공한 자들의 경우는 많이 접할 수 있으나 후흑으로 성공한 사람들의 경우는 더욱 많다. 찾아내기가 쉽지 않을 따름이다.

## (15) 판을 바꾸라

날다람쥐의 경우처럼 날아서 다른 나무로 옮겨가는 것이다. 진나라 전국통일의 주역 이사李斯는 군대에서 군량 곡식 창고를 지키는 문지기였다. 그는 창고에서 매번 쌀을 훔쳐 먹는 쥐와의 전쟁으로 골머리를 앓고 있었다. 하루는 그가 화장실에서 일을 보고 있는데 당시 우리나라 옛날 시골변소처럼 재래식 화장실의 밑바닥에 쥐들이 사람의 변에서 소화가 덜된 찌꺼기를 먹다가 사람이 들어오면 피하고 도망갔다가 잠잠해지면 다시 화장실 바닥의 인분찌꺼기를 먹는 쥐를 보면서 크게 깨닫게 되었다. 같은 쥐라도 곡식 창고의 쥐는 많은 곡식 틈에서 깨끗한 것을 먹는데 화장실의 쥐는 저런 더러운 환경에서 찌꺼기를 먹으며 사는 이유는 무엇인가. 그것은 결국 같은 곡식을 먹더라도 하나는 창고고 하나는 화장실이라는 환경이 이들 쥐를 그렇게 만들었다고 결론지었다. 그는 단번에 창고지기를 그만두고 순자의 문하로 들어가 공부를 마치고 진의 여불위呂不韋의 눈에 들기 시작하여 마침내 진의 통일에 일등공신이 된다. 당시 이사와 더불어 곡식창고를 지키던 다른 많은 병사들도 창고의 쥐와 화장실의 쥐를 다 알고 있었을 터인데 이사만은 거기서 크게 깨닫고 오기를 가지고 창고 문지기를 그만두고 그만의 새로운 길을 향해서 떠났다. 이사는 오기를 가지고 모든 것을 다시 시작했다. 그리고 그는 환경을 바꾸었다.

미운오리새끼의 경우처럼 병아리 새끼들과 같이 있을 때는 미움만 받았지만 백조들과 어울렸을 때 백조의 왕이 된 것이다. 김일성대학의 교수출신인 어느 탈북자는 북한생활을 견디지 못하고 한국행의 길을 택하여 탈북자라는 불편한 아이덴티티를 지니고 살다가 국회의원이 되어 대북 문제에 다양한 활동을 했다. 그는 북한에서 한국으로 무대의 판을 바꾼 것이다. 과거 필리핀 출신의 여성 국회의원도 있다. 그녀는 한국남자와 결혼함으로써 태어난 생래적 판인 필리핀을 떠나 한국에 정착한 것이 그녀를 국회의원으로 만들어 주었다. 다문화가정을 위해서 다양한 입법활동을 펼쳤다. 미국의 한국계 하원의원과 미국 전역에 퍼져있는 중소도시의 한인출신 시장들 역시 한국에서 미국으로 판을 바꾼 것이 오늘날의 성공을 자져온 것이다.

어느 남성으로 태어난 트랜스젠더는 여성으로 성을 전환한 뒤 가수와 영화배우로서 인기를 끌고 있다. 러시아 국적으로 활동하는 한국출신의 안현수는 한국 빙상계의 고질적인 파벌, 줄 세우기, 심판의 편견 등을 견디지 못하고 러시아로 가서 러시아 국가 대표선수로서 러시아 국민의 찬사를 받고 있다. 판을 뒤집어엎지 못할 바에야 새로운 판을 찾아서 떠나라. 마작으로 패배한 판이면 카지노로 승부를 걸어라.

## (16) 먼저 비워라. 그리고 다시 시작해라

지금까지 준비하고 노력한 것이 무용지물이라고 생각하는 순간 한순간에 비우라. 그리고 처음부터 다시 시작하는 것이다. 필자가 아는 지인은 사업을 하면서 거래처로부터 거액의 어음을 받았으나 거래처들이 부도가 나는 바람에 그도 부도를 맞아 완전히 거지 신세가 되었다. 노숙자로 전락한 그에게 남은 희망은 그 어음 거래처 회사로부터 얼마라도 돈을 받으면 기사회생할 수 있다는 희망으로 어음을 고이 간직해 왔다. 그럼에도 불구하고 돈이 회수될 희망이 보이지 않자 어느 순간 그 어음을 모두 불태워 버리고 모든 것을 처음부터 시작했다. 원점에서 다시 처음부터 처음 사회에 아무것도 없이 첫발을 내 디딜 때의 조건과 환경과 마음으로 시작하는 것이다.

소설가 이문열도 그 한 예다. 문리학과에 다니면서 고시 공부를 해서 출세하겠다는 인생구상을 가지고 어려운 가족들에게 의지하여 계속 고시에 도전했으나 낙방의 고배를 연거푸 마시게 되었다. 마지막 배수의 진을 치고 도전했으나 그마저 실패하자 할 수 없이 고시의 길을 접고 문학가의 길을 간 것이 저명한 작가의 반열에 올라 경제적 풍요는 물론 명성을 누리고 있다. 포기해야만 하는 좌절감과 미래에 대한 불안 그리고 포기의 과정에서 느꼈던 삶의 회한을 담은 소설이 『젊은 날의 초상』이다. 그 소설은 마지막 청년이 준비해온 약병을 바닷가에 내던지는 것으로 끝을 맺는다. 만약 그가 고시에 붙어 검·판사 되었다면 그의 인생은 사회의 주류대열에 합류하여 그가 바라고 계획했던 만족한 삶을 살았을 것이다. 그러나 많은 독자들에게 문학을 통해서 영감을 불어 넣고 사회에 커다란 영향을 미치면서 개인의 권력과 부를 뛰어넘는 영향력을 발휘하기에는 어려웠을 것이다. 가진 것을 내려놓고 아니면 지금껏 옳다고 믿어왔던 것을 한순간에 포기하고 완전히 새로운 길을 갈 때 새로운 인생이 전개된다.

핸드폰이나 컴퓨터가 잘 작동되지 않을 때가 있다 어떻게 하는가? 모든 전원을 껐다가 다시 시작하면 정상으로 작동되는 경험을 하였을 것이다. 무언가 잘 안 풀리는 가? 전원을 꺼라. 그리고 다시 켜면서 다시 새롭게 시작하라. 그러기위해서는 싸움의 무대을 바꿔라, 아니면 전장을 황야의 전면전에서 산속의 유격전으로 바꿔라. 가수 싸이도 그랬다. 부유한 사업가인 아버지의 뜻을 거스르고 소위 딴따라의 길을 걸으면서 그는 아버지에게는 버린 자식이요 한심한 아들이었지만, 오늘날 싸이만큼 한국의 팝을 세계적으로 선전하면서 한국의 K-POP의 수준을 올려놓은 쾌거를 이룬 전설적인 인물은 없다. 싸이가 아버지의 뜻에 맞는 길을 걸었다면 과연 오늘의 싸이가 있을 수 있었으며 오늘의 K-POP이 있을 수 있었을까.

이미 평원의 전면전에서 승리하는 법을 갈고 닦은 사람들과 같은 방법으로 승리하려고 고시에 목을 매고, 일류기업에 가기 위하여 재수 삼수하고, 아버지 기업을 물려받기 위해 없는 효심을 짜내지 마라. 그대에게 맞는 전술은 유격전이고 지하공작이며 치고 빠지는 비정규적 작전으로 전술을 다시 짜라. 비보이나 싸이나 체조의 양학선처럼. 그도 아니면 청계천 의류시장의 소점포 사장처럼 미래의 의류계를 삼키려는 전략으로 조그마한 소점포에서 독수리 같은 눈으로 손님들의 의류에 대한 유행을 관찰하고 연구하거나, 일류 요리사가 되어 최고의 레스토랑을 경영하려는 꿈으로 간이식당에서 파를 썰고 있는 그대를 자랑스러워하라. 아니면 푸드트럭에서 미래의 거대 프랜차이즈 사업을 구상하고 있는 자랑스러운 자신을 계속 동기화 시켜 보라.

## (17) 아니면 말고다

이솝 우화의 신포도 이야기와 일맥 닮은 면이 있다. 앞서 후흑철학에서 말한 바 있듯이 비성공적인 일반 대중의 95%에 속하며 그 가운데서도 성공했거나 성공의 길로 들어선 5%의 청년들을 제외한 95%에 속하는 청년 후흑도에게 있어 실패의 확률도 95%요 성공의 확률은 5%라고 보고 세상을 바라보고 5%의 성공적인 삶과 그것을 위하여 성공할 수 있는 5%의 확률에 도전하는 것이다. 그렇기 때문에 도전하다가 실패하면 어떻게 할 것인가의 마음가짐이 중요하다. 아니면 말고다. 수많은 사람들이 창업을 하지만 성공한 사람은 극히 드물다. 성공한 기업도 대대손손 이어진다는 보장은 없다. 성공이 귀하고 실패가 보편적인 현실에서 실패에 절망하고 낙담하면서 재기할 수 있는 추동력을 상실하여 나락으로 떨어지기보다는 아니면 말고 식의 철학으로 위기를 극복하고, 다시 심기일전하면서 악몽을 떨쳐버리고 허허 웃으면서 원래 내 것이 아니었다고 자위하고 다시 출발하기 위해서는 "아니면 말고"의 철학을 지녀야 한다.

주류사회의 변방에서 고군분투하는 우리에게 선택의 여지가 별로 없다. 우리가 선택을 하는 것이 아니라 선택을 받아야 하는데 현실은 그렇게 녹록치 않다. 우리의 미래를 위해서 우리는 선택하고 간절히 바라지만 그것이 이루어질 가망성보다는 실패로 돌아갈 가능성이 더 큰 게 현실이다. 따라서 아니면 말고다. 반드시 이것이어야 하고 이것이 아니면 죽겠다는 식의 집착은 버려라. 그것을 최고로 간절히 바랬으며, 그것만이 인생의 전부라고 생각했는데, 그것이 아닌 경우에 부딪히는 절망감은 겪어보지 못한 사람은 모른다. 따라서 아니면 말고다.

성공의 정점에 있던 사람들도 사람들의 무관심 속에서 사라질 뿐이다. 화려하게 대중의 사랑을 받았던 가수나 탤런트들도 은퇴하게 되면 대중의 기억에서 사라질 뿐이다. 대한민국을 쥐었다 폈다 하던 전직 대통령들도 은퇴하게 되면 점차 일반인들의 기억에서 멀어져 가다 죽으면 아주 잊혀지는 것이다. 굉장한 스캔들도 자살사건도 모두가 일시적인 거품이다.

인생은 롤러코스트를 타듯이 아니면, 주식의 그래프처럼 등락을 거듭하고 오르막길이 있으면 내리막길도 있는 법이다. 인생의 최저점에 있으면 과거의 영광을 기억하라. 아직도 영광이 없으면 미래의 희망을 꿈꾸자. 마치 제갈공명이 형주의 신야에서 머물다 조조의 대규모 공격을 받고 간신히 위기를 모면하고 강하성에 머물면서 절체절명의 위기상황에서 유비에게 말한다. 이제부터 본격적으로 한왕조의 부활을 도모할 때라고 한다. 유비는 공명을 바라보며 이러한 시국에도 패권놀음이냐고 힐책하자 공명은 대답했다. 더 나빠질 것이 없는 최악의 상황을 겪어 바닥을 쳤기 때문에 앞으로는 잘 되어 반등할 일만 남았다고 하며 비전을 다시 재확인하였던 것이다.

전직 호남지역의 중진 국회의원 한 사람은 김대중 전대통령과 운명을 같이 하면서 김 전대통령이 미국에 망명을 하였을 때도 그 대신 동교동계를 이끌어 온 동지이자 핵심 간부였음에도 불구하고 김 전대통령에게 도전했다는 이유로 공천에서 배제 되었을 때 단 1분만에 모든 것을 잊어 버렸다고 했다. 그에게는 아니면 말고의 정신이 있었다. 그 뒤로 그는 한 번도 김 전대통령을 원망하거나 비난하지 않았다. 카톨릭 신자로서 한 번도 빠진 적이 없는 새벽기도와 성당의 봉사를 평시와 다름없이 수행하고 있다고 한다. 아니면 말고의 진정한 내공이 아닐 수 없다. 어차피 내 것이 아닐 수도 있다. 원래 내 것도 아니다. 바라던 바가 이루어지지 않으면 실망할 것도 없다. 아니면 말고이기 때문이다. 한 대상을 죽도록 사랑해서 온갖 방법으로 내 연인으로 만들려고 노력했으나 결국 실패했다. 한 없는 절망감과 자괴감을 느끼고 괴로워하기 보다는 아니면 말고다. 어쩌겠는가? 역시 아니면 말고지.

아니면 말고는 어쩔 수 없는 포기나 체념이 아니라 더욱 좋은 기회를 적극적으로 찾고 다른 기회 또는 보다 나은 기회를 포착하면서 기다리기 위한 마음의 비움 상태다. 누구나 이런 경험은 있다. 어떤 일을 추구하다가 그것이 다양한 원인에 의해서 일이 성사되지 않아 실망했는데 오히려 더 좋은 기회나 일이 생기는 경우다. 남녀 간의 죽을 것 같았던 강렬한 사랑도 헤어지고 나서 다시 시작한 사랑에 더 이상적이라고 생각되는 상대를 만나서 더욱 행복해지는 경우도 자주 볼 수 있다. 어느 입시학원 교사는 고시 준비를 하다가 포기하고 입시교재를 저술해서 대박을 터트렸다. 그것이 발판이 되어 전국의 수많은 입시학원을 열었고 그 재력을 바탕으로 사립학교도 세우고, 국회의원까지 되었다. '아니면 말고'다. 그래야 새로운 기회가 온다. 과거에 연연해서 고통과 아쉬움 때로는 처절한 절망에 빠져 살기 보다는 '아니면 말고'로 잊어버리고 다시 시작하는 것이다.

## (18) 모순 해결이 작은 실패와 큰 성공을 결정한다

세상은 너무나 많은 모순으로 가득 차 있다. 그것은 현실적으로 선택하는 것이 아니라 인간의 사회적 삶의 과정에서 의식하지 못하는 가운데 존재하고 있는 것이다. 다만 어떠한 목적이나 희망을 추구하는 과정에서 맞닥뜨리게 되는 불가피한 현상이다. 너무나 잘 알려진 우리나라 옛이야기다. 어느 어머니가 짚신장수 아들과 우산장수 아들을 두었다. 그러기에 비 오는 날이면 짚신장수 아들이 장사가 안될 것을 걱정하고 맑은 날에는 우산장수 아들을 걱정하느라 걱정으로 지샐 뿐이다. 이러한 모순적 상황을 긍정적으로 만들기 위해서는 생각을 전환해야 한다.

맑스의 모순은 화해할 수 없는 적대적 모순이다. 마오쩌둥은 이것을 음과 양의 태극 문양에서처럼 하나의 커다란 원 안에 빨강과 파랑으로 나뉘어 있지만, 서로를 보완하는 비적대적 모순으로 승화시켰다. 따라서 적대적 성격의 모순을 비적대적 모순으로 만들어 내고 이를 생산적으로 만들어 내는 능력과 철학을 갖추어야 한다.

## (19) 능력있는 상사보다 운이 좋은 상사를

소위 운칠기삼運七氣三의 논리다. 박백의 논리에 의하면 능력 있고 실력이 뛰어난 인물들이 사회에서 인정받고 승승장구하는 것이 맞다. 그리고 그러한 상사를 모시는 부하들은 그의 성공과 더불어 본인도 같이 진급하고 성공할 수 있을 것이라는 착각에 빠진다. 만약 그런 인물이 있다고 한다면 그를 상관으로 모시려는 부하들이 줄을 설 것이고 그들 간의 경쟁 역시 치열할 것이다. 그들과의 경쟁을 통해서 능력 있는 상관의 인정을 받는 과정에서 겪게 되는 스트레스와 고통 역시 각오해야 한다. 그럴 바에야 차라리 교묘하게 운이 따라주는 상사를 선택해서 최선을 다해서 모시는 것이 좋다. 세상은 여러 가지 알 수 없는 이유로 명명백백한 이유도 없이 낙오나 실패를 맛보기도 하거나, 또한 상대방의 실수나 자충수에 의해서 어부지리를 얻을 수도 있다. 경험에 의하면 아무리 노력해도 원래 내 것이 아니면 가질 수 없고 때가 이르지 않으면 성사될 수 없다. 그렇기에 본인의 운세가 불확실하다면 좋은 운세를 타고 나서 다양한 이유를 통하여 승승장구하는 상사를 지극정성으로 모시는 것이 보다 나은 투자라고 할 수 있다.

## (20) 승부는 마지막에

실패는 병가지상사兵家之常事가 아니라 인생지상사人生之常事다. 그래서 두고 보자는 놈 무서운 줄 알게 해야 한다. 그대들의 경쟁자들이건 친구이건 그들은 이미 승자의 대열에서 미래의 삶에 대한 희망에 부풀어 있을 때 마지막 전투를 준비하는 것이다. 이제 인생의 마라톤에서 10Km밖에 달리지 않았는데 앞서 달리는 친구들을 부러워하지 마라. 진정한 승부는 결승점이다.

두 명의 친구가 한 스승 아래에서 검술을 배웠지만 한 친구는 항상 승리했고, 다른 친구는 항상 패배하였다. 시간이 지나 나라에서 호위대장을 선발한다는 방을 보고, 두 친구는 하산하여 검술 대회에 출전한다. 결국 두 사람은 결승전에서 맞붙게 되었고, 그 결과는 대련에서 항상 패배하던 친구의 승리로 끝났다. 항상 승리했던 친구는 방심하였고, 자신의 승리를 당연시하며 자만했다. 반면, 항상 패배했던 친구는 대련 과정에서 상대방의 강점과 약점을 치밀하게 분석하였으며, 이를 바탕으로 결정적인 순간에 역전하여 승리했다.

중국 역사에 이러한 마지막의 진검승부에서 이긴 영웅들의 고사는 이룰 말할 수 없을 정도로 많다. 손자와 같이 오나라에서 활동했던 오자서도 여기에 속한다. 원래 초나라 사람이나 그의 부친과 형이 모함을 당하여 초나라 평왕平王에게 죽임을 당하자 오나라로 망명하여 결국 오나라의 대장군이 되어 초나라를 공격하여 부친과 형의 복수를 한다. 평왕의 무덤을 파헤치고 그의 시신이 썩지 않았음을 확인한 오자서는, 두 눈을 파낸 뒤 300번이나 채찍질하며 원한을 풀었다. 이 사건은 굴묘편시掘墓鞭屍의 고사로 알려져 있다. 『사기』오자서 열전에 따르면, 오자서의 옛 친구 신포서는 그의 복수가 지나치다며 비난했다. 그러나 오자서는 "날은 저물고 갈 길은 멀어 도리를 역행할 수밖에 없다吾日莫途遠, 吾故倒行而逆施之"고 답했다. 여기에서 '날은 저물고 갈 길은 멀다'는 뜻의 사자성어 일모도원日暮途遠이 유래했다.

# 제6장

# 대상과 주제에
# 따른 후흑의 자세

우리는 삶을 살아가면서 다양한 환경 속에서 여러 역할을 수행하게 된다. 한 개인은 가정에서는 아버지이자 형제, 누나 또는 동생일 수 있으며, 때로는 고모부나 삼촌, 이모부로 불리기도 한다. 또한 학교에서는 동창생으로, 회사에서는 직원으로, 사회에서는 투표자, 납세자, NGO의 일원으로서 여러 정체성을 지닌 채 살아간다. 이처럼 한 개인이 원활한 사회생활을 영위한다면, 그 또는 그녀는 자신이 속한 다양한 사회적 집단과 관계에 따라 여러 명칭으로 불리며, 그 안에서 다른 사람들과의 관계를 형성해 나가게 된다.

따라서, 각자가 처한 환경과 맺은 관계에 따라 행동과 마음가짐이 달라질 수밖에 없다. 다양한 인간관계와 사회생활 속에서, 사람들은 대상을 마주할 때 후흑의 원리가 어떻게 작동하고 발휘되어야 하는지를 고민하게 된다. 핵심은 이렇다. 겉으로는 투명하고 정직하게 행동하고 말하며 그러한 가치를 추구하되, 필요할 때에는 후흑의 원칙을 사용할 준비가 되어 있어야 한다. 즉, '외박백外薄白 내후흑內厚黑'의 전략과 처세가 요구된다.

## 1. 독서를 어떻게 할 것인가?

첫째, 선택과 집중이다. 방대한 독서는 때로는 시간 낭비일 수 있다. 필요한 책을 선별하여 그 내용을 깊이 파고들어야 하며, 그 책에 대해 전문가 수준의 이해를 갖추는 것이 중요하다. 같은 책이라도 핵심적인 부분에 집중하고, 이를 다른 책과 연관시켜 통합적인 시각을 얻는 것이 효과적이다. 이후에는 읽은 내용을 사회 현실에 반영하고, 이를 개인의 체험으로 내면화하는 과정이 필요하다. 또한, 책이 말하지 않은 부분을 스스로 사고하여 재정립하는 시간을 가져야 한다.

학자들은 방대한 독서를 통해 수많은 자료 속에서 객관성을 찾아내고 보편적 진리를 도출해야 한다. 그러나 대부분의 일반인들은 행동을 위한 지침을 얻기 위해 책을 읽는다. 올바른 판단과 행동을 위한 방향성을 설정하고, 이를 위한 최소한의 기준을 마련하기 위해 독서는 필요하지만, 무작정 많은 책을 읽는 것은 시간 낭비다. 행동에 더 많은 시간을 할애해야 하며, 이를 위해서는 중요한 책을 선별해 집중적으로 읽는 것이 필수적이다

지나치게 많은 책을 읽고도 이를 제대로 소화하지 못한다면, 마치 음식을 과식하여 허기는 채웠지만, 배탈이 나는 것과 같다. 반면, 이종오와 제갈공명은 방대한 양의 책을 읽었지만, 자신에게 필요한 부분만을 선별하여 집중적으로 읽고 이를 자신의 것으로 만들었다.

일본 소프트뱅크를 설립한 손정의는 2년 동안 병원에 입원해 약 3,000권의 책을 읽었다고 전해지는데, 이는 그가 선택적으로 독서를 했기에 가능했다. 마오쩌둥 역시 독서광이었다. 그의 사후 공개된 서재에는 약 13만 권의 책이 있었고, 대부분의 책에는 읽었다는 표시로 동그라미가 쳐져 있었다. 그 중 약 3만 권에는 두 번 이상 읽었다는 표시가 남아 있었다. 마오 역시 선택적인 독서 습관을 가졌던 것이다.

이러한 독서 습관 덕분에 마오쩌둥은 중국 공산당의 혁명 이념을 중국의 상황에 맞게 재창조할 수 있었다. 중미 수교 이후, 마오를 방문한 정치, 경제, 사회, 문화계 인사들과 미국 화교 학자들조차 그의 방대한 지식과 깊은 통찰력에 감탄을 금치 못했다. 그는 인간에 대한 독특한 통찰을 바탕으로 방문자들을 매료시켰다.

둘째, 방법 내지는 기술서를 피하라. 「성공하는 사람들의 10계명」, 『외국어 완전정복 지름길』, 『부자가 되는 법칙 101』 등 이런 종류의 책들은 청년 후흑도들에게 맞지 않는다. 왜냐하면 그것을 주장하는 사람들과 독자의 삶의 출발과 환경과 내면이 다르기 때문에 그들이 주장하는 바는

그들의 경험이요 이야기일 뿐이다. 독자의 이야기는 아니라는 점이다.

세상 환경은 항상 변하고 있는데 그들이 무슨 원칙을 확립하고 어떤 법칙이라고 하면 그것은 어불성설이다. 왜냐면 세상은 너무나 빨리 변하기 때문에 낡은 방정식으로 새로운 문제를 풀 수 없는 거와 같다. 또한 사람마다 가는 길도 다르고, 각자의 재능과 타고난 천성이 다른데 어떻게 일률적으로 그것을 법칙화해서 제시하는가. 방법서는 단지 방법일 뿐 그래서 단순한 참고로서 유용하나 지침서는 될 수가 없다.

그러면 어떻게 할 것인가? 따라서 대안은 이러하다. 방법서의 내용 가운데 본인에게 맞는 것만을 엄선해서 가장 쉬운 것부터 내면화하라. 그리고 그것을 일상생활에서 부단히 적용해보면 된다. 학교, 가정, 친구, 애인, 선배, 아니면 인턴 직장, 시간제 아르바이트 장소에서 부단히 적용하여 이를 부단히 자신의 것으로 만들라는 이야기다. 그러면서 틀리거나 적용이 어렵거나 하는 부분은 왜 어째서 이런 법칙이나 내용은 적용이 어렵거나 불가한지 기록해야 한다. 환경이나 시대의 변화 속에서 지금 유용하다고 여겼던 법칙들이 무의미해질 수도 있고, 반대로 변화한 상황에서 다시 의미 있게 활용될 수도 있기 때문이다. 중요한 것은 그러한 법칙이나 계율을 말하는 책의 내용 가운데 하나나 둘 정도를 깊이 숙지해서 그것에 정통해지는 것도 한 방법이다. 이를테면 성공하는 법칙 제1계명이 "남의 입장에서 파악하라"라고 한다면 이것만을 계속해서 삶에 응용하고 실천함으로써 그것에 통달함으로써 그 책이 말하고자 하는 다른 계율 내지는 의미를 저절로 터득하게 된다. 즉 수많은 법칙을 이야기해도 그 근본은 하나에서 시작되며, 그것을 위해서 다양한 방법과 측면에서 이를 설명하거나 나열한 것이다.

불교 설화에 따르면, 석가모니의 제자 중 한 명은 글을 몰라 불경을 이해하지 못했다. 하지만 붓다는 남을 위한 보살행 중 어느 한 가지만이라도 극진히 실천하면 열반에 이를 수 있다고 가르쳤다. 이에 그는 빗자루질을 통해 깨달음을 얻기로 결심하고, 주변과 마을, 그리고 이웃 마을까지 다니며 한마음으로 청소를 했다. 결국 그는 오롯이 빗자루질에 집중하는 과정에서 깨달음에 이르게 되었다.

셋째, 인문학과 철학서를 중시하라. 인문학과 철학서는 두 가지 면에서 기본이 된다. 먼저 우주는 넓고 광대하며 우주 내지는 태양에 비하여 지구가 아무리 보잘 것 없어도 결국 우리 인간들이 살아가는 현실은 지구의 인간 사회다. 인문학은 바로 그러한 인간에 관한 학문이기 때문에 먼저 인간을 이해하는 것 중요하다. 마키아벨리의 『군주론』과 『한비자』가 우리 후흑학에 가르쳐주는 바가 있다면 그것은 인간 본성에 관하여 가장 깊이 파악한 책이라는 점이다. 자연과학에서 뉴턴의 빛에 관한 연구와 중력의 법칙이 자연과학에서 물론 아인슈타인에 의해 수정되기는 하였지만, 자연과학에서의 본질과 법칙에 버금가는 인문과학의 경전이 바로 한비자와 군주론이다. 그리고 그들이 그 책을 저술한 이래 지금까지 고전으로 변하지 않는다는 것은 인간 본성은 무엇인가 변하지 않는 고유한 본질이 있으며 따라서 그것을 현실에 어떻게 적용시키느냐의 시도를 하였다는데서 그 위대성과 본질이 있다. 따라서 인문학이나 철학은 그러한 인간의 본성과 본질을 이해할 수 있는 중요한 지름길이라는 점이다.

넷째, 인문학이 인간에 대한 이해를 탐구한다면, 철학은 인문학에 마음을 불어넣고 부단하게 변하는 시대와 환경과 역사적 상황에서 그 어떤 방향을 제시하게 한다. 물길이 바뀌고 풍향이 변해도 배를 타고 목적지까지 꾸준하게 가게 하는 그 무엇이 바로 철학이다. 안타깝게도 철학은 인간의 존엄에 더욱 관계가 깊으며 방법과 전략에는 그것을 사용하는 자에 따라 방해가 될 수 있다. 이솝 우화에 양과 독사가 먹는 물이 그것인데 독을 만들든 젖을 만들든 그 재료는 철학이라는 물에서 비롯된다. 따라서 철학자는 자신의 용어로서 이 세계를 설명해 준다.

다섯째, 인문학도는 자연과학에 관한 책을 읽어야 한다. 세상은 정밀한 과학적 법칙에 의해 움직인다. 거대한 우주의 원리마저도 그 현상을 수학적 방법으로 증명해내지 않는가? 따라서 인간을 둘러싼 대자연과 인간이 만들고 주조하며 생활에 쓰는 모든 것들의 근원에 존재하는 과학에 관한 이해가 반드시 필요하다. 그래서 알고 있는 바와 생각하는 바를 검증하거나 증명하고자 할 때에는 수학적 정밀함과 과학적 법칙성들을 염두에 두고 사고하고 생각하는 것이다. 인문학은 관념적이거나 피상적이어서 인식하고 느끼고는 있으나 이를 체계적이고 과학적이며 합리적으로 설명하는 데는 한계가 있다. 다시 말해 인문학이 인간에 관한 학문이라면 자연과학은 자연계와 물리에 관한 학문임을 우리는 알고 있다. 인문학과 철학이 인간의 문제를 추상적으로 거시적으로 보았다면, 자연과 사물과 수학의 법칙을 통해서 인간의 문제를 미시적으로 보다 구체적으로 보는 것이다. 예를 들면 갈수록 뇌의 구조와 그 신비가 밝혀져 가고 있고 생물학에서 DNA가 발견되어 인간이란 무엇인가에 대한 보다 과학적인 연구가 진행되고 있다. 이러한 거시적이고 추상적이며 심리적인 인간관과 과학적이고 구체적이며 미시적인 인간에 관한 두 가지 접근을 통합해서 보아야 한다.

여섯째, 자연과학서적 가운데 권장하고 싶은 것은 지구의 근원인 우주에 관한 책을 읽음으로써 뉴턴 시대까지 통용되던 지구상에서의 절대적 과학적 진리가 아인슈타인 이후 지구적 과학과 진리를 뛰어 넘는 우주적 통합적 진리의 문제를 이해하는 것이다. 예를 들면 과거 왕조시대에 정치 사상가들이 왕 또는 황제의 위엄과 절대성을 주장하기 위하여 천하에 태양이 둘이 없듯이 군주도 하나라고 한 것이 그것이다. 그러나 다른 행성계를 보면 태양이 두 개나 세 개가 맞물려 돌며 행성계를 움직이는 것이 자주 관찰되고 있다. 또 하나는 인간과 사회의의 근본을 이해하기 위하여 생물학을 접하라는 것이다. 진화론이 어떻게 인간과 동물과 더불어 공존해 왔고, 인류사회의 발전과 인류의 미래와 긴밀하게 연결되어 있는가를 파악하는 것이다. 소위 통합 내지는 통섭이 그것인데 자기가 잘 아는 전문분야는 어느 개인의 생계를 해결하는데 유용하다. 그러나 그를 통해서 인간과 자연과 사회와 우주를 동시에 연결해 보고 그리고 현재의 삶과 전공을 보다 큰 미래와 연결시킬 수 있는 지혜와 안목을 가지는 것이다. 이런 후에야 대화의 폭이 넓어진다.

일곱째, 부단히 메모하고 다시 음미하면서 세상의 이치와 맞추어 보고 적용해 보라. 메모의 습관을 통해서 성공한 사람들의 예는 무수하게 찾아볼 수 있다. 극소수의 천재가 아닌 이상 메모를 통해서 1)과거의 사실을 계속 기억함으로써 그것에서 교훈을 얻거나 미래의 문제와 연결될 수 있는 실마리를 찾는 것이다. 2) 순간순간 떠오르는 영감 내지는 전략 또는 철학적 명제들을 그때마다 뇌 속에 입력시키기 위한 사전 정지작업 내지는 자료보존으로서 필요하다. 3) 계속 보전함으로써 사고의 발전적 과정, 과거의 확신과 그에 따른 판단이 현재의 결과에 비추어 볼 때 긍정적이었는지 아니면 부정적이었는지를 비교·검토하여 그것을 통해 새로운 비전의 제시 내지는 효율적인 전략을 수립하는지에 도움이 된다.

## 2. 친구는 어떻게 대할 것인가

젊은 나이에 스스로 생을 마감하는 이들의 공통점 중 하나는 진솔한 대화를 나눌 친구가 없다는 점이다. 자살에 관한 연구에 따르면, 자살을 선택한 이들 대부분이 대화할 사람이 없었고, 자신이 사회에서 가치 없는 존재라는 깊은 자괴감을 느꼈다고 한다. 친구의 소중함은 누구나 알고 있다.

중국 속담에도 "친구가 많으면 길이 넓어지고, 적이 많으면 벽이 높아진다"는 말이 있다. 친구 하나 생기면 길 하나 더 생기는 셈이다. 마오는 이렇게 말했다. 친구는 늘리고 적은 줄이는 것이 정치다. 친구 잘 만나 출세한 인물은 셀 수가 없을 정도다. 한국의 정치사에서 친구 잘 만나 대통령 된 경우도 여럿 있다. 노태우에게는 전두환이 그렇고 문재인에게는 노무현이 그랬다. 한나라 고조 유방의 친구 노관盧綰은 이렇다 할 능력도 특징도 없는 인물이었지만, 친구를 잘 둔 탓에 사마천의 사기 열전에 이름을 올렸다. 사마천이 그에 대해 평하기를 "파리떼가 준마 꼬리에 붙어 천리를 가듯, 건달 무리들은 유방을 따라다니며 이름을 남길 수 있었다"고 했다. 어쨌든 친구가 많을수록 어려움을 헤쳐 나가는 데 도움이 되는 경우는 많다. 하지만 현실은 어떨까. 답은 그렇기도 하고 그렇지 않기도 하다. 인생을 살다 보면 모순은 피할 수 없이 발생한다. 종종 가장 친한 친구가 가장 증오하는 원수로 변하기도 한다. 한 부모 밑에서 같은 피를 나누는 형제와 남매지간도 성인이 되어 결혼 후 사회생활을 하는 과정에서 순탄치 못하고 원수가 되어 절연하는 사례가 헤아릴 수 없을 정도다. 이처럼 형제남매 사이도 그럴진대 하물며 아무런 피의 연결이 없는 학연과 지연만으로 그리고 혈육의 정을 뛰어넘는 친구관계가 존재할 확률을 극히 적다고 할 수 있다. 후흑의 대가인 유방의 친구들 역시 소하를 제외하고 끝까지 남아 있는 사람은 많지 않았다. 게다가 당나라의 태평성대를 구가한 정관지치의 현군 당태종 역시 태자인 친형과 동생을 죽이고, 아버지를 겁박하여 황제가 되었다는 사실은 이를 입증하고도 남는다.

니체는 『짜라투스트라는 이렇게 말했다』에서 "그대는 친구를 적으로서 존경해야한다"고 했다. 일단 친구가 될 수 있는 사람은 서로 비슷한 수준의 사람으로, 일단 본인이 존경할 만한 사람을 친구로서 사귀게 된다는 뜻이다. 그러나 적으로서 친구를 존경하라는 것은 친구가 적으로 될 가능성이 있기에 존경하되, 그리고 그러한 존경심을 통해 각자의 발전을 이룩하되 적으로 될 가능성을 항상 경계하라는 뜻이다. 너무나 친한 친구가 되는 과정에서 서로가 모든 것을 아낌없이 희생하고 모든 것을 같이 하였고 그럼으로써 서로를 너무나 잘 알기 때문에 오히려 모순과 충돌이 발생할 가능성이 더욱 크다는 점을 알아야 한다. 그 모순에 직면했을 때 친구를 위해서 자신을 먼저 희생하는 친구를 찾기는 바닷가 모래사장에서 바늘 찾는 격이다. 친한 친구끼리 원수가 되면 가장 많이 하는 말은 내가 친구를 위해서 얼마나 많은 것을 해주었고 얼마나 잘해줬는데 나한테 그럴 수가 있느냐다. 그것은 상대방 친구도 똑같은 말을 하기 마련이다. 그만큼 친한 친구였기 때문에 그동안 서로 투자한 시간과 공유한 물질과 서로 나눈 대화와 마음이 누구보다도 많기 때문에 서로가 남에게 잘해 주었다고만 생각한다. 친구와의 결별은 시간적으로나 경제적으로도 큰 손실이다. 그동안 친구로서 같이한 시간이나 나누었던 물질적 공유나 많은 소중한 감정들이 한순간에 무효화되기 때문이다. 특히 마음의 상처를 치유하는 데 많은 힘이 들기 마련이다.

첫째, 친구라는 개념은 타인을 전제로 하기 때문에 종종 자신의 존재를 간과하게 된다. 명리 사주학에서는 평등한 친구관계란 없다. 어느 누군가는 인내해야 관계가 유지된다. 대체로 우리 인간은 유유상종한다. 태극기·성조기 부대에 촛불 부대가 어울릴 수 없는 것과 같다. 마치 깃털이 같은 새들이 모이듯이, 친구도 자신의 가치와 어울리는 사람들이 자석처럼 서로를 끌어당기기 때문이다. 물론 예외적인 경우도 있다. 하지만 이러한 관계는 대개 진정한 우정이라기보다는 사회적 맥락에서 형성된 가벼운 친분에 머무는 경우가 많다.

에리히 프롬은 『사랑의 기술』에서 사랑이 이루어지기 위해서는 서로 비슷한 능력과 수준을 가져야 하며, 이를 '등가교환의 법칙'이라고 설명했다. 친구 관계도 이 법칙을 따르기 때문에, 나의 가치가 어느 정도인가에 따라 그에 걸맞은 친구가 생길 것이다. 그러므로 먼저 자신을 성장시키고 가치를 높이는 것이 필요하다.

둘째, 친구도 관리가 필요하다. 단지 알고 친하게 지낸다고 해서 우정이 유지되지는 않는다. 나아가 우리 뇌도 용량이 있어서, 수많은 사람과 관계를 맺지 못한다. 특히 쉰 이후의 나이가 되면 확실히 친구 수는 줄어든다. 따라서 사회적 인적관계의 관리처럼 친구 관계도 꾸준한 관리가 필요하다. 생일을 챙기고, 그의 가족과의 유대관계는 물론 꾸준한 연락과 관심을 보이면서 서로의 우정을 수시로 확인하면서 이를 다져야 한다. 효율적인 관리는 효율적인 우정과 인간관계를 결과하는 것이 당연하다. 물론 궁극적으로 무소의 뿔처럼 혼자 가는 자세로 살아야 한다.

셋째, 친하게 되는 과정이나 친하게 된 후에도 자기에게 결정적으로 불리한 문제나 과거는 숨겨라. 영원한 것은 없다. 영원히 지속하는 우정은 없다. 그러한 절친한 사이에서 있었던 비밀의 누설은 나중에 서로 등지고 원수가 될 때는 그 모든 말들이 비수가 되어 자신을 찌르는 무기가 된다. 서로 감정이 상해도 친구의 비밀을 지켜 주면서 점잖게 갈등을 가지고 가는 사람은 극히 드물다. 진정한 후흑은 미래에 발생할 갈등과 분쟁에 대비하여 중대하거나 결정적인 비밀이나 치부는 꼭 감추고 있으라는 이야기다. 마찬가지로 상대방의 비밀이나 감추고 싶은 치부도 알려고 들지 말고 알게 되는 순간을 피하면서 그대로의 친구의 사생활과 과거를 지켜주는 것이 낫다. 설령 그것을 알게 되더라도, 마음에 담지 말고 빨리 잊어버려라. 그리고 그것을 알기 전의 상태에서 계속 관계를 유지할 수 있도록 마음의 평정을 갖고 친구를 대해야 한다. 왜냐하면 후흑의 관점에서 보면 완벽한 인간은 없고, 원하든 원치 않든 간에 그러한 비밀이나 개인적인 사생활에서 완전하게 자유로운 사람은 극히 드물기에 나의 아픈 것을 남이 존중해주기를 바라는 만큼 나도 남을 그렇게 존중해야 한다는 상대성 때문이다.

넷째, 만약 우리와 친구 사이에 갈등이 발생하여 우정이 깨질 위험에 있다고 한다면 능동적으로 문제를 해결하라. 이것은 마음이 아니라 능력이다. 문제를 주동적으로 해결하려는 의지이자 도량을 보일 수 있는 하나의 자질에 속한다. 커다란 희생이나 물질 또는 대가를 지불해야한다면 고려해보아야 하겠지만 말이나 행동으로 문제를 해결 할 수 있다면 먼저 손을 내밀어라. 친한 친구였기 때문에 말로 해결할 수 있는 여지는 다른 누구보다 더 크다.

다섯째, 이러한 해결을 어렵게 만드는 것이 있다면 바로 사소한 자존심 때문에 먼저 손을 내밀지 못하는 것이 일반적이다. 친구에게 자존심을 내세울 게 무언가. 나중에 오해가 풀어지고 다시 친하게 되면 오히려 그대와 소원해졌던 상대 친구가 미안함을 느끼고 더욱 잘해 줄 수도 있다. 앞에서 말한 바 있듯이 그동안 우정을 확인하고 쌓으면서 얼마나 많은 시간을 같이 보냈고 서로가 금전과 물질적인 투자를 했으며 또 친구의 친구가 새로운 친구가 되어 친구라는 동심원이 넓어져 갔는가. 그런데도 친구와의 불화와 갈등으로 그 모든 것을 없던 것으로 만들기에는 너무나 한심한 인간관계의 낭비요 무책임한 소비다. 먼저 자존심을 구길 수 있으면 그렇게 하라. 한신은 동네 건달의 가랑이 사이로 기어갔다. 왜냐하면 준비하고 계획한 일이 많기에 동네 건달과 시비함으로써 미래의 성공을 무산시키기에는 자신의 미래가 소중했다. 묵묵히 참고 건달의 가랑이 밑을 지나갔다. 하물며 친한 친구에게 자존심 한번

굽히는 것이 무슨 그리 큰 대수랴.

여섯째, 다시 회복된 경우에는 같은 문제가 발생하지 않도록 서로 조심하는 것이 중요하지만 더욱 중요한 것은 관계가 회복되지 않으면 뒤에서 상대 친구를 비난하지 말고 무대응으로 일관하라. 어떤 비난도 삼가고, "내가 그 친구에게 얼마나 잘했는데, 어떻게 나에게 그럴 수 있느냐"와 같은 말을 친구들의 이너 서클에서 하지 말아야 한다. 평소처럼 행동하고 무대응으로 일관하면 상대친구가 먼저 손을 내밀 것이다. 인간의 됨됨이는 헤어질 때 아는 법이다. 남녀 관계는 물론 친구관계도 그렇다. 그렇기 때문에 우정이 회복될 가능성이 있으면 무대응으로 일관하라. 자신의 정당성을 주장하기 위해서 친구를 비난하고 험담을 하게 되면 친구들을 편 가르게 하고, 상대방을 더 분노하게 만들며 그러면 상대 역시 그대를 같은 방식으로 상대의 단점과 잘못을 끝없이 나열하게 된다. 이렇게 되면 서로의 상처만 클 뿐이다. 무대응으로 일관하는 것이 진정한 후흑은 전략이다.

마지막으로 우정이 회복 불가능할 정도로 관계가 악화되었다면, 과감히 잊어버리는 것이 현명하다. 하지만 잊은 뒤에 추한 말들이 떠돌기 시작하면, 과거보다 더 큰 고통과 혹독한 대가를 치르게 될 위험이 있다. 이는 중대한 교훈이 되므로, 다른 친구들과의 관계를 더욱 소중히 여기고, 유사한 문제가 새로운 친구들과의 관계에서도 반복되지 않도록 반면교사로 삼아야 한다.

헤어진 친구와의 관계를 돌아보며, 홀로 있을 때는 자신의 잘못과 문제를 성찰해야 한다. 이렇게 함으로써 친한 친구를 잃은 아픔을 교훈으로 삼고, 남아 있는 친구나 앞으로의 관계에서 서로 증오하거나 적으로 갈라서는 일이 없도록 자기반성을 우선해야 한다.

그러나 손뼉도 마주쳐야 소리가 나는 법이듯, 갈등의 책임은 한쪽에만 있지 않고 쌍방의 잘못으로 빚어진 결과임을 인정하는 태도도 필요하다. 이를 통해 객관성을 유지하면서도, 자신의 책임을 회피하지 않고 성숙한 자세로 나아가야 할 것이다.

반면, 세속을 떠나 수행하는 불가의 관계 맺음에 대해서 이렇게 말한다. 어리석은 사람과 벗하지 마라. 어리석은 사람을 고치려 하는 것은 정말 어리석은 행동이고, 불필요한 고통을 만드는 지름길이다. 어리석은 사람과 얽히지 않는 게 최선이다. 돕고 싶다고 해서 도움이 되지 않는다. 그러므로 인연을 함부로 만들지 마라. 생선을 싼 신문지에는 비린내가 배고, 차를 싼 종이에는 차향이 스며들기 마련이다. 마찬가지로, 수행의 계율을 철저히 지키며 내면을 단단히 다스린 사람에게는 계율의 향기, 즉 계향戒香이 자연스레 풍긴다. 이는 수행이 제대로 된 사람의 증표라 할 수 있다.

향이 나쁘면 다른 것까지 함께 외면당하듯, 진정한 도반이라 할 수 없는 사람을 많이 둘 필요는 없다. 한두 명으로도 충분하다. 오히려 무소의 뿔처럼 혼자서 가라는 가르침을 따르는 것이 나을 때도 있다. 진실한 친구가 단 한 명도 없을지 모른다 해도, 그럴 때는 담담히 혼자 걸어가야 한다.

외로운 순간엔 주변에 아무도 없을 수 있다. 많은 사람들 속에서 진정한 한 명을 찾는 일은 어렵다. 심지어 자신보다 더 존경할 만한 인물을 만나기란 더욱 드물다. 만약 그런 사람이 없다면, 흔들림 없이 혼자의 길을 걸어가라.


## 3. 돈의 문제

마키아벨리는 이렇게 말했다. "살해된 아버지의 일은 잊어도, 빼앗긴 재산은 영원히 잊지 못한다" 지금껏 인류사회에 등장한 수많은 철학적,

사상적, 그리고 도덕과 윤리적인 논의들의 이면에는 돈과 그것으로 인하여 전개된 현상을 다양한 이름으로 다양한 각도에서 보다 추상적인 것으로 표현해낸 것이라고 해도 과언이 아니다. 러셀은 물리학에서 에너지가 핵심 주제라면, 정치학에서는 권력이 그에 상응하는 근본 요소라고 주장했다. 마찬가지로, 인간 삶 전반을 관통하는 핵심은 돈이라 할 수 있다. 돈은 단순히 생활의 수단을 넘어, 오랫동안 인간의 정신세계까지도 지배하는 근본적 요소로 자리 잡아왔다.

화폐가 등장한 이래, 인류는 불, 바퀴, 도구의 발명을 넘어 철의 발견과 이를 기반으로 한 전쟁의 발전을 통해 사회의 진화를 이뤄왔다. 그러나 이 모든 발명과 진보를 통틀어 인간 역사에서 가장 혁신적이고 영향력 있는 발명은 바로 돈이라 할 수 있다.

또한 물리학에서 수학으로 물리적 현상을 설명할 수 있듯, 인간 사회의 다양한 현상들은 결국 돈의 문제로 해석하고 설명할 수 있다고 말할 수 있다.

'무릇 사람들은 자신보다 열 배 부자면 그를 헐뜯고, 백 배 부자면 두려워하고, 천 배 부자면 그를 위해 일을 해주고 싶어 하고, 만 배 부자면 그의 노예가 되고 싶어 한다. 이것은 사물의 이치다.' 사마천 사기 '화식열전貨殖列傳'에 나오는 경구다.

첫째, 돈의 현대적 변용은 놀랄만하다. 인간에 대한 구원의 문제도 역시 오늘날 돈으로 귀결된다. 기독교는 유난히 돈에 관한 교설이 많다. 십일조를 바치라거나 가난한 과부의 헌금이라든가, 잃어버린 돈을 밭에 묻어두고 찾는 것이라든가, 성전에서 제물을 바치라든가 하는 즉 신과의 교통을 매개해주고 신에 대한 믿음을 측정하는 도구로서 돈이 유용한 잣대가 된 종교다. 불교에서 비구(比丘, Bhiksu)와 비구니(比丘尼, Bhikkhuni)는 출가 수행자를 뜻하는 단어다. 남성으로서 출가하여 승려가 된 이를 '비구'라 하고, 여성으로서 승려가 된 이를 '비구니'라고 한다. '비구'란 비쿠라는 범어를 음차한 것으로서 걸사乞士 즉 '걸식하는 사람, 빌어먹는 사람'의 뜻이다. 수행자는 원칙적으로 걸식 즉 탁발로 하루하루를 생활했다. 지금도 동남아 상좌부 불교에서는 탁발을 한다. 그것은 붓다가 그토록 강조한 무집착, 무소유의 삶을 유지하기 위해서다. 반면 한국 불교는 불전함에 바치는 시주의 양과 규모에 의해 불심이 측정되는 모순이 보편적이다. 사찰에 무슨 49재가 몇백만원이나 하며, 수능 입시 기도가 수백만 원이 되고, 웰빙 음식과 산사 음악회가 등장하며, 주지스님도 고가의 외제차를 몰고 산사를 드나든다. 세속의 삶과 그렇게 다르지 않다. 가장 현실적인 예로, 주머니에 돈 한 푼 없이 교회에 가서 예배만 드리거나, 절에 가서 불공만 드리고 올 수 있을까? 종교조차 이러한데, 다른 분야는 더 말할 것도 없다.

둘째, 시오노 나나미의 『로마인 이야기』에 나오는 이야기로서 진실과 진리만을 추구해야 하는 교회가 엄청난 사기행각을 벌인 일화다. 기독교를 종교로 인정하고 니케아 공회를 통해서 삼위일체설을 정론으로 확정한 콘스탄티누스 황제가 전 유럽의 영토와 재산을 모두 교회에 기증한다는 '기증문서'를 근거로 교황은 유럽의 영주들에게 압박을 가해왔다. 즉 유럽의 영주들의 토지와 재산은 콘스탄티누스 황제의 기증으로 이루어진 것이고 영주들의 통치권은 교회로부터 위임된 것이기 때문에 영주들은 교회의 권위에 절대 복종해야한다는 것이다. 그렇지 않으면 콘스탄티누스의 '기증문서'에 따라 영지와 재산을 몰수하고 재산과 통치를 위탁한 권리를 빼앗을 수 있다고 하여 '기증문서'가 기독교가 유럽의 영주와 왕들을 제압하는 근거로 사용되었다. 훗날 치밀한 연구와 조사 끝에 이 '기증문서'는 4세기에 만들어진 것이 아니라 10세기 또는 11세기에 만들어진 가짜였다는 것이 밝혀져 유럽 전역에 파란을 일으킨 것이다. 이 엄청난 사기극은 그 문서 하나로 유럽의 봉건영주와 왕들을 종교의 굴레에 속박시킨 희대의 조작사건이다.

셋째, 중국의 장례문화의 하나로서 장례절차 가운데 마지막에 죽은 망자를 위해 종이돈 지전紙錢을 태우면서 망자가 저세상으로 가는 과정에 여비를 주는 의식이 있다. 중국인들은 이승과 마찬가지로 저승에서도 돈이 필요하다고 믿는다. 그뿐만 아니라 죽은 후 망자를 기리는 의식에 망자가 다시 다른 세계로 갈 때 필요한 경비를 주기 위해서 지전을 태운다. 죽은 후에도 종이돈이라도 필요하다는 장례문화 역시 사후에도 돈이 필요함을 알 수 있다. 즉 인간은 살아있으나 죽은 후에나 돈과 뗄 수 없는 세계에 살고 있다.

넷째, 돈을 버는 능력을 상재商才라고 한다. 상재는 타고나는 능력으로, 그렇지 않은 사람들은 아무리 열심히 노력해도 돈이 쉽게 따르지 않는다. 반면, 상재를 지닌 사람들은 돈과 관련된 일에서 탁월한 안목과 정확한 판단력을 발휘하며, 기다림과 포기, 투자와 회수 등에서 최적의 타이밍을 잡는 능력을 지니고 있다. 문제는 어떤 돈을, 어떻게 벌어야 하는가에 있다.

약 1억 5천만 년 전, 시조새가 최초로 비행을 시작한 이후 수많은 조류가 진화하였다. 그중 티베트의 잿빛 두루미는 히말라야를 넘어 한국으로 월동을 위해 긴 여정을 떠난다. 그러나 시조새를 조상으로 두고 있음에도 불구하고 타조나 뉴질랜드의 키위와 같은 조류는 비행을 포기하였다. 이는 이들이 비행을 하지 않아도 먹을 것이 풍부한 환경에서 살아남게 되면서, 날개의 기능이 퇴화하여 흔적만 남았기 때문이다. 이와 유사하게, 고래는 육지에서 먹이를 찾는 것보다 바다에서 더 많은 먹이를 구할 수 있었기에, 진화의 고향인 바다로 돌아갔다. 그 결과, 고래는 수십 분에 한 번씩 물 위로 올라와 숨을 쉬는 등 포유류의 흔적을 유지하고 있을 뿐이다. 이러한 진화의 경로를 변화시킨 것은 무엇인가? 바로 "무엇을, 어떻게 먹느냐"가 모든 생물의 진화를 결정하는 주요 요인이다. 예를 들어, 홍학은 탄자니아의 나트론 호수에서 붉은 미네랄 성분을 함유한 플랑크톤을 먹기 때문에 몸이 붉은 색을 띠게 된다. 홍학의 새끼들은 회색 또는 흰색을 띠지만, 플랑크톤을 섭취하면서 점차 분홍색에 가까운 붉은 색으로 변한다.

즉 먹는 것에 따라 몸의 색깔이 결정되는 것이다. 남미의 열대 우림에 서식하는 화살독개구리는 개미를 먹음으로써 독성을 키운다. 인간도 마찬가지다. 버는 돈의 종류가 어떤가에 따라 그의 철학과 인생관 및 사물을 대하는 태도가 각기 다르다. 소매치기가 버는 돈과 학교 교사가 받는 월급, 부정부패로 산 고급 아파트와 맞벌이를 통해서 열심히 벌어서 장만한 전원주택은 같은 돈이지만 어떻게 번 돈이냐에 따라 돈의 의미와 가치 및 그를 통한 인간도 달라질 수밖에 없다. 따라서 먼저 어떤 돈을 어떻게 버느냐가 문제다.

여섯째, 직업에 귀천이 없다는 말은 단순하게 3D 업종에 일하는 사람들을 위로하기 위한 말이 아니라 참으로 그러하다. 대기업에만 취직하려고 하고 공무원직을 선호하는 작금의 사태를 보면서 일류 지향주의의 바람이 우리 청년들을 깊게 병들게 하고 있음을 알게 된다. 마치 여성들이 외국의 비싼 명품을 몸에 지니고 다녀야 그들의 사회적 신분이 높아지는 것으로 착각하는 천박한 체면주의, 병리에 가까운 졸부 근성이 한국사회를 병들게 한다. 과거 도살장이나 정육점 그리고 장례 관련 업종에 종사하는 사람들은 천시당하여, 그 자녀들도 부모의 직업을 숨기는 것이 보통이었다. 그러나 이들 직업은 돈을 잘 버는 직종이다.

산진이, 수진이, 날진이, 송골매, 해동청 보래매 즉 꿩잡는 것은 매다. 문제는 어느 직업을 구하든 간에 그 분야에서 최고가 되라는 것이다.

같은 강태공이라도, TV 디스커버리 채널에 나오는 전문 낚시꾼은 크고 위험한 민물고기만을 노리는 모습을 본 적이 있다. 바로 이 점이 중요하다. 어떤 분야든지 한 분야에서 최고가 되면, 그에 상응하는 더 큰 기회가 반드시 찾아온다. 카지노에서도 몇 가지 불문율이 있는데, 그중 하나는 잭팟이 오랫동안 터지지 않은 기계일수록 잭팟이 터질 확률이 높다. 누구나 선망하는 대기업이나 안락한 사무실에서 편히 일하는 직업은 이미 경쟁이 치열하고, 잭팟이 여러 번 터진 곳이기에 새로운 기회가 쉽게 오지 않는다. 남들이 가지 않는 길을 선택해 그곳에서 승부를 걸어야 잭팟이 터진다. 기회는 늘 남들이 외면한 그 길 위에 있다.

일곱째, 돈을 빌려주거나 보증을 서는 일은 피해야 한다. 소액 정도는 줄 수 있어도, 큰돈을 빌려주는 일은 피하는 게 낫다. 은행도 담보를 잡고 돈을 빌려주지만, 부채 회수율이 낮아 어려움을 겪고 있다. 믿고 빌려주더라도 돈을 되돌려 받을 확률은 매우 낮다. "친구에게 돈을 빌려주면 친구도 잃고 돈도 잃는다"는 말이 이와 같다. 빌려줄 때는 확신을 가지고, 빌리는 사람 역시 반드시 갚겠다는 다짐을 하지만, 돈의 흐름은 결코 예측대로 움직이지 않는다. 사람의 진심은 변하지 않더라도 돈은 그렇지 않다. 그러므로 여유가 있다면 차라리 그냥 도와주는 게 낫다. 받을 것을 기대한다면 애초에 빌려주어서는 안된다. 오히려 적당한 금액으로 성의를 표시하는 것이 더 현명하다.

보증은 그 위험이 더욱 크다. 보증을 통해 상대가 기사회생하여 발전하거나, 최악의 상황을 모면할 가능성은 있겠지만, 그 확률은 극히 미미하다. 보증을 통해 다시 일어설 확률은 매우 낮다. 확률적으로 불리한 게임에 자신의 재산, 가족의 미래, 그리고 사업의 장래까지 저당 잡히는 위험을 감수하는 것은 어리석다. 의리와 우정을 지키기 위해 보증을 서는 박백薄白의 선택보다, 단호히 거절하여 자신의 안전과 미래를 지키는 후흑厚黑의 길을 택하라. 후흑 철학의 본질은 발전 이전에 생존이 우선이라는 데 있다.

## 4. 말은 어떻게 할 것인가

『한비자』의 첫머리는 '말을 어떻게 해야 하는가'라는 주제로 시작된다. 한비자는 원래 말더듬이였기 때문에, 자신의 사상과 철학을 글로 깊이 있게 표현하는 데 더 능숙했다. 말보다 글을 통해 자신의 철학을 더욱 효과적으로 전달할 수 있음을 깨달은 그는, 말에 한계를 느끼고 진나라 소양왕에게 군주로서의 대전략을 먼저 글로 상주하게 된다. 물론, 그가 한韓나라를 보존해야 한다는 존한의 입장과는 모순되는 부분이 있어 이 글이 한나라의 비非가 쓴 것인지에 대한 의문이 제기되기도 한다.

어쨌든, 진나라 소양왕을 만난 한비자는 당시 전국 6국의 정치, 경제, 사회를 면밀히 분석하고, 진나라가 천하를 통일할 수 있는 방안을 제시한다. 그의 요약을 보면, "알지 못하면서 말하는 것은 어리석음이며, 알고도 말하지 않는 것은 불충이다"라는 핵심이 드러난다. 신하가 진리를 알면서도 이를 말하지 않는다면 불충의 죄를 범한 것이며, 그러한 자는 마땅히 처벌을 받아야 한다고 상주한다. 또한, 경솔하게 말해 잘못된 발언을 한 자 역시 사형에 처해야 한다고 주장한다.

벙어리가 아닌 다음에야 아니 벙어리들도 수화로 말을 한다. 인간이 말을 하기 시작한 이래 언어가 인류의 진보에 상당한 부분을 차지한다. 문제는 말을 할 수 있고 또 말을 많이 하지만 어떻게 말을 해야 하는가이다. 특히 청년들은 어떻게 말을 해야 후흑이 드러나지 않고, 후흑이 지향하는 목적을 달성할 수 있을 것인가에 초점을 두어 말을 해야한다. 혼자 있을 때를 제외하면 언제나 말을 해야 하는 현대생활에서 상대에 따라 하는 말에 의해 사람의 운명이 바뀌기도 하기 때문이다.

첫째, 말하는 방법은 곧 얼마나 잘 경청하는가에서 시작된다. 카네기의 『처세론』에 나오는 일화에서, 카네기는 한 식물학자를 방문하여 그의 말을 진심으로 경청한다. 이에 식물학자는 "당신처럼 말을 잘하는 사람은 처음"이라며, 오히려 경청만 했던 카네기를 칭찬한다. 바로 이것이다. 먼저 듣는 것, 그것이 대화의 시작이다. 상대방이 스스로 말문을 열고 이야기를 이어가면 그대로 들어주고, 말수가 적다면 그가 가장 잘 말할 수 있는 주제를 던져 말을 이끌어내야 한다. 상대방의 말을 충분히 들어야만, 그에 맞춰 자신의 말이 어떤 주제와 내용으로 이어져야 할지, 그리고 논리의 전개와 결말이 자연스레 정해질 수 있기 때문이다. 상대가 말하는 동안은 진심으로 귀 기울여 듣고, 때때로 그가 주의를 기울이고 있음을 느낄 수 있도록 작은 반응을 보여주면 상대는 더욱 흥미를 가지고 말을 이어가게 될 것이다. 그리고 자연스럽게 그대에게 깊은 호감을 느낄 것이다. 이는 인간의 본성 중 하나가 바로 자신을 알아주기를 바라는 마음이 있기 때문이며, 상대의 말을 경청하는 것은 그를 존중하고 인정한다는 가장 직접적이고 확실한 표현이기 때문이다.

둘째, 친구들과의 일상적인 대화를 떠올려 보라. 대부분의 대화는 자신의 이야기가 아닌, 들은 이야기를 전달하는 수준에서 이루어진다. 이러한 경우, 대화는 서로의 의견을 교환하는 것이 아니라, 단순히 자신이 느끼는 답답함을 말로 배출하는 데 그치고 만다. 친구들의 대화를 유심히 살펴보라. 남의 말이 끝나기도 전에 자신이 말하고 싶어하고, 상대방의 이야기와 상관없이 자기 이야기만 늘어놓는다. 설령 상대의 말과 연관된 주제를 이어가더라도, 상대방이 전하고자 했던 진의나 결론은 무시한 채, 본인이 잘 안다고 생각하는 단어나 문장을 선택해 자기 말만 쏟아내는 경우가 많다. 이는 특히 술자리에서 두드러진다. 술이 깨고

나면 전날 저녁에 나눈 대화는 기억나지 않고, 단지 불쾌했거나 기분 좋았던 감정만 희미하게 남을 뿐이다. 이는 다들 그런 식으로 대화를 해왔고, 자신도 그러는 것이 당연하게 여겨져 거부감조차 느끼지 않는다. 이처럼 언어를 통한 감정의 배설과 같은, 생각 없는 대화는 결국 시간 낭비에 불과하다.

셋째, 열 마디로 말할 때와 한 마디로 말할 때를 구분할 줄 알아야 한다. 또한 열 마디를 한 마디로 압축할 수 있고, 한 마디를 열 마디로 풀어낼 줄 아는 능력을 길러야 한다. 이는 같은 내용을 상대와 상황에 따라 간결하게 요약할 것인가, 아니면 자세히 설명할 것인가의 문제이다. 전문가들과의 대화에서는 몇 마디로도 모든 핵심을 응축하여 전달할 수 있다. 그러나 서로 다른 문화적 배경이나 다른 삶의 경험을 지닌 사람과의 대화에서는 세세한 설명이 필요하다. 후흑학에서는 이와 더불어 상대가 듣고 싶어하는 것이 무엇인지 먼저 파악하는 것을 중요시한다. 그가 알고 싶어 하는 지식과 정보, 그리고 경험을 적절한 시간 안에 추출해 내어 상대의 호감을 끌어내는 것이 핵심이다. 만약 상대에게 원하는 바가 있다면, 그 초점에 맞춰 대화를 풀어나가야 한다. 이때도 역시 열 마디와 한 마디 사이에서 교묘하게 균형을 잡는 대화의 기술이 필요하다.

넷째, 말은 의사소통의 기본 도구이다. 특히 자신의 목적과 의도를 타인에게 설득하고 관철하기 위해서는 다양한 기법과 환경, 조건이 필요하다. 그중에서도 유용한 도구 중 하나가 숫자의 힘을 활용하는 것이다. 숫자를 제시함으로써 정확성과 신뢰성을 높일 수 있으며, 때로는 통계의 함정을 이용해 자신의 주장을 더욱 유리하게 전개할 수도 있다. 특별한 훈련이나 전문가가 아닌 사람들에게 숫자와 통계는 대화의 상대방으로 하여금 더 큰 설득력과 신뢰성을 부여하게 만드는 유용한 도구라 할 수 있다.

다시 말해, 통계 숫자는 전체적인 흐름을 개략적이고 일목요연하게 파악할 수 있는 기본적인 수학적 기준이 된다. 특히 사회과학이 자연과학에서 배울 수 있는 가장 중요한 점 중 하나가 바로 통계의 활용을 통해 자연과학적 접근 방식에 가까워지는 것이다. 통계는 현재 상황을 분석하고 이해하는 데 중요한 기준이 되며, 과거와 현재를 정밀하게 비교함으로써 타인을 설득할 수 있는 확실한 자료가 된다. 설득 과정에서 수많은 사실과 고전, 다양한 예시를 들어 설명하는 것보다, 통계 수치를 활용하는 것은 자신의 지식과 현실에 대한 파악 수준을 높이며, 상대방에게 신뢰감을 주는 강력한 수단이 된다.

## 5. 잘못과 실수를 어떻게 다루는가

우리는 살아가면서 누구나, 특히 청년기에는 의도적이든 아니든 잘못과 실수를 범할 수밖에 없다. 그러나 잘못과 실수를 두려워하면 발전이 없고, 경험을 쌓을 수 없게 된다. 이로 인해 미래를 헤쳐 나가기 위한 지혜도 축적되지 않는다. 중요한 것은 같은 실수를 반복하지 않는 것이다. 두 번째 화살을 맞아서는 안 된다. 치열한 삶의 경쟁 속에서, 특히 총림의 법칙에 따라 약자로 출발한 청년기가 같은 실수를 되풀이하는 것은 결국 사회에서 퇴출당할 수밖에 없음을 우리는 배운다. 스스로 깨닫지 못하면 사회가 그 방법을 가르쳐줄 것이다. 그러나 그때 깨달았을 때는 이미 경쟁에서 벗어나 낙오의 길에 들어서게 된다.

문제는 어떻게 실수와 잘못을 다룰 것인가이다. 약자에서 출발하는 청년들이 잘못과 실수를 인정하게 되면 그때는 비굴해진다, 장군이 잘못을 저지르면 병가지상사의 일이요 대기업의 회장이 잘못을 저지르면 경영상의 착오였으며, 부모님의 잘못은 그럴 수도 있으며 자식들에 대한 사랑이 빚어낸 결과일 수도 있다. 이미 세상사에 관통하고 상당한 권력과 지위 그리고 동원할 수 있는 자원의 양에서 청년들과 비교할 수 없는 사람도 실수와 잘못을 하는데 어찌 청년들이 그러한 실수와 잘못을 범하지 않을 수 있겠는가? 실수와 잘못을 범하는 것을 어떻게 다루는가가 문제다. 먼저 철학이나 가치관에서 비롯된 실수와 잘못은 용서되거나 이해되거나 그도 아니면 훗날의 성공을 위한 거름이 될 수 있다. 그리고 그것은 성공 이후에 남에게 귀감이 되거나 교훈이 될 수 있는 철학적 배경이 되기도 한다.

잘못의 최악의 과정은 이렇다. 첫째, 도덕적인 잘못이나 실수는 결코 용서가 될 수가 없다. 이는 나중에 용서받기 어렵고 재기의 발판을 마련함에 있어 우군을 만들기 어려우며 어떠한 논리를 동원해고 합리화시키고 설득하기 어렵기 때문이다. 물론 시대를 뛰어넘는 도덕과 철학을 통해 잘못과 실수가 있기는 해도 청년 때 아직 준비가 안되어 주류사회 진입이 늦어진 사람들에게 이런 시대를 초월하는 도덕과 철학 내지는 통찰에서 나온 잘못과 실수를 기대하는 것은 무리다.

둘째, 급하거나 절제되지 못하는 성격으로 인하여 즉 화를 못 참아서 또는 성격에 맞지 않아서 저지르는 잘못과 실수는 앞으로도 일을 그르치기 쉽다. 냉정하지 못하고 간단한 전략적 계산도 하지 못하고 전략적 고려가 있었는데도 성질이나 성격으로 인하여 저지르는 실수는 계속될 여지가 많다.

셋째, 잘못인 줄 알면서도 어쩔 수 없이 하게 되는 것이다. 즉 잘못의 주체가 본인이 아니라 상황에 의해서 수동적으로 잘못과 실수를 저질렀다는 것이다. 이는 항상 실패를 변명하는 자들에게 나타나는 공통적인 특징이다. 항상 남의 뒤에 숨는 그리고 환경의 힘에 주눅 들린 청년에게는 미래가 없다.

넷째, 실수와 잘못에서 배우는 바가 없는 것이다. 성공에서도 배울 것이 많은데 어찌 실수와 잘못에서 배우는 바가 없다는 말인가. 미래의 성공을 위해서는 잘못과 실수에서 무엇인가 커다란 교훈을 스스로 얻고 깨달아야 같은 잘못과 실수가 줄어들 것이다. 엄격하게 말하면 잘못과 실수에서 크게 깨달아도 시간이 지남에 따라 상황과 환경이 변하면 유사한 잘못과 실수로 연결되고 그것을 알아차리고 조심하면 도약의 기회를 잃게 되는 양면의 칼날이 존재한다.

다섯째, 잘못을 쉽게 인정하자 마라. 그러나 속으로는 크게 잘못을 깨닫고 동일한 실수와 잘못을 범하지 않도록 해야 한다. 청년기에 있고, 사회적 약자에 가까운 자들이 잘못을 인정하는 것은 비굴하고 초라하다. 동정을 받는 이유가 원칙과 정의에 의해 당한 억울함과 불공평에 의해 당한 희생에 대한 동정이라야 그것이 힘으로 연결되고 동력으로 전환될 수 있다. 커다란 잘못이 아닌데도 약자라는 이유로 그리고 분명한 잘못이기는 해도 커다란 잘못이 아닌 경우에도 강자에 의해 강요된 잘못을 싱인하는 경우 강자는 더욱 약자를 짓밟게 되어 있다. 마오쩌둥은 대장정이 끝나고 옌안의 토굴에서 그를 취재한 에드가 스노우에게 그의 어린 시절을 밝힌 적이 있다.

여섯째, 그러나 군이 인정할 경우에는 본인의 잘못이 아닌데도 실패한 결과를 가져 왔을 때에는 훗날 모든 사람들이 그의 잘못이 아님을 알게 될 것임을 믿고 시원하게 인정하라. 앞의 장에서 본 덩샤오핑의 경우가 그렇다. 그는 자신의 정치철학과 원칙에 비추어 결코 잘못이 없었음에도 불구하고, 전략적 판단으로 잘못을 인정하는 척하며 재기를 위한 기회를 엿보았다. 비록 그것이 억지스러운 인정이었지만, 자신의 정치적 원칙을 계속 추구하기 위해 환면을 선택했다. 그는 자신이 실각한 이유가 자신의 잘못 때문이 아니라 정치적 철학과 이념 때문임을 분명히 알고 있었다. 다시 말해 자신이 약자의 위치에 있다는 점을 인정했다. 그래서 무익한 정당성과 철학적 고집을 내세우는 대신, 환면을 통해 잘못을 인정하고 변명하며 복권의 가능성을 모색했다. 그리고 결국 그가 일시적으로 잘못을 인정했던 결정들이 옳았음을 스스로 입증해 낸다.

일곱째, 한 가지 덧붙인다면 시오노 나나미의「로마인 이야기」에 나오는 실패와 실수에 관한 이야기다. 기원전 254년 포에니 전쟁 당시 카르타고와의 싸움에서 로마는 계속 패전을 거듭하지만, 그때 두 사람을 사령관으로 임명한다. 한 사람은 카르타고와의 전투에서 패해 포로로 잡혔다가 포로교환으로 풀려났고 또 다른 한 사람은 해상사고를 일으킨 사람이다. 이처럼 한 사람은 실패했고 다른 한 사람은 실수를 저질렀는데도 원로원은 토론을 거쳐 이 두 사람을 사령관으로 임명하였다. 그 이유는 이 두 사람은 뼈저린 실수와 실패를 통해서 교훈을 얻었을 것이라는 믿음에서 그런 결정을 내린다. 결과는 이들은 전쟁을 승리로 지휘했다. 시오노 나나미는 피력한다. 이러한 결정을 내릴 수 있는 로마인의 지혜가 거대한 로마제국을 완성하고 세계제국의 주인이 될 수 있었다.

## 6. 귀인은 오는가 아니면 찾아야 하는가

점을 보러 점집에 가본 사람들은 한 번쯤 들어본 말 중에 하나가 어느 방향에서 귀인貴人이 나타나서 도와준다는 말이다. 중앙아시아나 북극의 소수민족들 가운데는 손님을 극진하게 대접하는 풍습이 있다. 그들에게 손님은 복을 가져다주는 귀인이기 때문이라는 전통관념이 있기 때문이다. 귀인은 두 부류에서 나온다. 하나는 소위 일상적 귀인 즉 스승, 상사, 친구, 부인 등 본인에게 가장 가까운 사람들로부터 시작된다. 또 다른 귀인은 전혀 상관이 없거나 간접적인 관계나 사회적 인연을 통해서나 알게 되거나 연결된 사람들을 말한다. 일반적으로 귀인이라고 한다면 나중에 부류를 칭한다.

전자의 귀인은 언제나 준비되어 있지만, 항상 활용 가능한 인적 자원은 아니다. 우리가 능력이나 운이 소진되면, 가장 가까운 이들부터 서서히 떠나게 된다. 진정한 귀인은 모든 자원이 소진되고, 더 의지할 곳이 없으며, 마지막 기회가 주어졌을 때, 그 기회를 통해 모든 것을 보상받고 새로운 기회를 얻을 수 있을 만큼의 실력이나 운이 남아 있을 때 나타난다. 마치 배를 준비해 두었다가 밀물이 들어오면 배를 띄우듯, 기회가 찾아올 때까지 기다려야 한다. 물들어 오면 배 띄운다水進浮船가 그것이다.

그러나 귀인을 수동적으로 기다리는 태도는 후흑적 삶의 철학과 어울리지 않는다. 귀인을 스스로 만들어 나가야 한다. 이를 위해서는 내가 먼저 다른 사람의 귀인이 되어야 한다. 사실상 누구나 귀인이 될 수 있고, 또한 배신자가 될 수도 있다. 귀인과 배신자를 가르는 핵심 연결고리는 바로 자기 자신이다. 내가 남에게 귀인이 되었는가를 냉철하게 돌아보아야 한다. 세상은 냉정하고 계산적인 곳이며, 인간의 유전자 또한 이기적이라는 것이 이타적인 것보다 더 타당성이 있다. 어떤 수준에서 보는가가 문제지만, 도킨스의 시각 즉, 유전자 수준에서 보면 이기적 유전자가 맞다.

이렇듯, 'Give & Take'에서도 먼저 주어야 받을 수 있는 이치가 통한다. 그러므로 내가 먼저 남에게 귀인이 되어야 남이 나의 귀인이 되는 법이다. 모두를 귀인으로 만드는 확실한 방법은, 내가 먼저 남의 귀인이 된다. 하지만 타인의 귀인이 되기 위해 노력하는 과정에서도 자신의 생존이라는 엄격한 현실을 외면해서는 안 된다. 아무리 남에게 귀인이 되려 해도, 자신이 무너진 후에는 귀인이 나타나도 그 도움을 받을 수 없기 때문이다.

## 7. 콤플렉스를 어떻게 승화할 것인가

아테네의 저명한 정치가이자 군인이었던 알키비아데스(기원전 450
경~기원전 404)를 떠올려 보자. 어린 시절, 그는 친구와 씨름을 하다가
넘어가지 않으려고 상대방의 팔을 물었다. 친구가 그를 비웃으며 "여자
아이처럼 문다"고 하자, 알키비아데스는 "아니, 나는 사자처럼 문 거야"
라고 당당히 응수했다.

이 일화는 콤플렉스를 극복하는 일이 단순한 기교나 책략만으로는
이루어지지 않음을 보여준다. 이를 위해서는 독특한 정신력과 내적 자
부심이 필요하다. 예컨대, 키가 작은 것을 자신의 개성으로 삼아 성공한
영화배우도 있고, 흉한 외모를 악당 역할에 활용해 독보적인 존재감을
발휘한 배우도 있다. 이처럼 자신의 약점을 강점으로 바꾸는 힘은 진정
한 자기 극복의 원천이라 할 수 있다.

한국의 최고 마라토너는 단연코 이봉주다. 그의 콤플렉스는 작은 폐
활량이 아니다. 이봉주는 "작은 눈이었다"고 밝혔다. "눈이 큰 사람들은
눈이 작은 사람들의 괴로움을 모른다"고 했다. 달리다가 땀이 눈에 들어
와 선수 시절 쌍꺼풀 수술을 받았다. 마라톤 하면 누구나 몬주익의 영
웅, 황영조를 떠올린다. 황영조와 이봉주는 동갑내기로, 서로 라이벌 관
계였다. 그러나 네 번의 맞대결에서 이봉주는 세 번이나 패배하며 황영
조에게 고배를 마셨다. 한때 이봉주는 황영조의 강인한 심장을 몹시 부
러워했다고 털어놓기도 했다. 하지만 황영조는 1996년에 은퇴했지만,
이봉주는 2009년까지 선수 생활을 이어갔다. 짧게 피었다 진 황영조와
달리, 이봉주는 긴 시간 꾸준히 도전을 이어갔고, 더 빠른 기록을 세우
며 자신의 존재감을 입증했다.

이봉주는 달리기 선수로서는 치명적인 약점을 가지고 있었다. 왼발이 오른발보다 긴 짝발이라 달릴 때 균형을 맞추기가 어려웠다. 그러나 그는 이를 극복하며 2시간 7분 20초라는 대한민국 마라톤 최고 기록을 세웠고, 이 기록은 지금까지도 깨지지 않고 있다. 그의 놀라운 성취는 폐활량 부족, 스피드 한계, 짝발, 작은 눈이라는 신체적 콤플렉스를 극복한 결과였다. 이봉주는 이렇게 말한다. "약점 덕분에 강점이 생긴 것이다." 그래서 고통은 요청되어진다. 고통과 좌절이야 말로 어쩌면 성공의 어머니인 셈이다.

식물의 성장주기는 우리 인생을 많이 돌아보게 한다. 꽃은 피는 시기가 제각기 다르다. 봄, 여름, 가을, 겨울에 피는 꽃의 시기는 각각 다르다. 사람 역시 누구나 꽃이다. 언제인지 몰라도 한번은 꽃을 피운다. 누구나 화양연화花樣年華가 있다. 목백일홍(배롱나무)의 꽃은 정말 백일을 간다. 하지만 꽃은 대개 화무십일홍이다. 그런 의미에서 이봉주는 십일홍이 아니라 백일홍이다.

## 8. 목적과 방법상의 모순은 어떻게 할 것인가?

여기에는 후흑이 가지는 긍정적인 역할이 있다. 박백은 목표 그 자체를 중요하게 여기지만, 후흑은 목표를 달성하기 위한 방법을 중시한다. 박백은 정당한 수단을 통해 이뤄지는 정당한 목표를 추구한다. 즉 성경을 읽기 위해 촛불을 훔치지 않겠다는 것이다. 반면 후흑은, 성경을 읽기 위해서라면 촛불을 훔쳐서도 읽어야 한다고 생각한다. 수단이 목적을 정당화해야 한다는 입장이다. 승리한 결과가 그 과정을 정당화시켜주기 때문이다. 박백의 조건을 타고난 금수저들은 굳이 촛불을 훔쳐서까지 성경을 읽어야 하는 절박함이 없다. 그러나 후흑의 가치를 필요로 하는 청년들에게는 성경을 읽지 않으면 안 될 만큼 절박한 상황이 존재한다. 수단과 목적을 연결하는 것은 바로 결과이다. 아무리 고귀한 목적이라도 실패하면 그 목적의 순수함과 박백의 가치는 퇴색된다. 반면, 효율적인 수단을 통해 얻은 성공적인 결과는 그 수단의 정당성을 상당 부분 정당화시켜준다. 실패한 박백보다는 성공한 후흑이 최종 결론인 것이다.

목적과 방법 사이의 모순은 두 가지 측면에서 설명될 수 있다. 첫째, 아무리 훌륭한 목적이라도 그 목표가 이루어지지 않는다면 무의미해지기 때문에 성공이 우선되어야 한다. 이를 위해서는 성공에 도달할 수 있는 방법을 목적보다 더 중요한 위치에 두고 그에 상응하는 가치를 부여해야 한다. 둘째, 박백의 이상을 달성하기 위해서라면, 촛불을 훔치는 것처럼 다소 무리하고 무모한 방법도 허용되어야 한다. 이는 실패한 목표보다는 성공을 위해 치러야 할 대가 또는 희생으로 받아들여져야 한다. 이 두 가지 측면을 결합한 예로는 빅토르 위고의 소설 『레미제라블』의 장발장을 들 수 있다. 장발장은 촛불을 훔친 후 성공하여 자신과 같은 어려운 처지에 있는 사람들을 구제하고 도왔다. 만약 그가 단순히 굶주린 배를 채우기 위해 촛불을 훔쳤다면, 그것은 단순한 좀도둑 행위에 불과했을 것이다. 그러나 그는 촛불을 훔칠 때 느낀 절박함과, 그를 용서한 신부의 자비를 성공의 밑바탕으로 삼았다. 결국 그는 성경을 읽기 위해 촛불을 훔쳤던 것이다. 그의 성공은 이를 증명하며, 그 성공을 향한 비전과 절박함, 단 한 번만 도둑질을 하겠다는 강렬한 의지가 그를 성공으로 이끈 원동력이었다.

## 9. 전화위복轉禍爲福과 전복위화轉福爲禍

성공한 사람에게 보이는 전복위화轉福爲禍를 경계해야 한다. 왜냐면 일반적으로 성공하면 뇌가 바뀐다. 또 일상에 안주하는 경향이 있다.

박근혜와 윤석열이 탄핵당한 이유가 전형적으로 여기에 속한다. 그들은 대통령이 되기 전과 된 후 삶의 스타일은 완전 달랐다. 권력자가 가장 경계하여야 할 일은 권력을 잡기 전 즉 권력추구자(power seeker)의 삶과 권력을 잡고 난 후 즉 권력 사용자(power exciser)의 삶이 일치해야 한다. 다시 말해 초심이 가장 중요하다. 하지만 대부분의 사람은 그렇지 못하다.

일반적으로 성공대로를 가고 있거나 이미 성공과 출세를 누리고 있는 사람들이 많이 빠지는 함정은 두 가지다. 하나는 그동안 성공과정에서 스스로 터득한 성공의 법칙을 맹신하고 성공을 가져다준 환경이 바뀌었는데도 같은 과거의 법칙을 계속 고집하는 것이고, 또 다른 하나는 성공으로 인해 자부심이 자만심으로 악화되어 주변의 경계를 게을리하고 사방에 숨어있는 복병이나 적들 그리고 장애요인을 무시해버린다는 점이다. 이것이 근본 원인이 된다. 그래서 복을 화로 만드는 전복위화의 기복을 경계하는 것이 중요하다.

그러나 실패를 했거나 실패할 확률이 높은 청년들은 화가 복이 되는 전화위복轉禍爲福을 만들어 내야 한다. 전화위복은 일반적으로 몇 가지 조건에서 일어난다. 첫째는 "복 속에 화가 있고 화 속에 복이 있다"는 노자철학을 이해하는 것이다. 우주의 순환과정에서 고정된 것은 아무것도 없고 음이 양이 되고 양이 음이 된다. 이는 환경의 변화에 따른 순환과 그에 따른 사회변혁을 의미하기도 한다. 둘째는 화무십일홍花無十日紅이다. 꽃도 열흘을 아름답게 유지하는 꽃은 드물다. 물론 어디든 예외는 있기 마련이다. 백일 붉은 꽃도 필자는 관찰했다. 나무 백일홍 또는 배롱나무라 일컫는 꽃은 상당히 오랜 기간 피어 있었다. 어쨌든 영원히 아름답거나 늙지 않는 인간이 어디 있으랴? 삶과 사회와 국가는 끊임없이 변화해 간다. 그 변화의 흐름을 잘 파악하여 전화위복을 만들어야 한다. 셋째, 그렇기에 이 변화과정에서 바뀐 환경에 적응하거나 적합한 능력이나 아이템 또는 정신을 구비하고 있어야 한다. 넷째, 자기에게 유리하도록 환경을 바꾸어야 한다. 이는 창조적인 작업이며 하늘이 도와야 가능한 것으로서 위의 네 가지 가운데 가장 어려운 과제다. 인간 승리의 수많은 미덕이나 신화는 네 번째에서 나온다.

전화위복을 만드는 데는 몇 가지 전제가 필요하다. 하나는 처한 상황에 따라 현재의 불리하고도 절박한 상황에서 벗어나고자 하는 간절한 욕망의 정도에 따라 그 에너지도 비례하여 가중된다. 위기를 위기로 느끼지 않고 위기라고 인식은 하지만 절박하게 느끼지 않으면 전화위복은 아예 기회가 없다. 위기를 절박하게 느끼고 절실하게 그것에서 빠져 나와야 한다는 절박한 마음이 전제되어야 한다. 또 다른 하나는 그러한 절박한 심정이 있다고 하더라도 거기에서 벗어나 그 위기를 기회로 바꿀 수 있는 능력 또는 실력을 지니고 있느냐이다. 이 두 가지를 동시에 갖추어야 전화위복의 기적은 발생한다. 마지막은 모사재인謀事在人, 성사재천成事在天이다. 일을 꾸미는 것은 사람이지만 일을 완성시키는 것은 하늘이다. 진인사대천명盡人事待天命이다. 사람의 일을 다하고 겸손하게 하늘의 명을 기다려야 한다. 위의 두 가지가 다 준비되었다고 해서 실패하지 않은 사람들로 넘쳐난다면 누구도 실패하지 않는다. 오늘날 후흑의 혜택을 받은 사람들은 마지막으로 하늘의 도움을 받은 사람들이다.

위기관리를 통하여 전화위복을 만들어 내기 위하여서는 다음의 몇 가지를 필요중분조건을 충족시켜야 한다.

첫째, 이미 앞서 언급한 것처럼 절박함이 극에 달해야 한다. 이는 위기를 극복하려는 강렬한 의지와 그에 따른 절박함을 의미한다. 그러나 절박함과 조급함은 전혀 다른 문제이다. 절박하다고 해서 서둘러 일을 진행하다가 오히려 실패를 초래하는 경우가 많다. 속담에 "급할수록 돌아가라" 또는 "아무리 급해도 바늘허리에 실 매어 못 쓴다"는 말이 이러한 상황을 잘 설명해 준다.

둘째, 이러한 필요조건에 이미 도달했다면 다음은 전략적인 조건으로서 충분조건에 해당한다. 즉 처해 있는 환경을 면밀하게 파악해야 한다. 처하게 된 위기의 상황이 어떠한 성격이며 어느 정도의 위기인가, 그리고 그러한 위기는 전체적으로 어디에 위치하고 있는 가를 파악하는 것이다. 위기의 본질과 처해있는 환경을 제대로 파악하지 않고 위기에 대한 대처는 있을 수 없기 때문이다.

셋째, 위기의 원인을 정확히 파악해야 한다. 병의 원인을 알아야 적절한 수술이나 약 처방이 가능하듯, 문제 해결의 출발점은 원인 규명이다.

넷째, 자신이 보유한 자원을 철저히 점검하고 분석해야 한다. 예를 들어, 동원 가능한 자금, 그동안 형성된 사회적 네트워크, 문제 해결에 실질적인 도움이 될 수 있는 인적 자원의 확보 상황, 그리고 자신의 전문 지식 수준 등을 명확히 파악하는 것이 중요하다.

다섯째, 가장 중요한 단계로, 앞서 검토한 모든 요소를 종합하여 문제 해결에 가장 효과적이고 실현 가능한 전략을 세워야 한다. 이 과정에서는 자신의 전략 수립 능력뿐만 아니라, 주변 전문가나 경험자의 조언도 필요하다. 전략을 설계할 때는 네 가지를 고려해야 한다. 첫째, 여러 가지 대안을 마련하는 것이다. 우선은 가장 우수한 전략에 집중하여 실행하되, 그 전략이 실패할 가능성에 대비해 대체 방안을 준비하는 것이 중요하다. 둘째, 계획 진행 중에 발생할 수 있는 변수를 철저히 예측해야 한다. 현실은 계획대로 흘러가지 않는 경우가 많으므로, 돌발적인 변수들을 최대한 미리 고려해놓아야 한다. 셋째, 가상 상황을 설정해 시뮬레이션을 통해 연습하고, 그 결과를 바탕으로 계획을 조정한다. 넷째, 시뮬레이션을 통해 도출된 최적의 방안을 실행하되, 실패할 경우

대비책을 다시 검토하고, 실패 원인 및 예상하지 못한 변수와의 관계를 종합적으로 분석해 최종적인 전략을 보완하고 실행하는 것이다. 즉 교토삼굴狡兔三窟이다. 교활한 토끼는 굴을 세 개 파놓는다.

여섯째, 앞서 언급한 것처럼, 하늘의 뜻을 기다리는 것이 필요하다. 하지만 그 뜻이 전화위복으로 이어지기 위해서는 두 가지 조건이 충족되어야 한다. 먼저 그 과정에서 동지와 적을 명확히 구분하고, 기존의 동지를 재확인하거나 새로운 동지를 찾고 규합하며, 자신의 삶을 되돌아보고 문제 해결 과정에서 드러난 자신의 위치를 냉철하게 분석하는 것이다. 다음으로 실패하더라도 실망하지 않고 다시 도전하는 자세를 유지하는 것이다. 절박함이 클수록 포기하지 않고 계속해서 도전하는 것이 중요하다. 실패를 거듭하는 과정에서 자신의 철학이 깊어지고, 더 나은 방법을 찾으며, 진화된 전략이 탄생할 수 있다.

일곱째, 만약 끝내 일이 성사되지 않더라도 이솝 우화의 '신포도'처럼, 일이 성공했더라도 그것이 불행으로 이어질 가능성이 있었을지 모른다고 생각하며 위안 삼는 것이다. 이는 앞서 언급한 '아니면 말고'의 철학을 반영한다. 즉, "때가 되지 않았고, 그 일이 원래 내 것이 아니었을지도 모른다"라고 자위하며, 또 다른 기회를 바라보고 새로운 도약을 준비하는 것이다.

## 10. 직업의 선택

직업은 개인의 삶에서 모든 것을 아우르는 중요한 요소다. 금융, 철학, 가족, 인생, 국가, 세계정세, 친구, 사랑 등 많은 주제들이 끊임없이 논의되고 다양한 말과 글로 표현되지만, 특히 청년들에게 있어 이 모든 개념들을 단순한 타인의 이야기가 아닌, 자신의 삶과 연결된 현실로 체감하게 만드는 단어가 바로 직업이다. 직업은 개인이 세계라는 거대한 동심원의 일부로서 참여할 수 있게 해주는 유일한 통로이며, 그 점에서 직업은 곧 모든 것이라 할 수 있다.

직업에는 좋은 것과 나쁜 것이 따로 있는 것이 아니다. 앞서 언급했듯이 관을 짜는 장인과 병을 치료하는 의사는 그저 직업에 따라 세상을 바라보는 관점이 다를 뿐이다. 중요한 것은 그 직업이 합법적이고 도덕적인지, 그리고 미래 발전 가능성과 비전을 지니고 있는지 여부다. 개인의 만족은 또 다른 문제일 뿐이다. 왜냐하면 모든 직업에는 그 분야를 극대화할 수 있는 기회가 주어져 있으며, 이를 통해 성공을 거둘 수 있는 길이 열려 있기 때문이다. 실제로 작은 과외 학습지를 시작으로 대기업을 일궈내고 케이블 방송까지 운영하게 된 학습지 회사나, 작은 음식점을 시작으로 전국적인 체인점을 만들어낸 외식업계 거물의 사례는 흔히 볼 수 있다.

또 하나의 중요한 점은, 환경이 끊임없이 변화하기 때문에 현재 불만족스러운 직업 환경이 미래에는 만족스러운 환경으로 변할 수도 있다. 1990년대 말 한국을 강타한 IMF 국제 금융위기는 이러한 변화를 극명하게 보여주는 사례다. 당시 온 국가적 역량으로도 그 참혹한 사태를 막을 수 없었고, 단군 이래 최대 규모의 실직과 기업 파산으로 모든 국민이 고통을 겪었다는 기억은 아직도 생생하다.

지방 고등학교 선배의 이야기가 그러하다. 그 선배는 학업 성적이 뛰어나 서울의 대학에 진학했고, 부모님은 그를 졸업시키기 위해 전답을 팔아 학비를 마련했다. 그는 좋은 직장에 취직하여 부모의 자랑이 되었으나, IMF 금융관리 체제를 맞이하며 결국 직장에서 해고되어 고향으로 내려갈 수밖에 없었다. 반면, 학업 성적이 좋지 않아 유학을 갈 필요도 없었던 또 다른 친구는 부모님의 식당을 물려받아 동네에서 소일하며 지내고 있었다. 그러던 중, 부모의 논이 도로공사 구역에 포함되면서 그는 뜻밖의 엄청난 부를 얻게 되었다. 이제 그는 시골에서 건물주이자 식당 사장으로 거드름을 피우며 지역 유지로서 여유로운 삶을 살고 있다.

이 이야기를 전달하는 목적은 세상에 절대적으로 옳거나 틀린 것은 없다. 환경의 변화는 개인의 운명을 완전히 뒤바꾸기도 한다. 이러한 변화는 우리가 아무리 지혜를 모아 미리 준비한다 해도 예측할 수 없을 만큼 불가항력적인 요소다. 우리가 할 수 있는 일은 단지 변화하는 환경에 맞춰 유연하게 적응하는 길이 최선이다. 앞서 말했듯이, 사천성 금사강의 물고기처럼 때로는 황금물고기가 되었다가 때로는 은색 물고기로 변신하며 환경에 맞춰 살아가는 것이다.

우리가 직업을 선택하지 못하는 경우가 많지만, 사실 세상에는 수많은 길이 열려 있다. TV 프로그램을 유심히 살펴보면, 작은 식당에서 음식점 재벌이 탄생하고, 칼 하나 잘 가는 기술로 억대의 부자가 되는 사람들을 볼 수 있다. 재벌이 될 수 있는 분야는 어디에나 존재하며, 성공을 보장하는 직업이 따로 있는 것은 아니다. 중요한 것은 자신이 선택한 직업, 혹은 선택된 직업에서 최선을 다하는 것이다. 이러한 예시들을 통해, 직업 선택에서 따를 수 있는 몇 가지 원칙을 도출할 수 있다.

첫째, 첫 직업의 선택은 인생에서 매우 중요하다. 한 번 선택한 직업을 바꾸는 일도 결코 쉽지 않다. 새로운 분야로의 전환은 그동안 쌓아온 지식과 노하우를 포기하는 것이며, 이 과정에서 확고한 비전이나 확신이 없으면 쉽지 않은 결정이 된다. 따라서 첫 직업을 선택할 때에는 신중하게 고민하여, 그 직업이 장래의 비전과 연결되고, 보람을 느끼며 국가와 사회에 기여할 수 있는 양심적인 일인지 고려해야 한다. 그래야 자신에게도 자유롭고 자식에게도 떳떳할 수 있다. 만일 불가피하게 직업을 바꾸어야 한다면, 완전히 새로운 분야보다는 처음 선택한 직업이나 관련 분야로의 전환이 유리하다. 예를 들어, 수영에서 마라톤으로 전환하기보다는 싸이클에서 철인 3종으로 넘어가는 것이 더 자연스럽다.

인생은 그 선택에 따라 길기도 하고 짧기도 하다. 젊음은 너무나 빠르게 지나가기 때문에 첫 직장 선택에 지나치게 많은 시간을 허비하기에는 아까운 순간들이 많다. 최선을 추구하는 것도 중요하지만, 때로는 차선의 선택이 필요하다. 최선의 직장에서 낙마하여 실패한 경우도 많다. 노년에 성공을 거둔 사업가들을 보면, 사회에 진출하여 다양한 경험을 쌓다가 결국 마지막에 성공을 이루는 사람들이 많다. 처음부터 성공을 거둔 사람들은 극히 드물다. 약간의 불만족이 있더라도 우선 마라톤 레이스에 참여하는 것이 중요하다. 세월도, 직장도 기다려주지 않는다. 차선의 선택을 하라. 그리고 그것이 최선이었다고 자랑할 수 있는 무엇인가를 만들어내라.

둘째, 아이템의 선택은 직업이나 사업의 성공을 좌우하는 결정적인 요소이다. 예를 들어, 보석 수입업자와 대나무 젓가락 수입업자를 비교해 보자. 대나무 젓가락 수입업자는 물량이 많고 관리와 상품 체크에 상당한 시간이 걸리며, 이로 인해 많은 컨테이너를 수입하더라도 큰 이익을 얻기 어렵다. 반면, 보석 수입업자는 소량의 박스 하나로도 충분하고, 관리가 용이하며 높은 수익을 자랑한다. 이처럼 어떤 품목을 선택하느냐가 직업이나 무역에서 중요한 역할을 한다.

부산에서 신발 공장으로 큰 성공을 거둔 사업가와의 대화에서 그는 우연한 기회에 만난 지인으로 인해 사업을 변경하려고 자산을 처분하고 있다는 이야기를 들었다. 그는 한국의 LED 시장을 살펴보니 신발과 같이 물량이 많고 기능공 관리, 노사 문제 등 복잡한 문제가 많은 반면, LED 사업은 같은 자본으로도 더 효율적이고 깨끗하며, 사업 전망이 밝다고 판단하여 업종을 전환하기로 결심했다고 한다.

물론, 젓가락 사업에서 성공을 거두고 빚을 지며 파산 직전에 이른

보석 업자보다 나은 상황이기는 하다. 그러나 첫 직업처럼 직종이나 사업에서 다루는 아이템은 사회와 주변 인맥을 형성하며, 그것을 통해 세계를 바라보는 시각이 달라진다. 한비자가 지적한 대로, 병을 고치려는 의사와 사람의 죽음을 바라는 관을 만드는 관쟁이는 각기 다른 세계관을 가지게 된다. 날씨에 의존하는 사업은 기상에 주목하고, 정부와 관련된 일은 정권의 교체와 안정성에 관심을 가지며, 학교 주변 상점은 방학을 싫어하고, 리조트는 방학을 그리워한다. 따라서 아이템의 선택은 중요한 문제다. 그 자체로 귀천이 없으며, 한비자의 날카로운 지적처럼 뱀과 뱀장어의 차이와 같다고 할 수 있다.

셋째, 좋아하는 일인가 여부다. 평양 감사도 제 싫으면 어쩔 수 없다. 아무리 유망한 직업이고 돈을 많이 버는 일이라고 해도 억지로 하게 되는 경우 무엇인가 찜찜하고 적극성이 발휘되지 않는다. 따라서 시작은 초라하거나 세인의 주목이나 존경을 받지 못하더라도 일단 본인이 원하던 일이거나 또는 하고 싶어 하던 일을 시작하는 것이 중요하다. 그래야 일에 신이 나고 응용력도 생기며 때로는 번뜩이는 창조성을 발휘할 수 있다. 또한 힘들어도 덜 피로하며 어렵고 위기에 봉착할 경우에도 쉽사리 포기하지 않고 인내하며 다시 재기를 모색할 수 있다. 일단 일이나 직업의 노예가 아니라 그것의 주인이 되어 스스로를 일의 중심에 둘 수 있다.

넷째, 당연한 말이지만 어느 것이든 최선을 다해야 한다. 물의 비등沸騰, 즉 물은 100°C가 되어야 끓는다. 죽도록 노력했는데 결과가 신통치 않으면, 일단 99°C에서 멈추지 않았는가를 살펴보아야 한다. 성공한 이들의 공통된 특징은 기본적으로 열과 성의를 다해서 최선을 다한다는 점이다. 얼마나 많은 피와 땀을 흘렸으며 얼마나 많은 눈물과 고통과 희생의 대가를 치루었는지가 성패를 좌우한다. 그 과정에서 후흑이 필요하면 후흑이 동원되어야 한다. 박백을 지키고 준수하느라 실패하고 고통을 겪느니 탁월한 후흑으로 위기를 극복하고 윈-윈으로 성공하는 것이 더욱 맞다.

다섯째, 정 안되면 말을 바꿔 타라. 어쩔 수 없는 것은 어쩔 수 없는 것이다. 때로는 방향을 바꾸어야 한다. 아무리 노력해도 상황이 바뀌지 않고, 사업 환경이 나아지지 않는다면, 새로운 길을 모색하는 것이 필요하다. 동물의 세계에서 날다람쥐가 새로운 나무로 이동하듯이, 우리도 새로운 시작을 해야 할 때가 있다. 예를 들어, 사업이 실패하고 운이 따르지 않을 때는 포기하거나, 아니면 철저히 검토하여 새로운 방향을 선택하는 것이 중요하다.

딥시크(DeepSeek)의 창업자 량원펑은 미국과 중국의 인공지능 기술 격차가 단지 1~2년의 시간 차이가 아니라, 본질적으로 독창성과 모방의 차이에 있다고 통찰하며, 중국이 영원한 추종자가 되지 않으려면 근본적인 혁신을 추구해야 한다고 강조했다. 그의 연구진은 주로 국내파 중국인들로 구성되었으며, 해외 유학파를 선호하지도 않았으며, 경험보다는 창의성과 잠재력을 중시하는 방식으로 인재를 선발했다. 이는 기존 틀을 뛰어넘는 도전이자, 세상에 새로운 판을 짜려는 혁명적 발걸음이었다. 형식에 얽매이지 않고 본질을 좇는 그의 철학은 모든 선택에 녹아들어, 중국 AI분야에 새로운 지평을 열었다.

# 제7장

정치를 해서는
안 되는 사람들

## 1. 전쟁은 피흘리는 정치고 정치는 피흘리지 않는 전쟁

태초에 권력은 존재했다. 인류가 출현하기 훨씬 전부터 권력은 세상에 깊이 뿌리내리고 있었다. 이는 우리와 공동의 조상을 둔 영장류 사회에서도 확인된다. 인간 사회와 놀라울 정도로 유사한 권력 현상이 이들 사회에서도 나타난다. 이들의 모습은 우리가 사는 세계와 크게 다르지 않다. 필자는 개인적인 경험으로도 이를 목격했다. 대만 중산대학 뒤편 차이산柴山과 쇼우산壽山에 서식하는 원숭이 무리들을 오랜 세월 관찰하며, 그들 사회에서도 우리 인간과 마찬가지로 쿠데타와 혁명이 일어나고, 전쟁과 평화가 교차하며, 사랑과 배신이 반복되는 모습을 발견했다. 비록 이 대만의 원숭이들이 신을 믿는지는 알 수 없었지만, 그들 사회에도 권력의 흐름이 분명히 존재한다는 사실만큼은 확실했다.

정치학에서 권력은 가장 근본적인 개념이자 정치의 원동력이다. 버틀란드 러셀은 이에 대해 "에너지가 물리학의 기초적 개념이라면, 권력은 사회과학의 근본적 개념"이라고 말한 바 있다. 그러나 현재 정치학에서 권력과 정치의 개념을 둘러싼 통일된 합의에 이르지 못했으며, 그 본질을 둘러싼 논쟁 역시 여전히 치열하다. 다만 분명한 것은, 정치가 역사의 태동과 함께 존재해 왔으며, 그 본질인 권력 또한 인간 사회의 근간으로서 끊임없이 작동해 왔다는 사실이다. 더구나 후흑은 결국 권력획득을 위한 수단이나 도구로 활용하는 면이 크다. 그러기에 권력에 대한 이해는 청년후흑도들에게 요청된다고 하겠다.

한병철이 쓴 『권력이란 무엇인가』에 따르면, 권력 현상은 분명 실재하지만, 그 개념은 놀라울 정도로 모호하다고 했다. 어떤 이들에게 권력은 억압의 동의어로 여겨지지만, 또 다른 이들에게 권력은 커뮤니케이션을 구성하는 핵심 요소가 된다. 권력을 바라보는 법적, 정치적, 사회적 관점은 각기 다른 방향으로 나아가며 절충점을 찾지 못하고 있다. 권력은 때로는 자유와 밀접하게 연결되며, 또 때로는 강제와 깊게 얽혀 있다.

어쨌든 권력은 인간 사회를 넘어 자연계에까지 스며든 보편적이면서도 복합적인 현상이다. 이를 이해하려는 노력은 정치의 본질을 파악하는 데 필수적이지만, 동시에 권력이 지닌 다층적이고 다면적인 속성을 직면해야 하는 난제를 수반한다. 어떤 이에게 권력은 공적 질서 속에서 형성되지만, 또 다른 이에게는 투쟁과 불가분의 관계를 맺는다. 권력과 폭력을 엄격히 구별하려는 시각이 있는가 하면, 이를 폭력의 극단적이면서도 강화된 형태로 보는 견해도 존재한다. 권력은 때로는 법과 결부되어 논의되기도 하고, 때로는 개인의 들끓는 욕망과 맞닿아 해석되기도 한다.

사실 폭력과 권력, 정치와 전쟁은 동전의 양면일 뿐이다. 또한 그 정의의 경계도 애매하다. 심지어 강제력이라는 측면에서 본다면 폭력과 권력은 같은 속성을 지닌다. 마오쩌둥은 클라우제비츠의 전쟁론을 읽고 이렇게 말했다. 정치는 피 흘리지 않는 전쟁이고, 전쟁은 피흘리는 정치다. 이를 데이비드 이스튼(David Easton)식으로 풀이하자면, 정치는 가치를 권위적으로 배분하는 일이고, 전쟁은 가치를 폭력적으로 배분하는 일이다. 정치와 전쟁은 동전의 양면이면서, 정치는 권력의 성격을 규정하고, 권력의 활동에 참여하는 것이다. 그래서 칼 뢰벤슈타인은 정치는 권력 장악을 위한 투쟁이며, 권력은 인간을 움직이는 세 가지 근원적인 충동 즉 사랑(love), 신앙(faith), 권력(power) 중 하나라고 보았다. 한스 모겐쏘 역시 권력에 대해서 이렇게 갈파했다. 모든 정치 현상의 세 가지 기본적인 형태, 즉 권력을 보유(to keep power)하고, 권력을 확대(to increase power)하고, 권력을 과시(to demonstrate power)하는 것에 귀결된다고 말했다.

권력을 하나의 실체로 볼 것인가, 아니면 관계로 인식할 것인가는 권력의 본질을 탐구하는 데 있어 중요한 관건이 된다. 실체론적 시각에서 권력은 "대권을 거머쥐다"거나 "권력을 휘두르다"는 표현처럼 소수 지배층의 강제력을 중심으로 이해된다. 반면, 관계론적 시각에서는 권력이 치자와 피치자 간의 역동적 상호작용 속에서 형성되며, 동의와 정당성을 매개로 작동하는 힘으로 본다. 결국, 권력은 단순한 실체가 아니라 관계 속에서 살아 움직이며, 실체성과 관계성을 동시에 내포한 흐름으로 보는 것이 보다 온전한 해석일 것이다.

칼 프리드리히 교수는 "권력이란 지도자와 피지도자가 어떠한 공동 목적을 달성하기 위하여 일부는 강제에 의해서, 일부는 동의에 의해서 상호 간에 서로 결합된 인간관계"라고 정의를 내렸다. 이처럼 입장에 따라 서로 다른 관점이 맞물리며 격한 논쟁이 이어지고 있지만, 아직까지 명확한 결론에 이르지는 못했다. 그럼에도 불구하고 권력이라는 주제는 인간 사회의 본질과 떼려야 뗄 수 없는 관계를 맺으며, 시대를 초월한 숙고의 대상으로 남아 있다. 다시 말해, 경제학이 재화와 용역을 중심으로 전개되듯, 정치학에서는 권력이 핵심 개념이 될 수밖에 없고, 정치학이란 바로 이러한 권력의 작동 원리를 통해 세상을 해석하려는 학문이다. 다시 말해 정치학자란 결국 이 권력이라는 렌즈를 통해 정치 현상을 해석하고 탐구하는 이들이며, 권력을 이해하는 것은 세상과 인간을 이해하는 지름길이라고 볼 수 있다.

## 2. 권력이란

권력은 바람과 같다. 눈에 보이지 않지만 그 영향력은 모든 것에 닿는다. 때로는 부드럽게, 때로는 거세게 불어 주변의 풍경을 변하게 하고, 그 바람에 맞서 싸우려 해도 결국엔 자신의 방향을 따라가게 만든다. 권력은 무겁고도 가벼운 존재, 마치 밤하늘의 별처럼 많은 이들이 바라보지만 손에 잡을 수 없고, 그 위치는 언제나 변한다. 그러나 그 존재감을 느끼지 않으면, 우리는 어두운 밤길을 헤매듯 길을 잃어버리게 된다. 권력은 바람처럼 자유롭고, 동시에 그 자유로움이 가장 큰 억제력이다.

권력이란, 스스로 감당하기 싫은 일을 타인에게 강요할 수 있는 힘이다. 최소한 두 사람 사이에서 권력 관계가 형성되며, 약자는 자신의 뜻과 다르더라도 불이익이나 화를 피하기 위해 어쩔 수 없이 이를 따르게 된다. 이는 지구가 달을 당기듯이, 권력은 강한 힘이 약한 힘을 지배하는 방식이자, 인간 사회를 관통하는 냉혹한 역학이다. 바로 권력이란, 타인의 의사와 무관하게 자신의 뜻을 강제적으로 실현할 수 있는 힘이라 정의할 수 있다

그렇다면 치자治者와 피치자被治者의 의지가 완전히 일치하는 순간, 권력은 소멸하는 것일까? 치자의 명령을 피치자가 기꺼이 따른다면, 그것을 과연 권력 관계라 부를 수 없는 것인가? 여기에서 또 다른 의문이 제기된다. 혹여 치자는 자신의 의지를 피치자의 내면 깊숙이 스며들게 만든 것은 아닐까? 만약 그렇다면, 이는 겉으로 드러나지 않는 권력의 미묘한 역학이 작동하는 증거가 된다. 권력은 단순한 지시나 명령을 넘어, 보이지 않는 영향력을 통해 타인의 사고와 행동을 조율하는 데까지 이른다. 그렇다면 권력은 과연 어떤 방식으로 작동하는가? 권력의 작동 방식은 크게 세 가지로 나누어 볼 수 있다.

첫째, 강제력이다. 강제적 권력의 사례는 이루 헤아릴 수 없을 정도로 많으며, 그중에서도 가장 대표적인 것은 국가다. 이를 극한으로 밀어붙이면, 우리는 막스 베버가 정의한 국가의 개념에 이르게 된다. 즉 일정한 영토 내에서 합법적으로 폭력을 행사할 수 있는 유일한 기구가 바로 국가이며, 국가가 가진 권력을 우리는 공권력이라 부른다. 거시적 관점에서 볼 때, 국가의 작용은 곧 정치 그 자체와 맞닿아 있다. 그리고 이

과정에서 국가의 최고 권력자는 생사여탈권生死與奪權을 거머쥔다. 가령, 국민에게 세금 납부를 명하거나 군 복무를 지시할 수 있으며, 이에 불응할 경우 강제적 제재가 뒤따른다.

둘째, 보상적 권력이다. 이는 부모가 자녀에게 "전교 1등을 하면 자전거를 사주겠다"며 동기를 부여하는 방식과 유사하다. 즉 원하는 보상을 제시함으로써 특정한 행동을 유도하는 것이다. 기업에서 직원들이 휴일에도 출근하는 이유 역시 같은 맥락에서 이해할 수 있다. 보상적 권력은 경제적 동기부여와 밀접하게 연결되어 있으며, 다양한 형태로 사회 전반에서 작동한다.

셋째, 규범적 권력이다. 이는 갑이 직접적인 강제 없이도 을이 스스로 갑의 기대에 부응하도록 만드는 힘을 의미한다. 다시 말해, 을이 자발적으로 갑과 유사한 태도와 신념을 받아들이도록 유도하는 것이다. 그러나 이러한 과정은 단번에 이루어지지 않는다. 규범적 권력은 단순한 지시나 보상이 아닌, 오랜 시간에 걸쳐 을의 사고방식과 가치체계를 서서히 재구성하는 데 기반을 두기 때문이다. 최종적으로 이는 외적 압박이 아니라 내면의 변화를 통해 권력이 작동하는 가장 은밀하면서도 지속적인 형태라 할 수 있다.

진화론적 관점에서 보면, 권력은 개체의 생존과 발전에 기여하는 긍정적인 것이다. 오늘날 우리의 정치 시스템은 시민들이 일상의 삶에 바빠 직접 국정을 운영할 여력이 없기 때문에, 자신들을 대신할 대표자를 선출하는 대의제 민주주의 형태를 띤다. 바로 우리는 우리의 대리인을 뽑는 다는 그럴듯한 명분을 내세운다. 그런데 흥미로운 것은, 수많은 국회의원 후보, 대통령 후보, 지자체장 후보들이 앞다투어 '섬기는 자' 즉 국민의 머슴이 되겠다고 나선다는 점이다. 권력을 쥐는 것이 머슴이 되는 것이라면, 어째서 그들은 그토록 치열하게 다투며 이를 쟁취하려

하는가? 권력의 본질이 단순한 봉사활동의 차원을 넘어선다는 것은 명백하다. 궁극적으로 권력은 개체의 생존과 번영에 도움이 되는 것이다. 그러므로 실제 권력을 획득하고 유지하기 위해 온갖 전략과 책략이 동원되며, 이것이 바로 후흑厚黑의 논리로서 성립한다. 그렇기에 권력을 이해하는 것은 단순한 학문적 탐구를 넘어, 세계를 해석하는 가장 날카로운 렌즈가 된다.

　권력이란 물리학에서 말하는 힘과 다를 바 없다. 한마디로, 권력은 곧 힘이다. 물리학에서 힘이란 물체를 움직이게 하거나 멈추게 하고, 나아가 그 방향까지 바꿀 수 있는 능력을 의미한다. 마찬가지로 권력 역시 개인과 사회의 흐름을 조정하고, 타인의 의사결정에 개입하며, 행동을 통제하는 힘을 지닌다.

　권력의 본질은, 어떤 의지가 다른 의지를 지배할 수 있는 능력, 즉 타인을 복종하게 만드는 힘이라 할 수 있다. 그리고 인간은 본능적으로 이 힘을 갖고자 한다. 이를 실현하기 위해 때로는 후흑厚黑의 전략이 동원되며, 권력의 추구 과정은 순수한 이상과 냉혹한 현실이 교차하는 장이 된다. 더 나아가, 권력이란 단순한 지배의 문제가 아니다. 그것은 곧 다른 개인이나 집단이 소유하거나 추구하는 가치를 빼앗거나, 혹은 빼앗겠다는 위협을 통해 행동을 조종할 수 있는 능력이다. 인간의 역사는 이 힘을 둘러싼 투쟁의 연속이었으며, 권력의 작동 방식은 시대와 공간을 초월해 인간 사회를 관통하는 원리로 작용해 왔다.

　권력은 육신이 없으며 그림자조차 드리우지 않는다. 그것은 세상의 아름다움을 느끼지 못하는 무정한 존재다. 권력은 생명을 일으키는 불꽃이면서도 파멸을 부르는 폭풍이며, 삶을 움직이는 에너지이자 소멸로 이끄는 공허다. 그것은 생명의 동력이면서 동시에 생명을 파괴하는 야누스의 얼굴을 하고 있다.

권력은 본질적으로 모든 이가 탐내는 대상이다. 러시아의 푸틴, 튀르키예의 에르도안처럼, 권력을 쥔 자는 결코 그것을 쉽게 놓지 않는다. 오히려 끊임없이 힘을 키우고, 자신의 권세를 과시하며, 세상을 자신의 의지대로 움직이려 한다. 이는 동서고금을 막론하고 권력자의 숙명과도 같다. 예외란 극히 드물다.

권력의 손에선 죄가 사라지기도 하고, 때로는 사라진 생명이 되살아나기도 한다. 믿기지 않는다면, 불과 20년 전을 돌아보라. 사형을 선고받았던 전두환, 무기징역을 받았던 노태우는 결국 자연사했다. 그리고 불과 몇 년 전, 대법원에서 징역 17년과 벌금 130억 원, 추징금 57억 8천만 원을 선고받았던 이명박, 최종심에서 징역 20년과 벌금 180억 원을 선고받았던 박근혜는 어떻게 되었는가? 그들에게 내려졌던 형벌은 어느새 연기처럼 흩어지고, 죄는 마치 존재한 적 없었던 것처럼 지워졌다.

이것이 바로 권력의 공포다. 권력 앞에서는 부자지간도 없고, 형제자매의 의리도 없다. 혈연도, 신의도, 법도 무력해진다. 권력은 오직 권력만을 섬길 뿐이며, 손에 쥔 자는 결코 스스로 내려놓지 않는다. 그러니 권력은 피할 수도, 거스를 수도 없는, 인간이 만들어낸 가장 거대한 신기루이자 실체 없는 절대자와도 같은 것이다.

일단 권력의 맛을 본 자는 다시는 그것을 잊지 못한다. 권력은 단순한 욕망이 아니라, 한 번 빠지면 헤어 나오기 어려운 치명적 유혹이다. 신경 과학자 이안 로버트슨(Ian Robertson)은 권력이 인간의 뇌에 미치는 영향을 코카인에 비유했다. 권력감은 뇌의 보상 시스템인 측좌핵(nucleus accumbens)에서 도파민(dopamine) 분비를 증가시키며, 이는 강한 쾌감과 중독을 유발한다.

따라서 권력에 취한 자에게 출마를 만류하는 것은, 마치 아편 중독자에게 아편을 단념하라고 설득하는 것이나, 알콜중독자에게 술을 끊으라는 말과 다름없다. 더구나 지나친 권력은 과도한 도파민을 생성하여 오만과 거만, 교만함과 조급함을 불러일으키는 부작용을 초래한다. 이러한 현상은 특정 국가나 문화에 국한되지 않는다. 권력의 마력은 동서고금을 막론하고 인간 본성 깊숙이 자리한 보편적 현상이다.

냉혹한 현실주의자 헨리 키신저는 이렇게 말했다. "권력은 최고의 최음제(Aphrodisiac)다." 최음제란 성적 흥분이나 욕망을 자극하고 증폭시키는 물질이나 약제를 뜻한다. 절묘한 비유가 아닐 수 없다.

한편, 프리드리히 니체는 '힘에의 의지'(Der Wille zur Macht), 즉 권력을 "삶을 관통하는 근본적 의지"로 보았다. 니체는 권력의 부정적 측면을 넘어 보다 본질적인 차원에서 '힘'이라는 개념을 사용했다. 그는 인간이 단순히 생존을 목표로 삼는 것이 아니라, 자신의 능력을 발휘하고 영향력을 행사하려는 '힘에의 의지' 즉 권력에의 의지를 본성적으로 지니고 있다고 주장했다.

필자의 관찰에 의하면, 사람이 성공하면 마음도 따라 변하는 경향이 있듯이, 이른바 권력을 잡기 전 즉 권력추구자(power seeker) 시기와 권력을 잡고 난 후 권력사용자(power exciser)가 되었을 때의 마음가짐은 또 다르다. 예를 들어, 중국 공산혁명에서 혁명 이전의 공산당원과 혁명 성공 이후의 공산당원은 그 태도와 성격이 크게 달라진다. 혁명 전후의 변화는 마치 개와 이리만큼이나 극명하다.

그럼 누가 권력을 잡아야 하는가, 이러한 질문은 정치철학의 주제였다. 플라톤은 『폴리테이아』에서 의사가 환자의 병을 진단하고 처방을 내리듯이 사회의 병을 치료하는 정치가도 그래야 한다고 보았다. 그래서 돌팔이에게 수술을 맡길 수 없듯이, 정치에 대한 전문적인 교육을 받은 사람이 정치권력을 잡아야 한다고 주장했다. 그 교육을 받은 사람은 다름 아닌 철학자다. 철학자가 왕이 되든지 아니면 왕이 철학자가 되는 것이었다.

## 3. 정치를 해서는 안 되는 사람들

어둠의 삼요소(Dark Triad)라 불리는 개념은 나르시시즘(Narcissism), 마키아벨리즘(Machiavellianism), 사이코패스(Psychopathy)라는 세 가지 부정적 성격 특성을 가리킨다. 이들은 공통적으로 악의적인 성향을 공유한다. 폴허스(Delroy L. Paulhus)와 윌리엄스(Kevin M. Williams)에 의해 개념화되었다.

어둠의 요소가 강한 사람일수록 권력 지향적이며 권력욕이 강하다. 왜 그럴까? 권력자가 되려면 본능적으로 권력을 추구해야 하기 때문이다.

2002년 히딩크는 유명한 어록을 남긴다. "나는 아직 배고프다." 히딩크는 이렇게 말한 이유를 알려주었다. 한국 선수들이, 그리고 많은 한국인이 일본은 16강전에서 탈락했고 우리는 살아남았다며 기뻐하고 너무 빨리 만족하기에 그 말을 했다고 인터뷰에서 밝혔다. 작은 것에 만족하면 안 된다. 언제나 목말라 있어야 한다. 권력도 이렇다. 언제나 권력에 목말라 있어야 한다.

다크 트라이어드 성향을 가진 이들은 권력에 대한 강한 욕망을 보인다. 나아가 권력을 쟁취하는 경쟁에서 수단과 방법을 가리지 않는다. 왜 어떤 사람들은 다른 이들보다 쉽게 권력에 이끌리고, 또 권력을 쥐면 더 쉽게 부패하는가? 이 질문에 대한 통찰력 있는 답변을 제공하는 것이 바로 다크 트라이어드다.

"권력은 부패하는가?" 존 액튼 경은 그렇다고 보았다. 그는 "권력은 부패하는 경향이 있으며, 절대권력은 절대로 부패한다"라는 정치학 교과서에 등장하는 유명한 말을 남겼다. 이는 권력이 인간의 도덕성을 시험하는 강력한 도구이며, 잘못된 자의 쥐어질 경우 반드시 타락을 초래한다는 점을 시사한다. 따라서 어떤 상황에서도 권력을 가져서는 안 되는 사람들이 존재하는데, 바로 다크 트라이어드 성향을 지닌 이들이다. 나르시시즘, 마키아벨리즘, 사이코패스라는 세 가지 성향을 지닌 인물들은 극도로 위험한 권력자가 된다.

첫째, 이들은 권력 획득에 집착하며, 선천적으로 권력을 갈망한다. 권력은 그들에게 단순한 목표가 아니라 존재의 이유이자 자신의 우월함을 입증하는 도구다.

둘째, 이들은 권력을 손쉽게 획득하는 능력을 갖추고 있다. 타인의 심리를 꿰뚫어 조종하고, 상황을 유리하게 조작하며, 냉혹한 판단력으로 경쟁자를 제거하는 데 능하다.

나르시시즘은 "내가 세상의 중심이며, 반드시 인정받아야 한다"는 심리적 기제를 기반으로 한다. 나르시시스트는 자신이 특별한 존재라고 믿으며, 끊임없이 주목받기를 원하고, 타인의 감정보다는 자신의 성공을 우선시한다. 권력은 그들에게 남들 위에 군림할 기회를 제공하며, 칭송과 찬사를 보장하는 도구가 된다. 이들은 과도한 자기애, 지나친 자부심과 오만, 이기적 태도, 선택적 공감(필요할 때만 공감을 가장함) 등의 특징을 보이며, 결국 권력 획득을 삶의 궁극적인 목표로 삼는다.

결과적으로 다크 트라이어드를 지닌 인물들이 권력을 손에 쥐게 되면, 그 사회는 필연적으로 독재와 부패로 치닫게 된다. 이들의 권력욕은 한계가 없으며, 타인의 희생을 대수롭지 않게 여기는 태도는 그들을 더욱 위험한 존재로 만든다. 따라서 권력 구조를 논할 때, 그 권력을 누가 쥐느냐가 가장 중요한 문제일 수밖에 없다.

마키아벨리즘은 타인을 조종하고 착취하려는 강한 욕망을 특징으로 한다. 이들은 목적을 달성하기 위해 수단과 방법을 가리지 않으며, 도덕적 기준이나 감정적 고려 없이 상황을 조작하고 왜곡한다. 정서적 냉담성, 선택적 공감, 극도의 이기심, 그리고 자기이익을 위한 전략적 집중이 그들의 핵심 특성이다. 타인을 자신의 도구로 활용하는 것을 당연하게 여기며, 필요하다면 거짓말도 서슴지 않는다. 이들은 권력을 손에 넣으면 통제와 조종이 더욱 쉬워진다는 사실을 직관적으로 안다. "바람보다도 풀이 더 빨리 눕는 이유"를 본능적으로 파악한다. 풀은 바람이 불기도 전에 먼저 눕는다. 권력 관계에서도 마찬가지다. 마키아벨리즘적 성향을 가진 사람들은 인간관계를 철저히 전략적으로 활용하며, 상대가 권력에 순응할 것을 예상하고 선제적으로 움직인다. 이들에게 권력은 그 자체가 목표다.

사이코패스는 반사회적 성향을 기반으로 하며, 충동성, 잔혹성, 공격성, 이기심, 공감 부족, 정서적 냉담성을 특징으로 한다. 특히 사이코패스를 가장 잘 설명하는 개념은 바로 피상적 매력(superficial charm)이다. 그들은 겉으로는 온화하고 사람을 끌어당기는 매력을 보이지만, 그 이면에는 진정성이 없다. 언변이 능숙하고 대화를 주도하는 능력이 뛰어나며, 겉으로는 친절하고 매력적으로 보이지만, 실제로는 타인의 감정을 조종하고 이용하는 데 능숙하다. 이들은 감정적으로 공허하며, 죄책감 없이 행동한다. 거짓말을 해도 양심의 가책을 느끼지 않으며, 사회적 규범을 쉽게 무시한다. 또한 위험을 감수하는 데 거침이 없으며, 대담한 결정을 내리는 데 좌고우면하지 않는 특성도 있다. 사이코패스가 권력을 쥐게 되면, 자신의 행동에 대한 책임을 회피할 수 있고, 감정적 제약 없이 권력을 남용하여 원하는 바를 성취하려 한다. 이들은 사회적 관계에서도 치명적인 영향을 미친다. 가령 연애 관계에서는 처음엔 로맨틱하고 신사적인 모습을 보이며 상대를 매혹시키지만, 실상은 감정적 교류 없이 자신의 이익만을 추구한다. 직장에서도 피상적 매력으로 빠르게 신뢰를 얻지만, 시간이 지나면 그들의 진정성 없는 태도가 드러나면서 관계에 부정적인 영향을 미친다.

신경과학자, 심리학자, 법의학자들은 모두 같은 결론을 내린다. 사이코패스는 짧은 시간 안에 자신을 좋아하게 만드는 능력을 가지고 있다. 그들은 사회에 쉽게 섞여 들어가며, 선해 보이는 법을 알고 있다. 이는 공감 능력과도 직결된다. 일반인들은 공감 스위치가 항상 켜져 있지만, 사이코패스는 필요할 때만 스위치를 켜고, 다시 끌 수 있다. 그렇기에 그들은 실제로는 위험한 인물이지만, 겉으로는 무해한 사람처럼 보일 수 있다. 특히 현대 사회의 권력 시스템은 짧은 면접이나 선거를 통해 지도자를 선출하는 구조를 갖고 있다. 이러한 환경에서는 피상적 매력을 가진 이들이 가장 유리하다. 단시간 내에 상대를 사로잡아야 하는 상황에서, 언변이 뛰어나고 매력적인 이미지를 연출할 수 있는 사이코패스적 인물들이 쉽게 권력을 얻는다. 그러나 문제는 사이코패스가 치료가 불가능하다는 점이다. 그들의 본성은 쉽게 변하지 않으며, 권력을 쥐었을 때 더욱 위험해진다. 따라서 사회가 이들의 특성을 이해하고, 권력 구조에서 이러한 성향을 가진 인물들이 쉽게 발붙이지 못하도록 경계하는 것이 필수적이다.

권력이 부패를 초래하는 것은 분명하다. 그러나 핵심은 따로 있다. 바로 권력을 부패시키는 것이 아니라, 이미 부패한 이들에게 권력을 주어서는 안 된다는 점이다. 사이코패스에게 권력의 부패 여부는 중요하지 않다. 그들은 이미 부패했기 때문이다. 다크 트리어드성향의 인물은 어떠한 상황에서도 권력을 잡아서는 안된다. 이들은 극도로 위험한 권력자가 된다. 하지만 이들은 선천적으로 권력을 갈망하며, 그 획득에 집착한다. 나아가 그들은 권력 획득에 능하다. 냉정하고 수단과 방법을 가리지 않는 자들이 도덕적이고 착한 사람들보다 권력을 차지하기 쉽다. 역사적으로도 권력을 쥔 인물들 중 다크 트라이어드 성향을 보이는 사례가 적지 않다. 필자는 그 대표적 인물로 미국의 대통령 도널드 트럼프를 꼽고 싶다. 유럽은 역사상 중대한 기로에 서 있다. 미국의 방패는 점차 약화되고 있으며, 우크라이나는 버려질 위험에 처해 있고, 러시아는 점점 강해지고 있다. 『디 아틀란틱(The Atlantic)』에서 보도한 바와 같이 지금 워싱턴은 마치 네로의 궁정과도 같다. 불을 지르는 황제, 복종하는 아첨꾼들, 그리고 공직 사회를 숙청하는 임무를 맡은 마약에 취한 광대가 자리하고 있다. 이것은 자유 세계에 대한 비극이지만, 무엇보다 미국에 대한 비극이다. 트럼프의 메시지는 자유주의 국제질서 후퇴 그 이상이다. 그는 적대국보다 동맹국에 더 많은 관세를 부과할 것이며, 그린란드, 파나마 운하 등 영토를 빼앗겠다고 위협하는 한편, 가자 지구를 미국이 소유하려 한다. 분명 트럼프는 국제정치학에서 말하는 현실주의 그 이상이다.

이제 중요한 질문이 남는다. 어떻게 하면 가장 선한 사람을 권력에 끌어들일까. 언제나 현실은 우리의 기대와는 반대이듯이 권력에 굶주린 자들이 스스로 권력에 달려들고, 나중에는 그들이 최종 책임자가 된다. 문제는 이들은 권력을 목표로 삼는다는 점이다. 권력은 그들에게 도구가 아니라 목적 그 자체다. 반면, 우리가 필요로 하는 지도자는 권력을 도구로 삼는 사람이어야 한다. 권력을 이용해 남을 돕고, 사회를 보다 나은 방향으로 변화시키는 인물이어야 한다. 따라서 권력이 영예가 아니라 부담이 되는 구조를 만들어야 한다. 그러나 현실은 권력을 쥔 자가 특권을 누리고, 쉽게 내려놓지 않는 구조로 설계되어 있다.

이 문제를 해결하려면 어떻게 해야 할까? 최악의 사람을 염두에 두고 정치체제를 설계해야 한다. 권력을 탐하는 자들, 즉 다크 트라이어드 성향의 인물들이 필연적으로 부나방처럼 권력에 끌릴것임을 전제로 해야 한다.

노자는 『도덕경』 첫머리에 이렇게 말했다. "도가도 비상명道可道 非

常道." 도를 도라고 부르면 그것은 항상 그러한 도가 아니다. 국민의 머슴이 되겠다며 자신을 낮추는 자, 심부름꾼이 되겠다고 강조하는 자, 자신에게 봉사할 기회를 달라고 호소하는 자, 이번이 마지막이라고 흐느끼는 자를 조심해야 한다. 진정으로 사랑하는 사람은 사랑한다는 말을 굳이 하지 않는다. 현실에서 '사랑'을 외치는 자들은 바람둥이들 뿐이다. 사랑과 정치는 계산으로 이루어지는 것이 아니다. 정치는 공학이 아니다. 우리는 이러한 사실을 깨쳐야 한다. 이종오가 『도덕경』에서 후흑의 계발을 얻은 데에는 다 이유가 있다. 한층 더 안으로 들어가면 『도덕경』은 『손자병법』이 될 수가 있기 때문이다. 그러므로 우리는 권력을 원하지 않는 자를 권좌에 앉혀야 한다. 사실 이것은 플라톤의 고민이기도 했다. 그는 대중의 인기에 영합하는 민주정이야말로 인간의 본성을 타락하는 더러운 정치체제라고 보았다. 사실 권력을 가장 잘 행사할 수 있는 사람은 아이러니하게도, 애초에 권력을 원하지 않는 사람이다.

권력자의 결정은 반드시 누군가에게 피해를 남긴다. 그렇기에 권력은 무거운 짐이 되어야 한다. 권력을 가진 자는 밤에 잠을 이루지 못할 만큼의 책임감을 가져야 한다. 로마의 신시나투스가 그러했다. 그는 위기에 처한 공화국을 구한 뒤, 미련 없이 권좌를 내려놓았다. 우리는 목표를 달성한 후, 조건이 충족되면 자연스럽게 권력을 내려놓을 수 있는 지도자를 찾아야 한다.

진주 출신의 시인 이형기는 이렇게 읊었다. "가야 할 때가 언제인가를, 분명히 알고 가는 이의 뒷모습은 얼마나 아름다운가."

떠날 줄 아는 권력자를 선출해야 한다. 목표를 이루면 언제든 권좌를 내려올 준비가 되어 있는 정치인을 뽑아야 한다. 그러나 불행히도 한국 정치사에서 그런 인물은 찾아볼 수 없었다. 어쩌면 이것이 한국 사회의 한계일지도 모른다. 새로운 것이 등장하면, 낡은 것은 떠나야 한다. 하지만 대부분의 권력은 평화롭게 끝나지 않는다. 우리는 과연 권력의 본질을 이해하고, 권력을 짊어질 준비가 된 지도자를 선택할 수 있을 것인가?

# 제8장

총결

과거 왕조에서는 권력은 하늘로부터 받았다고 했다. 짐이 곧 국가라고 주장한 권력자도 있었다. 자신이 하늘의 아들天子라 부른 중국의 황제도 있었다. 근대의 시작은 이들을 단두대에 올려 목을 치면서 시작한다. 모든 권력은 국민으로부터 나온다고 인류의 모든 헌법에 못을 박아 놓았다. 그러므로 인류 2000년 정치사를 몇 마디로 요약하자면 왕정에서 공화정으로, 독재에서 민주로 진화한 것이고 이는 모두 권력의 문제였다. 하지만 이 책은 이러한 권력의 철학적 논의를 다루는 것이 아니다. 오히려 권력의 주변부로 밀려난 이들을 위한 위안서이자, 삶을 헤쳐 나가기 위한 처세의 교훈서로 기획되었다. 그럼에도 불구하고 우리는 권력에 대한 속성을 알고 있어야 당하지 않는다. 서문에 밝혔듯이, 이 책은 사회적·경제적 권력에서 소외된 이들에게 바치는 선언문이다. 경제적 자립이 어려워 조족지혈鳥足之血 같은 미미한 사회적 지원에 의존해야 하는 빈곤층, 실업자, 노숙자, 신용불량자들. 주류 문화 권력과 다른 정체성이나 사회적 관습 때문에 배제된 방랑자와 유랑민, 특정 지역이나 공동체에 속하지 못한 외국인과 이민자, 난민, 사소한 불법 행위로 사회적 낙인이 찍힌 경범죄자, 사회적 규범에 어긋난다는 이유로 배척당한 성소수자, 단 한 바가지의 마중물도 얻지 못해 절망에 빠진 주정뱅이와 도박꾼, 주류 권력에 의해 '비정상'으로 규정된 이들, 신체적 결함이 사회적 부적응으로 낙인찍힌 장애인. 지배적인 종교적 교리에 반하는 이단자, 기존 권력 구조에 도전하거나 이를 비판하는 반체제 인사. 그리고 독신 여성과 미혼모까지—이 모두를 하나로 묶어 '말문이 막힌 자들', 즉 서발턴(Subaltern)이라 부를 수 있을 것이다.

이 책은 그들에게 외친다. "더는 속지 말자." 이것은 단순한 기록이 아니라, 필자가 살아오면서 경험한 크고 작은 실패를 통해서 얻은 작은 깨달음이기도 한 것이며, 이 땅의 약자들에게 권력의 기만에서 벗어나기 위한 도구로서 후흑이라는 무기를 제공한다. 답은 간단하다. 권력에 대한 이해력을 높이고, 권력자의 속성을 더 잘 알아야 한다. 본서는 낯가죽이 두껍고, 부끄러움을 모르는 이들이 가지고 있는 '후흑'이라는 두 글자를 이종오의 개념에서 빌려와 해석했다.

그렇다. 권력 없는 이들은 오히려 권력의 본질을 꿰뚫어 보아야 한다. 바로 이러한 갈망 속에서, 권력을 이해하는 또 하나의 길을 모색하며 이 책을 썼다. 후흑이란 결국 권력으로 접근하는 기술이자 수단일 뿐, 본질적인 목적이 아니다. 방편이며 도구다. 그러므로 이 책은 세상의 이치를 어렴풋이 깨달았으나, 이를 실천할 길을 찾지 못해 방황하는 이들에게 전하는 하나의 메시지다. 특히, 불확실한 미래 앞에서 막막함을 느끼는 청년 실업자들과 이 시대의 약자들인 '몫이 없고, 말문이 막힌 자들'에게 바치는 책이다. 그러나 후흑을 함부로 남용해서는 안 된다. 그것은 단순한 속임수가 아니라 세상을 꿰뚫어 보는 안목과 내면의 단련이 요구되는 영역이기 때문이다. 준비되지 않은 자가 무턱대고 후흑을 구사하다가는 도리어 스스로 그 덫에 빠뜨릴 뿐이다.

우리의 후흑은 목적이 아니라 수단이다. 이는 강을 건너기 위한 뗏목에 불과한 것이다. 강을 건너면 뗏목을 버려야 하듯이, 후흑은 어디까지나 방법이자, 도구며, 수단이라는 사실을 명심하라. 어떠한 이유에서건 후흑은 방법이고 병법이다. 환경은 곧 존재의 조건이며, 그 조건 속에서 후흑은 하나의 실존적 선택으로 나타난다. 환경은 권력 의지의 무대이며, 후흑은 그 무대 위에서 연기되는 또 하나의 가면극이다. 진실과 정의는 절대적인 것이 아니라, 힘에 의해 정의되는 상대적 가치를 덧입은 허상일 뿐이다. 인간은 결코 진공 속에서 살아가지 않기에, 도덕의 순수성조차도 현실의 굴절 속에서 변형된다. 그러므로 후흑은 단순한 간계가 아니라, 생존과 자기보존을 위한 하나의 윤리적 방편이자, 존재가 자신을 유지하기 위해 세계와 맺는 관계의 한 형식인 것이다.

　필자가 이종오의 『후흑학』을 재해석하고 얻게 된 결론은 다음과 같다. 첫째, 물리학에서는 그 주제어가 에너지이고 정치학에서는 권력이며, 생물학에서는 진화이듯 인간의 사회생활을 지배하는 권력을 쟁취하는 도구는 후흑이 많은 부분을 차지한다 하겠다. 둘째, 단연코 후흑을 실천하거나 그러한 자질을 지닌 자들이 그렇지 않은 사람에 비하여 성공 가능성이 훨씬 높다. 셋째, 후흑을 적당히 조절하지 못한 사람은 결국 실정법에 위반되어 형사 처벌을 받는 결과를 초래한다. 넷째, 그러면서 후흑과 박백은 비슷한 정도로 인간의 정신과 가치를 지배하고 있지만 대부분 상황과 환경 그리고 목적에 따라 후흑과 박백이 동원되기 때문에 후흑과 박백을 가치로 재단하기보다는 힘들지만 가치중립적으로 보아야 한다. 다섯째, 저급한 후흑은 오해되고 남용되기 쉬워 일부 사람들이 극단적인 이기주의와 수단을 가리지 않는 방향으로 나아가게 되며, 사회의 도덕규범과 공공질서를 파괴한다. 지나치게 후흑술을 강조하면 사람들이 진실과 선량함을 잃게 되고, 인간관계와 사회적 신뢰를 파괴할 수 있다. 이런 후흑은 아주 저급한 후흑이다. 무엇이든지 그 장점은 받아들이고 단점은 버려야지 맹목적으로 숭배하거나 비판해서는 안 된다. 여섯째, 모름지기 알아야 한다. 지피지기 백전불태知彼知己百戰不殆다. 후흑을 알아야 후흑을 행할 수 있으며 후흑에 속지 않을 수 있다. 이 책은 묻지 않는다. "누가 권력을 잡아야 하는가?"라는 낡은 질문에는 흥미도, 기대도 없다. 오히려 이 책의 시선은 권력의 광휘에서 추방된 자들, 약자라 불리는 이들의 어둠을 향한다. 어떻게 해야 그들이 권력자의 달콤한 언어와 위선의 미소에 기만당하지 않을 수 있을 것인가? 이는 권력을 욕망하지 않는 자들의 생존술이며, 기만을 꿰뚫는 냉혹한 통찰의 기술이다. 그것은 도덕이 아니라 투시다 . 약자의 눈에 숨겨진 마지막 힘이다.

　물론 세상을 권력을 가진 자와 그렇지 않은 자, 이렇게 단순한 이분법으로 나눌 수 있는가에 대한 의문도 제기될 수 있다. 그러나 그보다 더 본질적인 고민은 따로 있다. 어떻게 하면 권력의 그늘 아래서 무력하게 휘둘리지 않을 것인가. 권력의 바깥에 서 있는 이들이 더는 속지 않으려면, 무엇보다도 권력자들의 술수를 꿰뚫고, 권력이라는 것이 본래 어떤 속성을 지니고 작동하는지 이해해야 한다. 결국, 후흑을 알아야 후흑에 당하지 않는다. 진흙탕에서 싸울 줄 모르면, 깨끗한 자가 먼저 더럽혀질 뿐이다. 옷이 젖은 사람은 비를 두려워하지 않는 법이다.

　일곱째, 후흑을 어떻게 사용하고 적용하느냐에 따라, 그것은 박백薄白이 될 수도 있고, 끝내 후흑으로 귀결될 수도 있다. 이는 마치 칼과 같다. 칼이 요리사의 손에 쥐어지면 정교한 요리가 탄생하지만, 약탈자의 손에 들어가면 피로 물든다. 그러나 칼이 반드시 피의 도구가 되어야 하는 것은 아니다. 칼은 어둠을 가르는 빛이 될 수도 있고, 혼돈 속에서 질서를 세우는 이성이 될 수도 있다. 그것을 쥔 자의 의지와 선택에 따라, 칼날은 상처가 아닌 치유를, 파괴가 아닌 창조를 향할 수 있다. 후흑 또한 마찬가지다. 그것이 비열한 술책으로 귀결될 것인지, 혹은 깊이 있는 통찰과 지혜로운 처신으로 승화될 것인지는 사용하는 이의 마음가짐에 달려 있다. 진정한 지자智者는 후흑을 단순한 술수로 소비하지 않는다. 오히려 그것을 자신과 타인을 지키고, 더 나은 방향으로 나아가기 위한 하나의 도구로 삼는다. 후흑은 목적이 아니라 수단이며, 그것이 빛이 될지 어둠이 될지는 오직 그 손에 달려 있다. 모름지기 후흑은 구국救國의 후흑이 되어야 한다. 저 간사한 모리배의 안광을 꿰뚫고, 그들의 음흉한 계책을 무너뜨릴 수 있는 지혜와 용기의 도구가 되어야 한다. 후흑이 단순한 술수로 타락한다면 그것은 어둠이지만, 대의를 품고 사용된다면 그것은 정의의 방패가 된다. 음험한 속임수를 간파하고, 탐욕스러운 자들의 거짓된 언어를 조롱하며, 세상의 흐름을 올바른 방향으로 되돌리는 것이야말로 참된 후흑의 역할이다. 구국의 후흑은 어둠에 맞서고, 불의에 저항하며, 혼란 속에서도 길을 밝히는 등불이 된다. 그것이 바로 후흑이 나아가야 할 길이며, 시대를 초월한 참된 지략의 본질이다.

여덟째, 이 세계는 본질적으로 권력의 장場이다. 푸코가 말했듯이, 정상과 비정상을 가르는 경계 역시 권력에 의해 규정되며, 이는 시대와 환경에 따라 변주된다. 그 속에서 후흑은 단순한 술책이 아니라 적응과 생존의 기술이며, 시대를 헤쳐 나가는 전략적 사고가 된다.

성공은 늘 박백의 가면을 쓰고 무대에 등장한다. 반면 실패는 후흑의 그림자 속에 숨는다. 그러나 이 모든 것은 단순한 승리와 패배의 문제가 아니다. 후흑은 그 자체로 하나의 힘이다. 드러낼수록 약해지고, 감출수록 깊어진다. 참된 성공은 박백의 탈을 쓰되, 그 속에 후흑의 심연을 간직한 것이다. 후흑은 고정된 본질이 없다. 그것은 힘을 쥔 자의 의지에 따라 광명이 되기도 하고, 심연이 되기도 한다. 선과 악, 명과 암의 이분법은 모두 약자의 환상일 뿐. 진실은 언제나 가면 뒤에 미소 짓는다. 후흑은 간사한 자의 손에서는 구차한 꾀로 전락하지만, 의지의 사람에게는 운명을 가르는 불꽃이다! 그대들은 아직 후흑을 책략이라 부르는가? 그것은 약자들의 언어다. 나는 말한다, 후흑은 생존의 미덕이요, 권력을 향한 검은 날개의 비상이다. 그것은 겉으론 침묵하고 속으론 번개처럼 도사린다. 위대한 자는 후흑을 품되, 드러내지 않는다. 그리하여 그는 도덕을 넘어선다. 후흑은 단지 어둠이 아니다. 그것은 지자智者의 심장에서 번쩍이는 암흑의 광휘, 진실을 두른 위선의 외투를 찢어버리는 창이다! 청년후흑도들은 감히 말하라, "나는 박백이 아니라, 후흑을 사랑한다!” 고.

| 지은이 소개 |

강병환姜秉煥

경남 진주시 미천면 출신이다. 플라톤의 『폴리테이아(Politeia)』를 읽다가 학
문에 관심을 두게 되었다. 국민대학교 정치외교학과를 졸업하고, 동대학원
에서 정치사상으로 정치학 석사, 대만국립중산대학교 중국-아·태연구소
(Institute of China and Asia-Pacific Studies)에서 중국의 대對 대만정책
(China's Taiwan policy under one China framework)으로 박사학위를 받았
다. 대만국립중산대학 통식교육중심사회과학조(2006~2011)강사, 국립가오
슝대학화어중심, 가오슝시립삼민고급중학에서 한국어 및 한국문화를 강의
하였고(2005~2011), 중화민국문화자산발전협회 연구원(대만), 국민대 국제
학부·정치외교학과 및 대학원에서 정치학 일반을, 우송대 교양학부에서 한
·중 관계를, 진주교육대학에서 한국사회와 통일, 다문화교육을 가르쳤다.
현재 부산 동서대학교 중국연구센터 연구교수, 『현대중국연구』 편집위원,
『동아시아와 시민』 편집 간사를 맡고 있다. 관심 분야로는 양안 관계, 중
·미 관계, 남북한 통일문제며, 최근에는 '말문이 막힌 존재들'인 서발턴(su-
baltern) 연구에 깊은 관심을 두고 있다. 저서로는 『공주와 건달: 박근혜와
노무현의 실패한 리더십 비교, 2023』, 『하나의 중국, 2021』, 『중국을 다룬다:
대중국 협상과 전략, 2018』(대한민국학술원 우수학술도서 선정)이, 공저로는
『중국지식의 대외확산과 역류: 소프트파워와 지식 네트워크, 2015』가 있다.
이외 다수의 학술논문이 있다.

# 후흑-선은 악을 필요로 한다

2025. 4. 25.  1판 1쇄 인쇄
2025. 5.  2.  1판 1쇄 발행

저  자 강병환
발행인 김미화   발행처 인터북스
주소 경기도 고양시 덕양구 통일로 140 삼송테크노밸리 A동 B224
전화 02.356.9903  팩스 02.6959.8234  이메일 interbooks@naver.com
홈페이지 hakgobang.co.kr  출판등록 제2008-000040호
ISBN 979-11-981749-8-7 93340  정가 22,000원